The
Young Economists
Book Series

U0750974

公允价值在我国上市公司中的应用研究

著

张瑞琛

厦门大学出版社　国家一级出版社
XIAMEN UNIVERSITY PRESS　全国百佳图书出版单位

　　本专著的出版由福建农林大学工商管理重点学科建设项目（中央财政支持地方高校发展专项资金项目）资助

　　本专著是福建农林大学"公允价值运用的相关问题研究"（项目编号：KH1400370）、福建农林大学"我国上市公司公允价值计量审计相关问题的研究"（项目编号：KH1500010）的最终成果。

序

　　张瑞琛博士的专著即将出版,他本人热情邀请我为本书作序,作为他的博士生导师,我欣然同意。张瑞琛于 2006 年 9 月考入厦门大学会计系攻读会计学博士学位,其博士毕业论文题目为《中国公允价值计量偏好性研究》。张瑞琛博士毕业后任职于福建农林大学管理学院会计系。本书是他在博士论文的基础上根据国内外会计学科发展的最新进展撰写的。

　　随着中国"一带一路"倡议的逐步推进与实施,会计作为国际商业语言,也是中国与各国经济交往中不可或缺的沟通与交流的语言。而商业语言的公允规范也是各国政府及一些世界组织的共同追求。特别是 2008 年全球金融危机后,为了更好地应对全球金融危机,二十国峰会(G20)就会计问题进行了专门的讨论,并提出倡议,建立一个全球统一的高质量会计准则,完善公允价值会计,提升会计信息的透明度。张瑞琛攻读博士学位期间的研究领域及本书的研究成果都与公允价值相关,也正好符合国际潮流。本书无论是方法论的运用还是研究工具的使用,都进行了许多创新与改进。本书脉络清楚,章节安排合理,从"公允价值运用"这一研究视角出发,形成一个较完整的研究框架,为进一步的理论分析和相关政策的制定提供了可依赖的经验证据支持。

本书的创新之处主要体现在以下几点：

(1)结合经济学与会计学的相关理论，首次应用"公允价值计量的偏好"一词来描述我国会计准则制定者和会计准则执行者对公允价值计量的应用，并对"公允价值计量的偏好"的由来、含义、分类、特征进行详细阐述。

(2)用描述性统计方法对会计准则制定者公允价值计量的应用性进行度量与分析，得出我国会计准则体系中的公允价值计量的偏好度与国际会计准则相比较低的结论，并对其原因进行深入分析。

(3)着重分析我国上市公司公允价值计量的应用情况，利用上市公司公布的"公允价值变动收益"数据，对上市公司公允价值计量进行偏好性研究并创立一个评价我国会计准则执行者公允价值计量应用程度的指标：公允价值计量实质性偏好度 $=\dfrac{公允价值变动收益}{净利润}$。

(4)对未来的研究方向和公允价值在中国的应用都做了详实的分析与探讨，以期使公允价值计量在中国能更好地应用，同时也为上市公司加强公司治理、应用好公允价值计量提供一些参考意见。

(5)从财务契约与非财务契约两个方面的视角对公允价值计量应用与契约有用性的关系进行理论分析与实证检验。

本书即将出版，希望张瑞琛博士将本书的出版作为新起点，进一步在该领域进行富有成效的探索与研究。我衷心祝愿他今后有更大的进步与提升。

陈少华
2017 年 7 月

前 言

  从公允价值计量的历史演进过程看,公允价值的相关问题是财务会计理论的经典课题之一,一直受到学术界和理论界的关注与追捧。国内外会计理论界和实务界的专家学者们对公允价值的相关问题都进行了长期的探索和研究,也取得了一定的成果。我国财政部 2006 年颁布的会计准则体系中有很多亮点,其中之一就是公允价值的再次引进。《企业会计准则(2006)》不仅仅在基本准则中正式引入了公允价值,且首次正式对公允价值的定义进行了界定,为在具体准则中使用公允价值提供了理论依据,而且在具体准则中多次明确要求应用公允价值计量。2014 年 1 月 26 日财政部又颁布了《企业会计准则第 39 号——公允价值计量》。从 1998 年我国企业会计准则初次涉及公允价值算起到目前为止,公允价值在我国也走过了近二十年的历程。近二十年来,公允价值计量在我国的应用情况可谓是"一波四折",基本上经历了启用(1997—2000 年)、回避(2001—2005 年)、重新引入(2006—2014 年)和逐步推进(2014 年至今)四个阶段。从我国公允价值运用历程可以看出,我国会计准则制定者对公允价值的引进与应用是谨慎的。本书就是在结合国内外公允价值研究的演进轨迹和现实状况的基础上,为进一步推动我国公允价值的研究而做的理论与实务方面的探讨。

  本书研究的主要内容包括文献综述、制度背景分析和实证分析。全书共

分九章,各章节的主要内容如下:

第一章为绪论,主要介绍了本书的研究背景、研究的理论意义与应用价值、主要研究目标和内容、研究的创新之处、研究方法和研究框架。

第二章对公允价值理论的研究文献进行了较为详细的回顾与评述。本章首先对国外公允价值计量规范研究与实证研究的文献进行了回顾,并对这两方面的文献进行了评述;然后又对我国公允价值计量规范研究与实证研究的文献进行了回顾,也对这两方面的文献进行了评述。

第三章介绍了公允价值计量应用情况度量的理论分析。本章在对相关概念进行解释的基础上,对公允价值计量偏好的特性及影响因素进行了分析。本章还提出了公允价值计量偏好性度量的基本思路。

第四章主要对公允价值计量在我国会计准则体系中的应用进行了研究。本章首先介绍了公允价值在国外会计准则体系中应用的历程,然后简介了公允价值在我国准则体系中的应用历程,并对这两方面进行了评述。本章还对我国会计准则中公允价值的应用情况进行了度量,最后得出了一些结论。

第五章主要对我国上市公司公允价值应用情况进行了研究。这部分主要是为第六章进行实证分析做一些理论铺垫与准备。本章首先分析了公允价值计量在我国上市公司中应用的情况,然后对实际应用中度量的指标进行分析说明。

第六章对公允价值在我国上市公司的应用程度与影响因素进行了实证研究。

第七章主要是在契约理论的基础上对公允价值计量与契约有用性的相关理论进行了详细分析。本章首先对相关概念,特别是契约相关概念进行了分析,然后从财务契约与非财务契约两个视角对公允价值计量的研究路径进行了规划,从而为第八章进行准备与铺垫。

第八章对公允价值计量应用的经济后果(契约有用性)进行了实证分析。本章从财务契约与非财务契约两个视角进行实证分析,涉及股权契约、管理者契约、债务契约、税收契约、政府管制契约等几个方面。

第九章是全书的总结,具体内容包括研究的主要结论、研究的局限性与未来研究方向、研究启示与建议。

特别说明:福建农林大学管理学院 2017 级会计专业硕士研究生陈晓艺同学参与本书文献整理、数据分析及部分章节的校稿工作;福建农林大学管理学院 2017 级会计专业硕士研究生柯希冉、刘晓晶、王翠兰同学也参与了本书的校稿工作。

张瑞琛

2017 年 7 月

目　录

1

绪　论

第一节　本书的研究背景、理论意义和应用价值

一、本书的研究背景

自公允价值这个概念正式提出以来,以公允价值为计量属性的现代财务会计模式便引起了许多国家和地区会计界甚至政界的高度重视。现行国际会计准则中涉及公允价值应用的准则很多,公允价值在许多国家和地区制定的会计准则中也得到了不同程度的应用。公允价值在理论上是近乎完美的,因为它能够体现资产最新的市场价值,反映资产能够为主体带来的经济利益,最符合资产的本质,能够提供最为相关的信息,为投资者决策提供服务。但是,由于公允价值在实务中碰到诸多问题,它历来被认为是一把"双刃剑",虽然理论完美,但是操作困难,主观上或客观上的原因都可能导致信息的失真,而且往往是主观原因导致的信息失真更为普遍,影响更为严重。美国是研究和应用公允价值计量模式最早也最全的国家,公允价值一词自一出现,就在美国及西方国家引起了激烈的争论,这种争论至今没有停止过。尤其值得关注的是美国财务会计准则委员会(Financial Accounting Standards Board,以下简称FASB)为了更好地指导公允价值计量的应用,于 2004 年 6 月 23 日正式发布了《公允价值计量准则征求意见稿》。2006 年 9 月 15 日,美国财务会计准则

公告(Statement of Financial Accounting Standards,以下简称 SFAS)第 157 号《公允价值计量》正式出台,这似乎是公允价值计量支持者们的胜利宣言。但是好景不长,自 2007 年 8 月开始,次贷危机全面爆发,美国、欧盟和日本等国际金融市场都被卷入其中,花旗银行、汇丰银行等一些大型国际金融机构损失惨重,金融危机对全球的金融市场造成了巨大的冲击,破坏了全球的经济稳定。严重的金融危机引发了人们对于公允价值的质疑和批判。当时,美国的一些银行家、金融行业人士和国会议员纷纷将矛头指向 SFAS 157,认为其要求金融产品按照公允价值计量的规定,在市场价格大跌和市场定价功能缺失的情况下,对金融危机起到推波助澜的作用。美国国会议员甚至联名写信给美国证券交易委员会(Securities Exchange Commission,以下简称 SEC),要求暂停使用公允价值计量。面对金融界和政府的质疑,美国财务会计准则委员会在金融危机期间对公允价值进行了修订,相继于 2008 年、2009 年发布了 SFAS 157-1、SFAS 157-2、SFAS 157-3、SFAS 157-4,对金融危机下的公允价值计量做出特殊的规定,以此来应对金融危机。与此同时,欧盟金融监管机构高层表示,欧盟市场监管者应允许区内银行立刻停止使用公允价值会计准则,以减轻金融危机的冲击。为了更好地应对全球金融危机,2009 年 9 月 25 日,二十国峰会就会计问题进行了专门的讨论,并提出倡议,建立一个全球统一的高质量会计准则,完善公允价值会计准则,提升会计信息的透明度。各界人士对公允价值的各种争论也表明,公允价值计量的应用任重而道远。经过各方广泛而持续的论证,公允价值计量最终还是逐渐受到各方认可,并成为未来会计计量发展的主流趋势。在后金融危机时期,公允价值计量的决策有用性在财务报告框架和具体准则制定中的作用日渐凸显。在金融危机过后,国际会计准则理事会(International Accounting Standards Board,简称 IASB)也对公允价值会计准则及其理论体系进行了持续的改进和修订,指导公允价值的应用。2008 年 10 月,IASB 宣布对国际会计准则(International Accounting Standards,简称 IAS)第 39 号《金融工具:确认与计量》、国际财务报告准则(International Financial Reporting Standards,简称 IFRS)第 7 号《金融工具:披露》进行修订。2009 年 5 月,IASB 发布了《公允价值计量准则(征求意见稿)》。2009 年 11 月,IASB 发布了 IFRS 9《金融工具》,该准则对金融资产进行了重新分类。2011 年 5 月,IASB 发布了 IFRS 13《公允价值计量》,对公允价值的定义、框架和披露提出了规范性的要求。2014 年 7 月,IASB 发布了经过修订的 IFRS 9《金融工具》,完全取代了之前的 IAS 39《金融工具:确认与计量》。随着 IASB 对公允价值计量的不断修订、完善,以及全球会计准则的不断趋同化,公允价值的使用也越来越规范,公允价值在会计计量中的作用也日趋重要。

从 1998 年我国企业会计准则初次涉及公允价值到目前为止,公允价值在我国也走过了近二十年的历程。这二十年来,公允价值计量在我国的应用情况可谓是"一波四折",基本上经历了启用(1997—2000 年)、回避(2001—2005年)、重新引入(2006—2014 年)和逐步推进(2014 年至今)四个阶段。从上述历史演进过程看,我国会计准则制定者对公允价值的引用与应用是较为谨慎的。1997—2000 年,我国启用了公允价值计量方式,但是在当时,公允价值存在被上市公司滥用的现象,再加上相关部门的监管力度不够,所以我国对公允价值的概念只是部分适用。2001—2005 年,从国际上看,类似美国"安然事件"的公允价值滥用行为不断发生。在此期间,我国财政部对公允价值的应用也持回避态度。到了 2006 年,正如刘玉廷(2007)所言:"2006 年中国财政部颁布的企业会计准则强调适度、谨慎地引入公允价值。"随着我国资本市场的发展和完善以及逐渐与国际惯例接轨,公允价值的应用已是大势所趋,回避公允价值在准则中的应用,从长期来看实际上是违背了市场发展要求的。于是财政部于 2006 年 2 月 15 日正式颁布了 39 项企业会计准则,其中包括 1 项基本会计准则和 38 项具体会计准则。这次会计准则颁布后的影响不亚于 1992年、1993 年的企业会计改革,它是我国会计审计发展史上新的里程碑,它标志着适应我国市场经济发展要求、与国际惯例趋同的企业会计准则体系正式建立。2006 年颁布的会计准则体系中有很多亮点,其中之一就是公允价值的再次引进。《企业会计准则(2006)》不仅在基本准则中正式引入了公允价值,而且首次正式对公允价值的定义进行了界定,为在具体准则中使用公允价值提供了理论依据,在具体准则中多次明确要求应用公允价值计量。除了在债务重组准则中重新启用公允价值之外,最为明显的就是在颁布的金融工具准则中明确要求采用公允价值计量,将金融工具从表外"搬到"表内。《企业会计准则(2006)》于 2007 年 1 月 1 日起在中国上市公司中开始执行。《企业会计准则(2006)》出台后我国政府相关部门加强了监督与管理。从 2006 年年末至今,中国证券监督委员会(以下简称证监会)、财政部等相关部门已经出台了一系列文件,用以指导和监督 2006 年会计准则的实施工作,并采取一系列措施,及时分析 2006 年会计准则的实施情况。证监会在 2006 年 11 月 27 日的《关于做好与新会计准则相关财务会计信息披露工作的通知》(证监发〔2006〕136号)中明确强调"谨慎适度选用公允价值计量模式",明确指出:"上市公司不得为了粉饰财务状况和经营成果,利用公允价值计量调节各期利润;也不得出于不当动机,要求相关中介机构出具虚假鉴证报告。"《企业会计准则(2006)》出台不久,即 2007 年 8 月,美国爆发了次贷危机,这次危机所引发的公允价值之争也引起了国内学者对公允价值计量的关注。为了有效地应对金融危机可能造成的影响,2008 年 1 月 20 日证监会在《关于切实做好上市公司 2007 年年报执行新会计准则监管工作的通知》(证监办发〔2008〕7 号)中把公允价值及相关信息披露作为 2007 年度财务报告重点监督领域。无独有偶,财政部于 2008 年 1 月 11 日发布的《关于做好上市公司 2007 年度财务报表审计工作的通知》(会办〔2008〕3 号)中,也把采用公允价值计量的金融工具和投资性房地产等项目的变动作为"重大风险审计领域",紧接着于 2008 年 1 月 21 日又发布了《财政部关于做好上市公司 2007 年年报工作的通知》(财会函〔2008〕5号)。在这个通知中,财政部以附件的形式强调了《2007 年年报需要关注的重点项目》,在这份附件的第二条关于财务报表有关项目波动分析中提到"公允价值变动收益,重点关注交易性金融资产及负债、采用公允价值计量的投资性房地产等因公允价值变动形成的损益及其异常变动原因、公允价值的确定方法等"。2008 年 9 月 12 日,中国证监会又发布了《关于进一步规范证券投资基金估值业务的指导意见》(以下简称《意见》)。在《意见》中,对基金估值业务,特别是长期停牌股票等无市价投资品种的公允价值估算等问题进行进一步规范。《意见》首先明确了基金管理公司应严格按照《企业会计准则》、证监会相关规定和基金合同关于估值的约定,对基金所持有的投资品种按如下原则进行估值:"一是对存在活跃市场的投资品种,如估值日有市价的,应采用市价确定公允价值;估值日无市价,但最近交易日后经济环境未发生重大变化且证券发行机构未发生影响证券价格的重大事件的,应采用最近交易市价确定公允价值。二是对存在活跃市场的投资品种,如估值日无市价,且最近交易日后经济环境发生了重大变化或证券发行机构发生了影响证券价格的重大事件,使潜在估值调整对前一估值日的基金资产净值的影响在 0.25% 以上的,应参考类似投资品种的现行市价及重大变化等因素,调整最近交易市价,确定公允价值。三是当投资品种不再存在活跃市场,且其潜在估值调整对前一估值日的基金资产净值的影响在 0.25% 以上的,应采用市场参与者普遍认同,且被以往市场实际交易价格验证具有可靠性的估值技术,确定投资品种的公允价值。"除此之外,《意见》还要求:"在基金估值过程中,特别是按上述第二条或第三条的规定进行估值时,基金管理公司应保证基金估值的公平、合理,应制订健全、有效的估值政策和程序,经基金管理公司管理层批准后实行,而且对投资品种进行估值时还应保持估值政策和程序的一贯性原则。"2011 年 7 月

25 日,证监会发布了《2010 年上市公司执行企业会计准则监管报告》,这份报告是对 2010 年上市公司执行企业会计准则的情况,特别是披露公允价值信息方面的调查与研究。2010 年是上市公司执行企业会计准则的第 4 年,报告中指出,绝大多数上市公司能够严格遵循企业会计准则的要求,财务报表的信息披露质量较以往年度有进一步提高,但上市公司在按照三个层次披露公允价值信息的方面不是特别理想。在 2010 年年报中,证监会选择了部分上市公司进行了分析,选择的样本是财务杠杆表日交易性金融资产和可供出售金融资产合计或交易性金融负债超过 10 亿元的上市公司。从披露的信息情况看,上市公司披露的以公允价值计量的金融资产和负债大部分集中在第二层次,采用第一层次(公开市场报价)的金融资产和负债占比只有 12% 和 3%。在按照第二层次确定公允价值的情况下,对相关具体问题的披露(比如,在同类或类似资产价值的基础上用什么因素对其调整、如何调整的披露等)也不是很理想。从上述一系列文件中我们可以看出,中国会计监管机构很关注 2006 年会计准则中公允价值的应用。

　　中国共产党十八届三中全会指出:经济体制改革是全面深化改革的重点,核心问题是处理好政府和市场的关系,使市场在资源配置中起决定性作用和更好地发挥政府作用。而高质量的财务会计信息已成为建立公平开放透明的市场规则不可或缺的重要信息内容,统一开放、竞争有序的市场体系对以公允价值计量的财务会计信息的需求也越来越高。为此,2010 年 12 月 28 日,财政部在印发的《关于执行企业会计准则的上市公司和非上市企业做好 2010 年年报工作的通知》(财会〔2010〕25 号)(以下简称"25 号文")中,要求"企业在披露金融工具公允价值相关信息时,应当披露各个层次公允价值的金额、公允价值所属层次间的重大变动等相关信息"。除此之外,财政部于 2014 年 1 月 26 日颁布了《企业会计准则第 39 号——公允价值计量》(CAS 39),对公允价值的定义、计量要求、初始计量、后续计量、估值技术,以及公允价值输入值的层次、公允价值信息的披露等进行了新的补充和规定。与旧准则相比,CAS 39 进一步完善了非活跃市场下公允价值计量的规则指引,提高了公允价值计量信息披露的要求,以准则的形式进一步明确要求上市公司在披露公允价值计量信息时,必须将公允价值计量所使用的输入值划分为三个层次,首先使用第一层次输入值,其次使用第二层次输入值,最后使用第三层次输入值,而且对各层次输入值的判定给予合理的规范。这些补充要求规范了公允价值计量在会计实务中的应用,也帮助财务报表使用者更清晰地了解公允价值计量所使用的估值技术,了解企业的经营情况。

正是在这种国内外背景下,越来越多公允价值数据的披露,让我们有更多的机会了解中国上市公司的实务,同时它也为中国会计学术界提供了一个难得的研究机遇。如果说提供更为有用的会计决策信息是使用公允价值的主要理由,那么学术界更为关心的是:在耗费了大量人力、物力获取公允价值并将其入账后,是否取得了理想的效果? 这个问题需要实证研究来回答。基于上述国内外背景,本书将系统地研究公允价值计量在我国会计准则制定者(我国财政部及相关部门)和执行者(我国上市公司)中的应用情况及经济后果。

二、本书的研究意义

本书的理论意义主要有:(1)到目前为此,《企业会计准则(2006)》在我国已执行了 11 年的时间,《企业会计准则第 39 号——公允价值计量》也已执行三年了,那么,公允价值应用情况到底如何呢? 有没有被滥用或作为盈余管理的手段? 会计准则制定者和相关管理机构以及众多关心资本市场的人都需要中国会计学术界提供答案,这是中国会计学术界研究人员的责任与义务。本书利用上市公司执行准则必须提供有关公允价值相关信息的机会,从上市公司内外两方面入手,选择了十多个因素加以分析与检验。(2)相对于西方国家而言,虽然我国公允价值的研究无论是规范研究还是实证研究起步都较晚,但是我国专家学者奋起直追,也取得了很多研究成果。目前中国上市公司按《企业会计准则(2006)》和《企业会计准则第 39 号——公允价值计量》的要求,可以选择公允价值计量并披露相关公允价值的信息,这就给中国会计学术界提供了国外会计学术界前所未有的研究机会。中国所特有的法律环境、制度背景、政治体制、经济体制以至中国企业所特有的企业文化,都需要研究人员对其有相当的了解,只有这样,才能结合中国国情去研究公允价值在中国的应用。因此,本书的研究意义在于抛砖引玉,以期引起更多的学者关注公允价值在中国的应用。(3)随着中国经济不断的发展和法律体系的日益完善,高质量的会计信息已成为契约签订和履行中不可或缺的重要信息内容。换句话说,在契约的签订和履行过程中,会计信息的质量越高,对契约双方的影响就越大。特别是在当前市场经济环境下,公允价值的计量已对契约环境产生了一定的影响,契约的签订和履行对以公允价值为计量基础的会计信息的需求也越来越高。因此,在现阶段的中国研究公允价值计量应用的经济后果与契约有用性的关系,就显得意义深远。

三、本书的应用价值

本书的应用价值在于:(1)提供了准则分析的外部环境视角,有利于准则制定机构了解公允价值的再度引入对不同市场主体的可能影响及这些市场主体可能采取的行动,进而在准则的制定与修改方面及时做出反应,完善公允价值计量相关准则的制定。(2)本书从上市公司内外两个维度研究上市公司的公允价值计量偏好,为我国会计准则制定者、资本市场的监管者、注册会计师等中介机构、上市公司本身等相关部门与机构就公允价值计量的推广、应用、监管提供一些建议。(3)有利于上市公司更加有效、统一地应用公允价值计量,为实务界和监管部门对公允价值计量准则的具体应用提供建议与详尽的操作性指导;公允价值应用程度作为经过提炼的企业会计信息,可以帮助政府相关部门及时深入地了解企业公允价值应用情况,从而从宏观上把握经济走势,做好经济决策。(4)对公允价值计量运用的经济后果进行分析研究,可以完善或改进基于公允价值计量信息的契约条文或制度,从而进一步规范或完善我国市场经济体系。

第二节　本书研究的主要目标、主要内容和创新之处

一、本书研究的主要目标

本书研究的主要目标有以下几个方面:(1)描述会计准则制定者的公允价值应用程度,找出我国在公允价值计量应用方面与国际会准则及一些西方发达国家的差异,并对这种差异做深入的分析,为我国继续引进公允价值和建立健全相关公允价值会计准则提供理论参考。(2)描述会计准则执行者的公允价值应用程度,并对影响这种应用程度的因素进行实证分析,从而为我国会计准则制定者改进与完善公允价值相关会计准则、注册会计师进行公允价值审计、证券监管部门加强公允价值会计的监管以及上市公司提升应用公允价值的能力提供参考意见。(3)综合检验我国公允价值应用的情况,以帮助评价与分析我国《企业会计准则(2006)》执行的效果,特别是2014年开始大规模推进运用公允价值计量的执行效果。在研究过程中,本书选择的公司外部因素主要有行业特性、经济区域、上市年限、审计监督等因素;内部因素主要有公司治理方面的因素。希望通过实证检验找出是哪些因素对上市公司公允价值计量的应用产生影响;并弄清什么样的影响,这种影响是否达到了会计准则制定

者的目的,有没有对财务报告提供的会计信息质量产生实质性影响等。(4)利用可以收集的相关数据,就四个研究路径进行实证研究:①财务契约对公允价值计量的影响,分别从"股权契约""薪酬契约""债务契约"三个方面进行实证分析;②公允价值计量对财务契约的影响,研究公允价值计量经济后果对"股权契约""薪酬契约""债务契约"的影响并进行实证分析;③非财务契约对公允价值计量的影响,分别从"税收契约""政府管制契约""诉讼契约"三个方面对公允价值计量的影响进行实证分析;④公允价值计量对非财务契约的影响,研究公允价值计量的经济后果对"税收契约""政府管制契约""诉讼契约"的影响并进行实证分析。

二、本书研究的主要内容

本书研究的主要内容有以下几个方面:一是公允价值计量偏好的相关内容。本书结合经济学和会计学理论,首次应用"公允价值计量的偏好"一词,并对公允价值计量偏好的由来、含义、分类等内容做了论述。二是我国会计准则制定者对公允价值计量的偏好性。随着我国资本市场的发展,股权分置改革的基本完成,越来越多的股票、债券、基金等金融产品在交易所挂牌上市,使得这类金融资产的交易已经形成较为活跃的市场,我国已经具备了引入公允价值的条件。因此,2006年我国会计准则制定者再度引入公允价值,其主要目的是实现我国会计准则与国际财务报告准则的趋同。但是我国会计准则制定者对引入公允价值明显是有顾虑的,这种顾虑就表现在我国会计准则制定者再度引入公允价值是适度、谨慎和有条件的。值得一提的是,不同于国外的一些会计组织,我国会计准则制定者是财政部,是官方组织。因此,它制定的准则就带有强制性与权威性。而且作为第一层次的会计准则制定者,其偏好性必然会影响到第二层次的偏好性,即宏观层次的公允价值计量的偏好性必然会影响到微观层次的偏好性。在研究微观层次的公允价值计量的偏好性之前,有必要先研究一下宏观层次的公允价值计量的偏好性,因此本书用描述性统计方法对会计准则制定者的偏好进行了描述性统计分析。三是我国会计准则执行者公允价值计量的偏好性。在中国制度背景下,会计准则执行者对公允价值计量的偏好首先要受制于作为官方组织的会计准则制定者的影响,其次才能根据自身条件和需要产生对公允价值计量的偏好。为此,本书从上市公司内外两个方面,选择了十个可能对上市公司公允价值计量偏好产生影响的因素加以分析:在公司外部影响因素方面,本书选择了行业特性、上市年限、经济区域、审计监督这四个因素;在公司内部影响因素方面,本书从"经济人"

的角度出发,假设有三种"经济人"在对公允价值计量进行选择。这三种"经济人"分别是"股东"(股东大会)、"董事"(董事会、独立董事)、"管理层"(总经理及一些高管)。主要考虑的指标为:企业性质、持股比例、董事会规模、独立董事规模、总经理与董事长是否合一、管理层薪酬等。四是从财务契约的角度探析研究公允价值计量的可能路径,并对这些研究路径进行理论分析与实证检验。这些路径主要有:路径一:财务契约→公允价值计量;路径二:财务契约→公允价值计量→非财务契约;路径三:公允价值计量→财务契约;路径四:非财务契约→公允价值计量。

三、本书研究的创新之处

本书研究的创新之处主要体现在以下几点:(1)结合经济学与会计学的相关理论,首次应用"公允价值计量的偏好"一词来描述我国会计准则制定者和会计准则执行者对公允价值计量的应用,并对"公允价值计量的偏好"的由来、含义、分类、特征做了详细阐述;(2)第一次用描述性统计方法对会计准则制定者(我国财政部)的公允价值计量的应用性做了度量与分析,得出我国会计准则制定者制定的会计准则体系中的公允价值计量的偏好度较国际会计准则而言较低的结论,并对这种现象的原因做了深入分析;(3)着重分析了我国上市公司公允价值计量的应用情况,利用上市公司第一次公布"公允价值变动收益"的机会,对上市公司公允价值计量进行偏好性研究并创立了一个评价我国会计准则执行者公允价值计量应用程度的指标:公允价值计量实质性偏好度
$= \dfrac{\text{公允价值变动收益}}{\text{净利润}}$;(4)综合两种偏好,对未来的研究方向和公允价值在中国的应用都做了深入的分析与探讨,以期使公允价值计量在中国得到更好的应用,同时也为上市公司加强公司治理、应用好公允价值计量提供一些参考意见;(5)从财务契约的视角对公允价值计量的应用与契约有用性的关系进行了理论分析与实证检验。

第三节　本书的研究方法和研究框架

一、本书研究的方法

从理论上讲,会计的研究方法分为规范研究和实证研究,规范研究主要是

采用演绎法,从已知的法则和理论推演出新的理论。演绎法的研究路径如下:前提命题→推导结论→验证→具体问题。可见,演绎法是由一般结论得出具体结论,遵循由一般到个别的认识规律。实证研究采用归纳法,通过对事实的观察和逻辑的归纳,透过现象的描述和解释概括出理论命题。广义的实证研究也被称为经验研究,主要包括实验室实验、实地实验、实地研究或者案例研究、调查研究和档案研究等五种方法。实证会计理论的研究路径是:提出要研究的问题→发展假说→研究设计→选取样本并搜集数据→统计分析→得出结论并证实假说。陈小悦(2008)在谈到对会计实证研究的理解时指出:"对实证问题的分析与解答的'价值'在于为回答规范性问题提供支持,使决策主体的决策更有可能导向与所追求目标相吻合的结果。可见,规范问题引导着实证问题的定位,但是对实证问题的分析和解答却和规范问题无关。"在精确的模型(理论)和可验证的数据的基础上,它所得出的假说(假想或结论)则是十分有用的,它也能作为决策的参考。为此,本书根据研究的需要,采用了以规范研究为主、实证研究为辅的研究方法。

本书对公允价值相关理论成果的文献综述,对我国公允价值应用情况的分析,对《企业会计准则(2006)》《企业会计准则第 39 号——公允价值计量》应用情况的分析,以及对我国会计准则制定机构对公允价值计量偏好的度量与分析等主要采用规范研究的方法。在实证研究部分,本书对我国上市公司公允价值计量偏好度的研究与分析主要采用实证研究方法。本书之所以能对上市公司公允价值计量偏好度进行实证研究,主要是基于以下几个方面的因素:(1)相关学科和理论研究的不断发展对会计学的影响。近十几年来,经济学、数理统计学、计量经济学、行为科学、财务经济学等诸多学科都得到了迅猛的发展。与此同时,有效市场假说、代理理论、资本资产定价模型、权变理论、信息不对称理论、契约理论、管制理论等一系列理论也层出不穷。除此之外,盈余变化模型、价格模型、报酬率模型等与实证研究相关的理论模型也得到了广泛的应用与发展。这些相关学科、理论和理论模型的发展为本书的实证研究提供了良好的理论基础和科学指导。(2)中国资本市场的发展。实证会计与资本市场的关系可概括为:资本市场的会计规范需要会计理论的指导,资本市场的发展也为实证会计研究创造了条件(张为国和徐宗宇,1997)。资本市场与会计是一种相互依存、相互促进的关系:一方面,会计为资本市场提供会计信息,在资源配置和价值发现过程中发挥重要作用,促进资本市场的健康发展;另一方面,资本市场的发展又为会计研究提供了制度平台,有助于会计研究领域的拓展和方法体系的完善。我国资本市场是伴随着改革开放进程而逐步形成的,以上海证券交易所和深圳证券交易所成立为标志,我国资本市场经过十多年的迅猛发展,市场规模在明显扩大,市场运行的规范性和质量都显著提高。资本市场的建立和发展对我国会计研究的影响巨大,涉及会计信息的作用、会计准则的制定、会计计量、会计信息的披露、会计研究方法等多个方面。同时,资本市场的发展客观上要求上市公司强化信息披露,提高会计透明度,这对完善财务报告制度、信息披露方式、会计计量方法等具有重要影响。此外,我国在会计准则制定和国际化方面取得的成果,很大程度上得益于资本市场发展的推动。总之,中国资本市场的发展为本书的研究提供了丰富的研究资源。(3)实证会计学在中国的发展。实证会计学于20世纪60年代产生于美国会计学界,到80年代已成为美国会计学界研究的主流学派,进入90年代以后,实证会计学研究日趋国际化。我国实证会计学发展较晚,从80年代中后期才开始介入实证会计研究。80年代末期,中国会计学界响起了一片"向国际惯例靠拢"的呼声,但当时实证会计学发育的土壤尚未具备。近年来,随着中外会计学术交流的增加,研究范式的转变逐步得到中国会计理论界的认同。伴随着中国经济改革开放和会计制度的演化,经过近三十年的发展,我国会计实证研究已经取得了长足的发展,在有效市场检验和公司盈余管理等方面初见成果。目前,我国会计学界的权威杂志发表的文章以实证为主的占了很大数量,另外,近几年国外或国内的学术研讨会也主要是以实证研究的文章为主,而且会计实证研究在一些高校已形成主流。在此背景影响下,本书选择了实证研究与规范研究相结合的方法。(4)数据库业务、网络通讯技术及信息处理技术的发展。实证研究数据资料收集与应用相应的统计分析软件对这些数据资料进行统计分析是实证会计研究过程中必不可少的两个步骤,显然,翔实完整的数据和统计分析软件对于实证研究至关重要。在数据收集方面,本书实证研究所需的数据得益于wind资讯金融终端等多个数据库所提供的丰富数据。近几年,福建农林大学投入巨资建立了较为完备的数据库系统,目前现有数据库系统里包括:多媒体资源、中文数据库、外文数据库、西文电子期刊导航、特色数据库、试用数据库、电子书等,这些数据库的资源极大地满足了本书的研究需要。此外,发达的网络技术也为本书的实证研究提供了便利。通过上海证券交易所网站(http://www.sse.com.cn)和深圳证券交易所网站(http://www.szse.cn)以及上市公司自身的网站,就可很便捷地获得研究上市公司所需的相关数据。在信息处理技术方面,本书主要采用了国内常用的软件,如Excel、SPSS、Stata统计分析软件等,这些都是本书实证研究很好的工具与助手。正是得益于上述几个有利因素的影响,本书才能对上市公司公允价值计量的偏好、公允价值计量的经济后果等相关问题进行实证研究。笔者认为,无论采用实证研究还是规范研究,都只是研究的方法和手段,只要应用得当,无所谓谁优谁劣。因此,本书采用规范研究为主、实证研究为辅的研究方法。

二、本书的研究框架

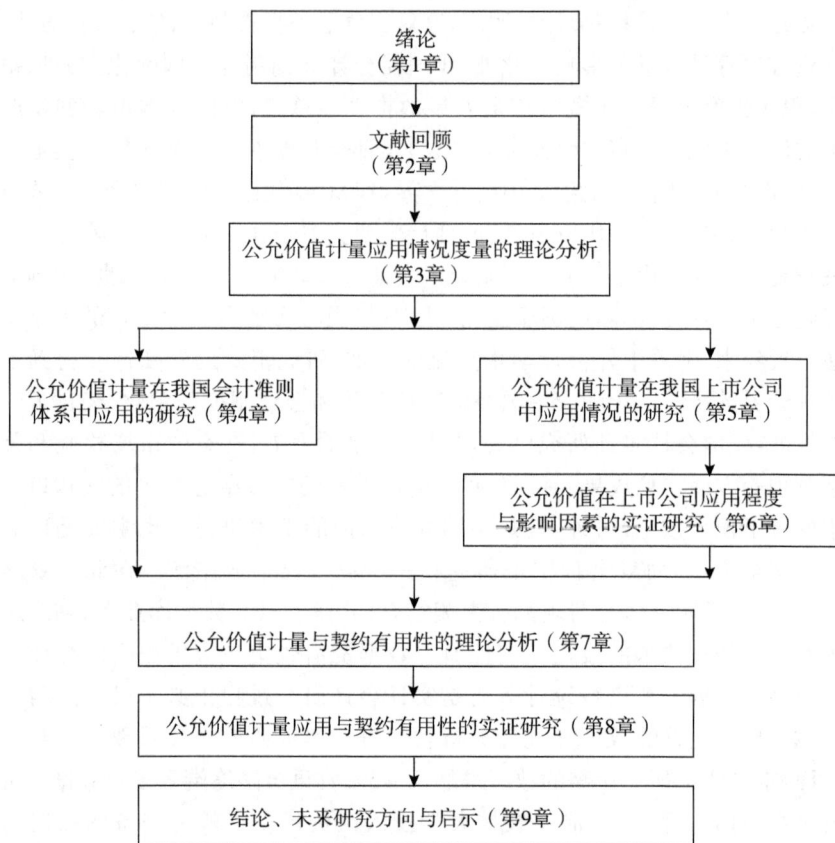

```
┌─────────────────────────┐
│         绪论            │
│       （第1章）         │
└─────────────────────────┘
              │
┌─────────────────────────┐
│       文献回顾          │
│       （第2章）         │
└─────────────────────────┘
              │
┌─────────────────────────┐
│ 公允价值计量应用情况度量的理论分析 │
│       （第3章）         │
└─────────────────────────┘
       │              │
┌──────────────┐  ┌──────────────┐
│ 公允价值计量在我国会计准则 │  │ 公允价值计量在我国上市公司 │
│ 体系中应用的研究（第4章） │  │ 中应用情况的研究（第5章） │
└──────────────┘  └──────────────┘
                          │
                  ┌──────────────┐
                  │ 公允价值在上市公司应用程度 │
                  │ 与影响因素的实证研究（第6章） │
                  └──────────────┘
       │              │
┌─────────────────────────────────┐
│ 公允价值计量与契约有用性的理论分析（第7章） │
└─────────────────────────────────┘
              │
┌─────────────────────────────────┐
│ 公允价值计量应用与契约有用性的实证研究（第8章） │
└─────────────────────────────────┘
              │
┌─────────────────────────────────┐
│ 结论、未来研究方向与启示（第9章） │
└─────────────────────────────────┘
```

图 1-1　本书研究框架图

2

文献回顾

第一节　国外公允价值计量规范研究的文献回顾

公允价值计量起源于欧洲，发展于美国。国际会计准则理事会（International Accounting Standards Board，简称 IASB）及美国财务会计准则委员会（Financial Accounting Standards Board，简称 FASB）自成立以来，对公允价值的研究与应用一直处于世界领先地位。因此，本书在文献回顾部分主要是以国际会计准则理事会和美国为对象。总的说来，IASB 及 FASB 对公允价值相关领域的研究主要集中在公允价值的定义及其特征、公允价值的计量属性、公允价值计量的基础理论、公允价值估值层级与估值技术等几个方面。

一、公允价值的定义及其特征

（一）国际会计准则理事会（IASB）的定义

IASB 关于公允价值的定义与说明是分散在若干已发表的国际会计准则（International Accounting Standards，简称 IAS）和国际财务报告准则（International Financial Reporting Standards，简称 IFRS）中的。国际会计准则理事会在其制定的 IAS 32《金融工具：披露和列报》及 IAS 39《金融工具：确认与计量》中将公允价值定义为"在公平交易中，熟悉情况的当事人自愿据此进行资产交换或负债清偿的金额"。在这个定义中，强调了"公平交易""熟悉情况、自愿的当事人""交换金额"等几个概念。"公平交易"指的是不存在特别或特殊关系的当事人(交易双方)之间的交易。即假定交易是在非关联方之间发生的,买卖双方是具有独立行为的个体。"熟悉情况、自愿的当事人"指的是买卖双方不是被迫的,且自愿购买和自愿销售的双方对特定交易的性质、特征、实际的潜在用途以及财务杠杆表日的市场状况具有相当的熟悉程度。即强调了自愿购买和自愿销售的双方是理性当事人,可以基于市场条件,按各自认为最有利的价格自由买卖。"交换金额"指的是资产交换或负债清偿的价格,它既可以是入账价格(entry price),也可以是脱手价格(exit price)。IASB 于 2011 年 5 月 12 日发布的IFRS 13《公允价值计量》里,对公允价值进行了重新定义,它将公允价值定义为"市场参与者之间在计量日进行的有序交易中出售一项资产所收到的价格或转移一项负债所支付的价格(即脱手价)"。在这个定义中,强调了"有序交易""市场参与者"。有序交易,是指在计量日的前一段时期内就存在着的相关资产或负债买卖交易,而且交易所在的市场是惯常的、普遍的。被迫交易是不属于有序交易的。"市场参与者"是指买卖自愿购买、自愿销售,而且熟悉市场情况,掌握市场信息。该定义强调了公允价值交易的公平有序性。

(二)美国财务会计准则委员会(FASB)及相关研究机构的定义

美国是研究公允价值最早、最完善的国家。早在 1952 年,美国学者艾利克L.柯勒(Eric L.Kohler)就在其《会计辞典》中给出了关于公允价值的定义,该辞典的解释是,公允价值是指"公平合理之价值,本词往往为公用事业所采用"。该词通常与公允市场价值通用,意指"(1)消息灵通之买卖双方以诚意磋商而决定之价格;(2)倘无交易或报价,则本词指估计之公允市场价值"。

1961 年,美国注册会计师协会(American Institute of Certified Public Ac-countants,简称 AICPA)是美国全国性会计职业组织,也是世界上最大的会计师专业协会,在全球 128 个国家与地区拥有近 37 万名会员。所属会计研究部主任Maurice Moonitz 撰写了《会计研究论文集》(Accounting Research Studies,以下简称 ARS),该论文集是为美国会计原则委员会(Accounting Principles Board,简称APB)制定会计准则提供理论基础的,其本身不属于会计准则。ARS No.1 中提到与"公允价值"相似的概念。Maurice Moonitz 指出:"如果交换价值(市场价格)实际存在的话,计量的难度就会降低。这是确实的。因为市场交易表达了'独立的判断'。市场交易将交换价值曝光(由于价值不能自我表现)的价格通过人们关于价值的判断展现出来。""为了防止曲解,我们将交换交易的任何价格都包括在交换价值之内,它包括:销售价格、公允价值(sound value)等凡是从交换推导出来的其他计量。"在 Maurice Moonitz 的论述中,他没有使用 fair value —

词,而是使用 sound value 一词,这说明公允价值概念已经在 Maurice Moonitz 的会计思想中有所体现。1970 年,美国会计原则委员会发布的第 4 号报告书(APB Statement No.4)中,将公允价值定义为"当在包含货币价格的交易中收到资产时所包含的货币金额,(以及)在不包含货币或货币要求权的转让中的交换价格的近似值"。

财务会计准则委员会(Financial Accounting Standands Board,简称 FASB)1991 年在第 107 号财务会计准则公告(SFAS 107)中,定义金融工具的公允价值为"金融工具在自愿的交易者之间在当前交易中采用的价格,而非强迫的或清算的销售价格"。

FASB(1996)在第 125 号财务会计准则公告(SFAS 125)《金融资产的转让和服务以及负债清偿的会计处理》中,定义公允价值为"一项资产(或负债)的公允价值,是自愿的双方在当前交易(而不是被迫或清算销售)中据以购买(或承担)或销售(或清偿)资产(或负债)的金额"。

FASB(1998)在 SFAS 133《衍生金融工具和套期保值活动的会计处理》中对公允价值的定义与 SFAS 125 的定义一样。同时,SFAS 133 比 SFAS 125 更简要地说明了公允价值的确定原则:"活跃市场中的公开市场报价是公允价值最好的证据,如果能得到的话,应被用作计量的基础。如果公开市场报价能够得到,公允价值就是交易数量乘以该市价的积。如果不能获得公开市场报价,公允价值估计就应是基于该环境下可以得到的最好信息。"

FASB(2000)在第 7 号财务会计概念公告(SFAC No.7)《在会计计量中使用现金流量和现值》中,将公允价值定义为"双方在当前的交易(而不是被迫销售或清算)中,自愿购买(或承担)或出售(或清偿)一项资产(或负债)的金额"。这与 SFAS 125 中的定义一致。

2006 年 9 月 15 日,FASB 发布了 SFAS 157《公允价值计量》,该准则将公允价值定义为:"Fair value is the price that would be received to sell an asset or paid to transfer a liability in an orderly transaction between market participants at the measurement date."(公允价值是指在计量日,市场参与者在有序交易中出售一项资产可收到或者转让一项负债应支付的价格)。这个定义中有三个关键点:(1)有序交易(orderly transaction):假设在计量日之前的一段时间内就已存在交易市场,这一交易所涉及的资产和负债的市场买卖是习以为常的;该交易不是一项被迫的交易,该交易是一项假设性的交易。(2)主要或最有利市场(principal or most advantageous market):公允价值计量假设所涉及的资产或负债将在主要市场(最大活动数量、最大活动水平的市场)或最有利市场(以最大化价格出售资产、最小化金额转让负债的市场)中出售或转让,交易费用不予以调整;脱手价格。(3)市场参与者(market participants):市场参与者独立于报告主体,即不是关联方,熟悉情况、掌握信息,有能力对该资产和负债进行交易,自愿(而不是被迫)对该资产和负债进行交易。

关于公允价值的特征,美国和国际会计准则委员会对公允价值定义的表述虽不尽相同,但都强调了以下几点:(1)公平市场;(2)信息的相对对称;(3)自愿交易。

二、公允价值计量属性

自美国财务会计准则委员会1991年10月正式着手制定有关公允价值确认与计量的财务会计准则以来,公允价值会计在美国及西方国家引起了激烈争论。支持和反对公允价值观点的争论一直没有停歇。

公允价值反对者认为:公允价值会计是对以历史成本为主要计量属性的现行会计模式的极端背离。历史成本计量一直被认为"是企业会计最合乎逻辑的基础"。A.C.利特尔顿认为:"原始购置成本的使用与复式簿记的演变有着非常密切的联系,任何过激地偏离它的做法,例如,用现时价值和按物价水平调整的数据来代替它,都会威胁到实账户和虚账户的整体性。而这种整体性远比个别资产和负债的金额数字重要。"如果放弃历史成本计量,"最终的结果是:会计,由于已经失去了它的最基本特征,将变成一种纯统计方法和彻头彻尾的实用手段。它的原则由于失去概念之间的凝聚力,从而土崩瓦解并逐渐被遗弃,会计的逻辑性将丧失殆尽,会计很可能变成人们各取所需的工具,以用来支持人们的任何观点"。公允价值财务报表提供的信息不具有可靠性,因为这些信息并非建立在正常交易基础之上。公允价值的可验证性及可操作性不足是公允价值的致命问题。

公允价值支持者认为,历史成本财务报表不具有相关性,因为它不能为投资者提供与当前价值相关的信息。历史成本计量是建立在历史成本计量基础上的一系列系统而复杂的会计方法,如跨期摊配、折旧计提、费用分配、成本结转等,使人们难以判断按这些方法加工出来的会计数据能否再现企业资产的真实状况,这些方法实际上也是会计信息失真的根源之一。另外,历史成本是财务杠杆形成的历史数据,这种数据会受物价变动和技术进步等因素的影响而与其现行市价严重背离,从而使其失去决策相关性。不可否认,可验证性及可操作性不足的问题是制约公允价值全面推广应用的重要障碍,但随着市场经济的不断发育,计算机技术和互联网技术的不断进步,公允价值的这一缺陷将得以克服。从理论上讲,公允价值与资产"是指过去的交易、事项形成并由企业拥有或控制的资源,该资源预期会给企业带来经济利益"的定义相吻合;以公允价值为基础计算的收益与经济学收益概念一致;建立在公允价值基础上的价值信息最符合决策相关性的要求。这些因素使公允价值计量基础具备了否定历史成本计量基础的理论依据,然而要完成这一转变,还必须克服公允价值自身的缺陷,使其具备一个会计计量基础应具备的现实条件。

　　总的来说,以公允价值计量基础取代历史成本计量基础是会计计量发展变化的总趋势。以公允价值作为会计的计量基础,并不是说不要历史成本计量,也并不意味着要改变现行的收益决定模式,而是说要以公允价值作为会计计量的基准价格或会计计量属性选择的判断标准,以求将会计方法体系置于一个更为合理的基础之上。

　　2006 年 9 月,在经过三年多的研究讨论后,美国财务会计准则委员会发布了第 157 号财务会计准则公告《公允价值计量》(SFAS 157),以统一和改进财务报告中的公允价值计量实务。SFAS 157 明确提出了"脱手价计量目标",全面引入了"市场参与者观",在对估价技术输入参数进行分类的基础上,制定了兼顾计量和披露的"公允价值层级",以期建立公认会计原则(generally accepted accounting principles,简称 GAAP)概念框架下统一的公允价值计量指南。这一准则的制定似乎是公允价值支持者的胜利宣言。但是好景不长,就在 SFAS 157《公允价值计量》公布不久,次贷危机的爆发又引起了公允价值反对者对公允价值的批判。公允价值之争进入了一个新阶段。面对各界的质疑,FASB 在金融危机期间对公允价值进行了修订,2008 年、2009 年分别发布了 SFAS 157-1、SFAS 157-2、SFAS 157-3、SFAS 157-4,对金融危机这个特殊情况下的公允价值计量做出特殊的规定,以此来应对金融危机。为了能够指导上市公司规范使用公允价值计量的金融资产和金融负债,2007 年 2 月,FASB 发布了 SFAS 159《金融资产和金融负债的公允价值选择权》。之后,FASB 又于 2008 年 3 月发布了 SFAS 161《衍生工具和套期活动的披露》,这项准则扩展和完善了对衍生工具和套期活动的披露要求,同时要求上市公司在财务报表中披露衍生工具的公允价值及其利得和损失。2009 年 6 月,FASB 又发布了 SFAS 166《金融资产的转移》,这项准则拓展了公允价值计量的使用范围,并且对因销售产生的所有资产转移和负债承担均采用公允价值确认和初始计量提出了要求。2011 年,FASB 联合 IASB 发布了第 4 号会计准则更新公告《公允价值计量》,对 SFAS 157 进行了更新。

三、公允价值计量的基础理论

　　就公允价值计量基础理论而言,西方国家(主要是美国)的研究较为全面,总结起来主要有以下几种理论:产权理论、价值理论、会计目标理论、会计计量理论、资产计价理论、收益决定理论等。对这些基础理论,本书主要从三个方面进行综述:一是该理论的主要观点,二是该理论与公允价值的主要关系,三是在该基础理论下公允价值计量所能实现的会计目标。

(一)产权理论

产权理论的主要观点:产权理论认为产权制度是现代市场经济的本质规定,市场经济的全部活动都是以产权为基础并围绕产权而展开的;产权的功能在于确定人们和经济组织在遵循行为规范的前提下运营财产,实现所有者以及利益相关者对财产未来收益和受损的合理预期,明确市场经济活动中不同民事主体的权利、义务关系及社会财产流转过程中谁向谁补偿的问题。

产权理论与公允价值的主要关系:产权关系的实现与发展是公允价值计量观念形成与发展的内在驱动力。会计计量是会计的核心职能。会计计量能力的高低、计量属性选择的公平与否对产权的界定、维护,对产权收益及资源配置的效率都有极为重要的影响。契约理论认为,现代企业是一系列契约的联合体。契约的存在使利益相关的各方十分关注企业产权的变化,每个利益相关者都要求取得与其投入相适应的权利或收益。在其他各种条件不变的情况下,计量属性的不同选择将导致产权计价、产权利益分配的不同结果。

在产权理论下应用公允价值所能实现的会计目标:由于信息不对称的存在,企业经营者在个人利益最大化动机的驱使下,可能侵犯其他利益相关者的利益,造成利益分配的不公及无效率。因此,必须解决会计计量属性的选择问题。公允价值由于来源于公平市场,具有公允性,能公平地再现资产及收益的真实价值,易于为利益相关方所接受,有利于均衡企业多元产权主体利益,最终成为实现与发展产权关系的必然选择。

(二)价值理论

价值理论的主要观点:经济学理论的一个重要任务就是通过寻找真实的价值来认识市场价格的变化规律。19世纪末,马歇尔将生产费用价值论、边际效用价值论和供求价值论融合在一起,提出了均衡价格理论。这种理论认为,商品的价格取决于供给价格和需求价格的共同作用。需求价格是消费者对一定量的商品所愿意支付的价格,其高低由一定量的商品购买者的边际效用所决定,总的变动规律是需求量随着价格的下跌而增大,随着价格的上涨而减少。供给价格是生产者为提供一定量的商品所愿意付出的代价,其高低由生产者提供一定量的商品所付出的边际成本所决定,总的变动规律是价格高则供给多,价格低则供给少。供给价格与需求价格相等之点或需求曲线与供给曲线相交之点就是均衡价格。

均衡价格与公允价值之间的主要关系:微观经济学研究的重点在于寻找隐藏在价格之后的商品内在价值或真实价值。均衡价格理论认为,商品内在价值或真实价值是供求双方在交换过程中形成的均衡价格,现实生活中的实际交易价格环绕均衡价格上下波动并不断地向其靠近,公允价值是现实条件下最符合均衡价格形成条件的交易价格,因而是最贴近商品真实价值的交易价格。公允价值的产生源于企业多元产权主体利益均衡的需要,因为只有公平地再现资产的真实价值,才能实现企业多元产权主体利益的均衡。价值理论研究的重点在于寻找隐藏在价格之后的商品的真实价值。均衡价格理论认为商品的真实价值是供求双方在交换过程中形成的均衡价格。可见,公允价值与均衡价格之间必定有着不同寻常的联系。公允价值是买卖双方自愿达成的交易价格,这一价格是不是均衡价格,要看其是否符合均衡价格形成的基本条件。公允价值的形成完全符合均衡价格形成的基本前提:首先,公允价值是在公平交易中,熟悉情况的交易双方自愿进行资产交换和债务清偿的金额,因此,它符合公平、透明和自愿三项重要前提;其次,公允价值通常以活跃市场上的公开标价为其典型表现形式,这说明,存在一个活跃的交易市场实际上是公允价值存在的一个隐含的重要条件。由此可见,公允价值与均衡价格的内涵完全一致,它是现实条件下所能找到的最理想的均衡价格,因而是最贴近商品真实价值的交易价格,因此,只有以公允价值作为会计的计价基础,才能够如实反映资产的真实价值。

在价值理论下应用公允价值所能实现的会计目标:从价值理论方面来看,公允价值计量是提高会计信息质量的根本要求。在价值理论下公允价值会计的目标是向会计信息使用者提供对其决策有用的会计信息,有用的会计信息应反映资产的真实价值。

(三)会计目标理论

会计目标理论的主要观点:目前会计理论界关于会计目标的两个主要观点是受托责任观和决策有用观。受托责任观认为受托责任的产生源于企业所有权与经营权的分离,企业的经营管理者只需要向企业的所有者(股东)报告对企业资源的受托管理、保值增值情况。而决策有用观则认为,企业的目标在于实现利益相关者利益的最大化,即企业的会计信息除了满足报告受托责任的需要外,主要的目标还在于满足利益相关者决策的需要。

会计目标理论与公允价值的主要关系:自20世纪70年代以来,资本市场的发展使衍生金融工具不断推陈出新,经济、贸易方式日益复杂,仅以历史成本为基础编制的财务报告已不能真实地反映受托者的经营业绩及对受托资产的管理、使用情况。基于会计环境的这种变化,即使是在受托责任观下也应改变历史成本为主导的计量模式,转而寻求更加恰当的计量属性,如公允价值。因此,可以认为,会计目标理论是公允价值计量的理论基础,会计目标的实现要求使用公允价值计量。

在会计目标理论下应用公允价值所能实现的会计目标:在公允价值概念出现以后,有学者将决策有用观作为公允价值计量的理论基础,而把受托责任观排除在外。传统上,会计计量主要是以保护资产的完整性即所谓的受托责任为其主要目标的,在这一目标的指导下,人们主张采用历史成本的计量方法,这样能够提供真实、可靠、可验证的会计信息,以供委托人考核受托责任的履行情况。人们对会计报表可靠性的关注胜于相关性,因而历史成本就成为会计计量的最佳选择。然而随着市场经济的发展,会计目标由受托责任观向决策有用观转变,尤其是随着知识经济时代的到来,企业中无形资产大量涌现,衍生金融工具大量使用,用户需要更多相关的信息来对企业的机会和风险做出评价,这时,信息使用者对会计信息的相关性要求提高,可靠性要求退而居其次。决策有用观者就主张采用现行成本、现行市价、可实现净值、未来现金流量现值等计量属性来提供更加相关的会计信息,以供利益相关者做出正确的决策。而公允价值计量正好满足了这个会计目标的要求。

(四)会计计量理论

会计计量理论的主要观点:20 世纪 30 年代以来,会计学界逐渐流行起这样一种观点:会计实际上就是一个计量过程。应该讲,这一说法毫不为过,因为多数会计理论和方法都是围绕计量问题而展开的。任何事物都具有质和量两种规定性,人类认识任何事物都必须从辨别事物的质、计量事物的量开始。因此,计量是人类认识事物的基础。按照《辞海》的解释:计量是指用一个规定的"标准已知量"作为单位,和同类型的未知量相比较而加以检定的过程。在这里,"标准已知量"就是计量单位,"同类型"实际上就是计量客体可用既定计量单位测量的属性。这表明计量是由计量单位和计量属性两个要素组成的。会计计量理论由会计计量模式、资产计价理论和收益决定理论三大部分构成。以公允价值代替历史成本作为会计的计量基础,将给会计计量理论三大组成部分带来重大影响。

会计计量理论与公允价值的主要关系:会计计量模式有广义和狭义之分,狭义的会计计量模式仅指由某种计量属性与计量单位构成的特定组合。而广义的会计计量模式除包括由计量属性与计量单位组合而成的基础计量模式外,还包括由基础计量模式和会计计量对象构成的应用模式。美国著名会计学家 K.S.莫斯特认为:"一个完整的计量模式,除计量对象外,还应包括两个要素:计量属性和计量尺度。"会计计量对象具体包括资产、负债、收入、费用等。按照计量对象的不同,会计计量可分为资产计价和收益决定。因此,公允价值计量模式实际上是现时货币单位与最能体现计量客体特征的计量属性——公允价值组合而成的一种会计计量模式。这种会计计量模式完全符合实物资本保全原则,它不仅具备现时成本计量模式的优点,例如能够较好地适用于结构性物价变动环境,而且具有现时成本计量模式所不具备的优点,例如它可根据财务杠杆项目性质的不同,灵活选用具体计量属性。

在会计计量理论下应用公允价值所能实现的会计目标:公允价值计量是会计计量模式的最佳选择。就计量单位而言,公允价值以计量当日的币值为计价单位,这种计价单位既避免了以名义货币计价时因不同时间形成的价格之间的币值的不可比性,又避免了以不变币值计价时时点选择的不确定性,因为在按不变币值计价时,可以选择任一时点的币值作为计价的标准单位。就计量属性而言,公允价值是构成一个最佳会计计量模式的首选计量属性。这是因为从客观的角度来看,公允价值是多种可选择的计量属性中能够最好地体现计量客体本质特征的计量属性;而从主观需要的角度看,公允价值是最为公平且最具决策相关性的计量属性。

(五)资产计价理论

资产计价理论的主要观点:资产计价理论研究的重点在于如何根据明确的资产定义导出最合理的会计计量模式。资产的定义是资产本质属性的体现。20世纪50年代以前,人们普遍倾向于从成本的角度理解、界定资产,但随着经济学概念的大量引入,会计的一些重要概念逐步向经济学靠拢或吸收经济学概念的精神。体现在资产的概念上,人们逐步放弃了资产的成本观,强调资产是价值而非企业为取得该资产所发生的耗费。发展到当代,资产的定义几乎完全摒弃了原有的重视成本的倾向,所强调的是资产未来的服务潜能,或在未来为企业创造现金净流量的能力,有些则将资产描述为"未来的经济利益"。

资产计价理论与公允价值的主要关系:当人们在争论是坚持以历史成本为代表的投入价值基础还是以现行市价为代表的产出价值基础进行会计计量时,伴随着衍生金融工具的迅速发展,产生了一种新的计价基础——公允价值计价基础。如果说投入价值基础是从供给或耗费的角度对资产进行计价,产出价值基础是从需求或效用的角度对资产进行计价,那么,公允价值就是一种将两种价值基础结合起来的资产计价方式。因为从交易双方不同的当事人来看,公允价值可以是产出价值,也可以是投入价值。对销售方来说,公允价值就是产出价值;而对购买方来说,公允价值就是投入价值。在对具体资产项目进行计价时,若投入价值能够更准确地体现其真实价值,就以投入价值作为其计价基础;相反,若产出价值能够更准确地体现某资产项目的真实价值,就以产出价值作为其计价基础。因此,以公允价值作为资产的计价基础具有较强的针对性和灵活性,因而能够更准确地反映资产的真实价值。既然"未来经济利益"代表了资产的本质特性,那么,在选择资产计价要素时,就应该充分体现这一特性。公允价值所使用的计量单位代表了计量当日的购买力,因而能够准确体现资产的计价。

在资产计价理论下应用公允价值所能实现的会计目标:公允价值计量模式实际上是现时货币单位与最能体现资产的真实价值的结合,正如股票的价格决定于股票未来的获益能力,而不是股票发行企业之前的业绩或股票过去的价格一样,在实际交易过程中,交易双方在给交易标的物定价时往往首先看重的是该交易标的物创造未来经济利益的能力。其次,资产作为能够带来未来经济收入的资源,其在当前这一特定时点上的价值可通过它所带来的未来经济利益的现值来表示,而未来经济利益的现值恰恰是公允价值本质属性的数量表达,它能够体现出资产定义的价值与公允价值概念的内涵相一致,因此,以公允价值进行会计计量体现了资产计价的内在要求。

(六)收益决定理论

收益决定理论的主要观点:收益决定主要有三种基本模式:一是建立在收付实现制基础上的"流入-流出=净流入";二是建立在权责发生制基础上的"收入-费用=利润";三是建立在经济学收益概念上的"期末净资产-期初净资产=全面收益"。随着企业持续经营观念的形成及实现原则的建立,"流入-流出=净流入"这一原始的收益计量方法早已被淘汰。因此,目前,收益决定理论主要围绕经济学收益和会计学收益两种收益概念而展开。经济学收益与会计学收益相比,两者的差别主要表现在三个方面:第一,会计学收益建立在历史成本的基础之上,而经济学收益则强调收益是"在期末和期初拥有同样多的物质财富的情况下,企业可以在本期内消费的最大金额",这里所说的"同样多的物质财富"是按现行价格重新购置实物资产所需支付的金额,因此,经济学收益实际上是建立在现行价值基础之上的。第二,会计收益强调收入实现,即以明确可辨认的交易为基础,对于非交易因素导致的收益,即未实现收益不予以确认;而经济学收益既要考虑实际交易所产生的收益,也要考虑非交易因素所代表的收益,包括已实现持有资产收益和未实现持有资产收益。但在具体进行会计处理时,则将资产收益(包括已实现持有资产收益和未实现持有资产收益)作为资本增加额而非当期损益来处理,从而体现了实物资本保全的基本要求。第三,会计收益是收入和费用配比的结果;而经济学收益则是期末与期初两个时点上的净资产的差额。这里所说的净资产,是指完全按期末现行价值而非按历史成本计算的净资产。

收益决定理论与公允价值的主要关系:从理论上讲,如果物价绝对稳定,既不存在通货膨胀或技术进步等导致物价变动的因素,也不存在于交易之外的各种潜在风险与报酬,两种收益决定模式所得到的收益应该是相等的。但是在现实环境中,这种假定的前提是不存在的,这就引发了人们关于怎样的收益才更真实的争论,并产生了一些使会计学收益更接近经济学收益的改良做法。以全面收益代替传统收益观念已成为当前收益计量发展的总趋势,但全面收益的确定,离不开对财务杠杆项目现行价值的确定,而现行价值可以是现时成本或现时市价,也可以是公允价值。由于现行成本或现行市价有时会受到现实条件的限制而无法获取或不具普遍性,因此,能够使会计学收益向经济学收益靠拢的现行价值就只有公允价值。这是因为当现行市价可以在公开市场上可靠地获取时,现行成本或现行市价就是公允价值;当市价无法在公开市场上可靠地获取时,可通过各种估价技术,如现值技术来计算公允价值。

在收益决定理论下应用公允价值所能实现的会计目标:以公允价值作为会计计量基础,不仅符合经济学收益概念的要求,而且有助于全面收益计量模式的实现,因此要实现经济收益的全面计量,在会计上就必须采用公允价值计量模式。

四、公允价值估值层级与估值技术

(一)公允价值估值层级的含义

FASB 和 IASB 在联合提出概念的"企业合并"项目中初次提出了"层级理论"(IASB,2005)。2006 年,第 157 号美国财务会计准则(SFAS 157)首次正式提出公允价值层级理论。之后,IASB 和 FASB 共同对公允价值层级内容进行了完善。这一概念的提出,大大提高了公允价值计量在实务操作上的可靠性,使得公允价值计量有章可循。为了提高公允价值计量及其有关披露的一致性和可比性,SFAS 157 把用来计量公允价值的估值技术的输入因素按照可观察程度划分为三个明朗的次序,相应的公允价值也被分为三个层级,这被称为公允价值的层级。2011 年,IASB 和 FASB 的公允价值计量联合项目发布了 IFRS 13 作为研究成果,修正了输入值的使用原则,增加了公允价值分层信息的披露要求。

(二)公允价值估值层级确定的原则

FASB 和 IASB 在公允价值层级确定方面制定了明确可行的原则,这个原则就是:把同质资产或负债在活跃市场上的报价定为最高层级的参数,把不可观察的输入因素定为最低层级的参数,中间层级的参数则是最高层级的参数之外的直接或间接可观察参数。在某些情况下,用来计量公允价值的输入因素可能分别归属于公允价值层级的不同层次。此外,评估特定输入因素对公允价值整体计量结果的显著性,需要考虑资产或负债的特定因素。

(三)公允价值估值层级的具体内容

SFAS 157 与 IAS 39 相比较,两者都认为应将公允价值计量采用的估计价格分为三个层次,但是两者的区分又不完全相同。葛家澍(2009)对此做了一个分析,如表 2-1 所示。

表 2-1　SFAS 157 的公允价值层次与 IAS 39 的结论基础中公允价值层次比较

SFAS 157 的公允价值层次(pars.24－31)	IAS 39 的结论基础(pars.102－104)
第一层次的输入参数 主体在计量日有能力进入活跃市场上可观察到的、容易随时取得的同质资产或负债的报价(不必调整)	**第一层次** 对在活跃市场上交易的金融工具使用标价计量
第二层次的输入参数 ①主体可观察到类似资产或负债在市场上的报价 ②类似资产在不活跃市场上的报价 ③不属于资产或负债的可观察报价的参数 ④市场佐证的输入参数 这一层次输入的参数都要调整	**第二层次** 对没有活跃市场的金融工具,使用最近的市场交易价格计量
第三层次的输入参数 不可观察的输入参数(最佳信息是主体拥有的数据)必须调整	**第三层次** 对既没有活跃市场又没有最近交易的金融工具,使用估价技术

资料来源:葛家澍.公允价值的定义问题——基于美国财务会计准则 157 号《公允价值计量》[J].财务与会计导刊,2009(3):6.

葛家澍指出:"从以上的估计层次看来,第一层次是相同的,第二、三层次就不同了,在 IAS 39 中没有同质和类似之分(因为它仅指金融工具),而在 SFAS 157 中,也未涉及估价技术。"因此,在公允价值应用中,SFAS 157 明确规定应优先考虑第一层级,其次采用第二层级,最后采用第三层级。这种层级关系可用图 2-1 表示。

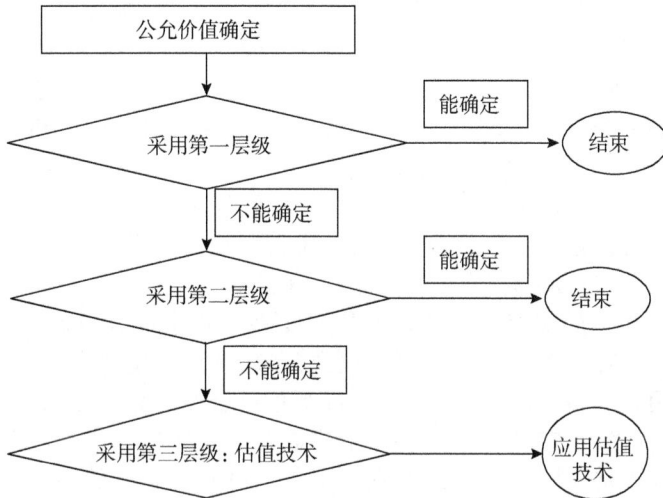

图 2-1　公允价值层级图

（四）美国公允价值估值技术的具体内容

为了提高公允价值计量及其有关披露的一致性和可比性，SFAS 157 把用来计量公允价值的估值技术的输入因素划分为三个次序，相应的公允价值估值技术也被分为三个层级。SFAS 157 介绍了估值技术中的三种方法：市场法、成本法和收益法。

（1）市场法估值原理。市场法是指利用涉及同质或可比资产或负债的市场交易产生的价格和其他相关信息计量公允价值。市场法是在无法为所计量的项目找到市场价格，也不存在可供参考的类似项目的市场价格时，通过参考类似项目的市场信息来进行公允价值估价的。因此，它与类似项目法有本质的区别。与市场法一致的估值技术有矩阵定价。矩阵定价是一种不需依赖特定证券的报价，而主要通过该证券与有报价的其他基准证券之间的关系，用来对债务证券进行估值的数学技术。

（2）成本法估值原理。成本法是指以替代某项资产服务潜能所要求的当前金额为基础来计量公允价值的。从市场参与者（卖方）的角度看，销售资产将会收到的价格，是以对市场参与者（买方）而言，取得或建造具有可比效用的替代资产并调整其报废成本后付出的成本为基础来确定，即重置成本。确定重置成本的方法包括：在用的公允市场价值法、新重置成本法、折旧后的新重置成本法、现值指数调整法、重新生产成本法等。

(3)收益法估值原理。收益法是指采用估价技术把未来金额(如现金流或盈利)转化为单一的现值金额的计量方法。与收益法相关的估值技术包括期权定价模型和现值技术。传统的收益法是现值技术,它通过对与资产相关的现金流量进行折现以实现估计资产价值的目的。随着 20 世纪 70 年代期权模型的出现,收益法增加了新的估值方法。期权定价模型刚开始主要应用于金融工具,例如,布莱克-斯科尔斯-默顿期权定价模型(Black-Scholes-Merton option pricing model)和二项式模型(格子模型),以及用来计量某类无形资产公允价值的多期间剩余收益模型。期权的价值包括内在价值以及时间价值两部分。内在价值是期权合同交割价或约定价与相应证券市场价之间的价差,时间价值是期权价值与内在价值的差价,反映的是由于期权持有者在期权持有期间有可能享受期权标的物资产价格变动而带来的收益的一种选择权。SFAS 157《背景信息和结论基础》中提到:在征求意见稿的过程中,有人建议(同时)使用多种估值技术。国际会计准则理事会经过再三考虑,认为在许多情况下,同时采用多种估值技术并不恰当或者并不符合成本效益原则,所以该理事会最终确定采用单一方法,同时也对这三种估值技术的层级问题做出规定。在公允价值估价过程中,应用这三种方法估计出来的价值可能会出现差异,那么,该如何解决这个差异性问题? 层级的规定解决了这个问题,即:市场法优先于成本法,成本法优先于收益法。因此,这三种方法中,优先等级最高的是市场法。图 2-2 是估值技术层级图。

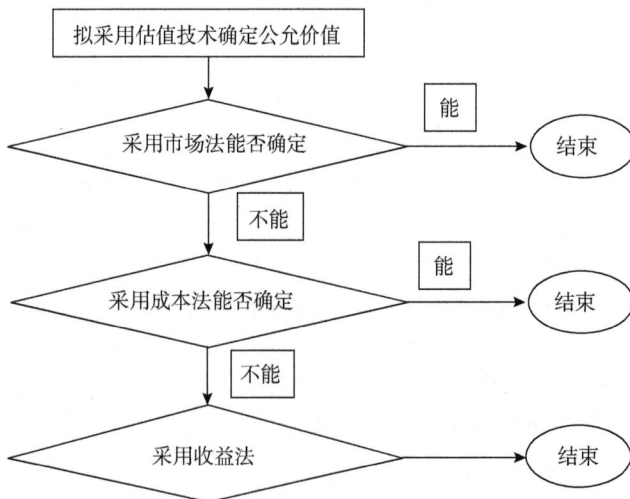

图 2-2　估值技术层级图

第二节　国外公允价值计量实证研究的文献回顾

正如规范研究一样,美国和西方一些资本市场发达的国家或地区在公允价值实证研究方面处于领先地位,研究的领域主要集中于公允价值的价值相关性、公允价值计量的可靠性、不同国家或地区使用公允价值的差异性,以及金融工具等。但是西方国家(特别是美国)对于公允价值的实证研究主要侧重估值的有用性。价值相关性研究主要是检验股票价格(或股价的变化)与特定的会计数字之间的关系。由于美国资本市场对股票价格的敏感性以及相关数据易于取得和信息技术的发展,价值相关性研究颇受众多美国会计学者的关注。尽管对于价值相关性研究能否为会计准则制定者提供帮助仍存在争议(Holthausena and Watts 2001,Barth、Beaver and Landsman,2001),但是价值相关性却是目前美国学术界的主要研究方向。对公允价值计量的实证研究于20世纪60年代起源于美国,所以对与公允价值相关的会计实证研究也是从20世纪60年代以后开始的。目前,国际上早已越过"要不要用"公允价值的争论阶段,而主要进入"如何用"的阶段。20世纪90年代以来,从IASC和FASB的努力方向和财务会计的发展动向看,很多具体准则在制定上体现了从历史成本计量向公允价值计量的转变。IASC在现行会计准则的制定过程中,较为普遍地使用了公允价值的概念;公允价值的应用呈现出从金融工具向其他领域延伸的趋势,由金融向非金融领域、由流动资产向长期资产项目延伸。而FASB对公允价值计量体系的研究,自1975年以来也始终没有间断过,公允价值在美国会计准则中的应用也越来越广泛,相关的实证研究也日益跟进。这些实证研究最大的成果就是美国和国际会计准则制定机构大规模地推行公允价值计量,特别是在金融工具的确认方面,制定了许多与公允价值相关的会计准则。这些涉及公允价值计量的会计准则,其制定与颁布的时间基本上形成一个连续的时间序列。

20世纪70年代,美国发生了严重的通货膨胀,引起了人们特别是美国学术界对重置成本的怀疑。与此同时,美国证券交易委员会(SEC)在1976年发布了第190号《会计系列文告》(Accounting Series Release,简称ASR),要求上市公司在补充披露信息中要披露重置成本变动的影响。SEC的举措迫使FASB在1979年发布了第33号准则,要求披露通货膨胀下的稳值信息。上述准则的颁布立刻引起了美国会计学界广泛的关注。Beaver,Christie,

Griffin(1980)和 Gheyara,Boatsman(1980)的研究结论发现:披露的重置成本信息并没有比历史成本信息提供更多的股票价格相关性的信息;但 Bublitz,Frecka,McKeown(1985)和 Murdoch(1986),以及 Haw,Lustgarten(1988)的研究则发现,重置成本信息还是提供了一些微弱的增量信息含量。上述研究结果说明,在 20 世纪 70 年代,学术界并未认可重置成本能够提供更有用的信息。

SEC 在 1978 年发布的 ASR 253 中,要求美国的石油公司采用储备确认会计(reserve recognition accounting,RRA),这样,石油公司持有的油气资产要用未来现金流量的现值确认。Bell(1983)发现尽管 RRA 可能不够精确,但是在石油公司公布 RRA 信息的视窗内,股票还是普遍获得了正的非正常回报。Dharan(1984)发展了预期模型,发现 RRA 信息对观察到的股票价格具有很低的增量信息含量,并认为这主要是 RRA 信息的预测误差过大所致。Magliolo(1986)调查了 1979—1983 年的样本公司,并未发现 RRA 信息可以较投资咨询公司提供更多相关的石油和天然气储备的市场价值信息。Harris 和 Ohlson(1987)研究了 1979—1983 年的样本,发现历史成本较 RRA 信息对资产的市场价值有更强的解释力。Doran,Collins 和 Dhaliwal(1988)发现,1979—1981 年历史成本和 RRA 信息对股票市场的超额回报都有显著的解释力,但是在 1982—1984 年,两个变量却都没有显著的解释力。

在 20 世纪 80 年代,美国学者对公允价值信息在价值相关性方面占优的结论主要分为两派:以 Bell(1983)和 Dharan(1984)为代表的一派支持公允价值信息具有价值相关性;以 Magliolo(1986),Harris 和 Ohlson(1987)为代表的另一派则认为公允价值信息不具有价值相关性。

在 20 世纪 90 年代,随着金融工具的普及,实证研究支持了公允价值是金融工具最相关的计量属性的观点。Barth(1994)以美国银行 1971—1990 年的有关数据为样本,采用估价模型和收益资本化模型进行检验。研究发现,证券投资的公允价值信息相比于其历史成本信息具有增量信息含量,对银行股票的价格能进行更好的解释。但研究也发现,证券投资基于公允价值的投资收益,并不总是比历史成本具有更显著的增量信息含量。

Barth,Beaver 和 Landsman(1996)以 136 家美国银行 1992—1993 年的相关数据为样本,检验了 SFAS 107 所要求披露的公允价值信息的价值相关性。研究发现证券投资、贷款和长期债务的公允价值与股票价格都具有相关性,银行吸纳的存款与表外项目的公允价值信息并不具有价值相关性。研究特别关注了银行贷款公允价值信息的信息含量问题,认为在控制了贷款的违约风险、利率敏感性资产和负债后,市场对贷款的公允价值做出了反应。

Sloan(1999)质疑前述的研究方法,认为用以后年份的股票价格和经营业绩来判断当期的公允价值估值是否准确,这种处理可能是不恰当的,因为以后年份的股票价格和经营业绩受到的影响因素非常多。受到这种观念的影响,Dietrich,Harris 和 Karl Muller(2000)在研究英国公司年报中关于投资性房地产估值可靠性的时候就改变了方法,他们发现年报中披露的公允价值估值普遍低于以后实际的销售价格,但是公允价值较历史成本而言具有更小的偏差。

2006 年 9 月,FASB 发布了 SFAS 157《公允价值计量》,首次正式提出公允价值层级理论。Goh et al.(2009)的实证研究得出的结论是:投资者因为层级的不同,对净资产的估值是不同的,按第一层级公允价值计量的净资产估值比按第二层级公允价值计量的净资产的估值高,但按第二层级和第三层次公允价值计量的净资产的估值没有显著差异;Song(2010)以 2008 年美国银行业季报为样本,经过研究之后得出结论,将按第一、二层级计量的公允价值信息的价值相关性进行比较,并没有显著差异,且按第一、二层级计量的公允价值信息的价值相关性均大于第三层级。Hui Du(2014)以 2008 年和 2009 年美国银行业的季度报表作为样本进行实证研究,发现公允价值信息的价值相关性会随着第一、二、三层级的顺序逐步降低;如果上市公司进行公允价值层级的转换,则会显著提高三个层级的公允价值信息的价值相关性,且公允价值信息价值相关性的提高与银行规模、按公允价值计量的资产和负债规模等因素无关。

公允价值计量与审计收费的实证研究也是最近国外公允价值实证研究的主要内容。Hackenbrack 和 Knechel(1997)的研究表明,判断公允价值测量的难易度是审计评估的内在挑战。根据 IFRS 规定,审计师通常会使用长期序列现金流或近似公允价值的可用性指标进行测量,如果难度越高,则其测量程序越多,审计工作就越多,这也会提高审计成本。Goncharov 等(2012)基于房地产行业的特殊性,研究房地产行业上市公司的公允价值计量和审计收费的关系,结果表明,公允价值计量的复杂性和难以辨别性使审计风险增加,审计收费也会相应增加。Ettredge 等(2013)通过建立模型对 2006—2008 年银行的公允价值计量、审计师专长和审计费用的关系进行实证研究,发现以公允价值计量银行资产导致审计人员的审计风险和审计工作量都相应增加,因此,审计费用也会增加。Igor Goncharov 等(2014)进一步研究表明,公允价值的呈现方式不同,其审计费用也不同。此外,有很多实证研究表明公允价值对审计环境也有影响。

第三节 对国外公允价值计量规范与实证研究的评述

国外对公允价值的研究无论是规范研究还是实证研究,都较国内早,而且研究成果较为丰富,基本上是沿着公允价值相关准则的制定,而后就该制定的准则展开研究,准则制定机构根据研究结论修改或改进相关准则或颁布新的公允价值准则,然后研究再跟进,从而形成一个良性循环的过程。

规范研究方面,国外,特别是美国,形成了许多成熟的理论,并且相关的会计准则制定机构已将许多成熟理论写进了会计准则,进而规范会计行为,促进了会计实务的发展;在实证研究方面,国外,尤其是美国学术界,围绕公允价值计量的相关性问题进行了大量的经验研究,主要以股票定价和金融工具领域的实证研究居多。总结国外公允价值研究的总体情况,本书可以得出以下几条结论:

(1)与公允价值相关的研究,无论是规范研究还是实证研究,主要是在美国得到发展,并形成了以美国的研究为主流,国际会计准则委员会和其他国家、地区跟进研究的局面。

(2)在研究的时间序列上,基本上与公允价值相关准则的颁布与实施相吻合,呈现出一个连贯的研究时间序列。

(3)无论是规范研究还是实证研究,研究成果很丰硕:规范研究方面的成果主要集中于公允价值定义及相关内涵、公允价值理论基础、公允价值估值层次与技术等方面;实证研究方面的成果主要集中于公允价值的信息相关性研究、可靠性、决策有用性以及金融工具等方面。与传统的计量模式相比,公允价值(以现值为代表)的使用是为财务报表的使用者提供与当期价格更为接近的信息,对西方高度发达的资本市场中的投资者而言,由于财富的主要表现形式体现在证券的价格上,决策有用信息的直接表现就是该信息和股票价格之间的关系更加密切。这也直接导致估值有用性几乎成为西方会计学界最为关注的领域,而从契约有用性出发对公允价值的直接研究则相对较少。

(4)正如美国"次贷危机"引发"公允价值危机"一样,公允价值研究一直是在支持者和反对者相互批判的情况下展开的。到目前为止,美国次贷危机在金融界和会计界引发的公允价值会计优劣和存废的论战还在进行,这种争论也大大地推动了公允价值的理论研究。

第四节　我国公允价值计量规范研究的文献回顾

与国外相比,国内对公允价值相关领域的研究起步较晚,但是无论是实务界还是理论界,我国对公允价值的研究发展较快,而且带有很强的中国特色。黄世忠教授 1997 年在《会计研究》第 12 期发表的《公允价值会计:面向 21 世纪的计量模式》标志着中国对公允价值研究的开始。国内研究公允价值的代表性人物主要有:葛家澍教授、黄世忠教授、谢诗芬教授、陈美华博士等。我国对公允价值的研究成果主要集中于公允价值的定义及其特征、公允价值的计量属性、公允价值计量的理论、公允价值层级应用以及公允价值技术的应用等几个方面。

一、公允价值的定义及其特征

我国 1997 年开始引入公允价值计量,公允价值的研究主要针对中国企业会计准则展开。我国 1998 年的企业会计准则中,将公允价值定义为"在公平交易中,熟悉情况的交易双方,自愿进行资产交换或债务清偿的金额"。在2006 年 2 月颁布的《企业会计准则——基本准则》中,将公允价值定义为"在公允价值计量下,资产和负债按照公平交易中,熟悉情况的交易双方自愿进行资产交换或负债清偿的金额计量"。在这个定义中,仍然强调了"公平交易""熟悉情况、自愿的当事人""交换金额"几个概念,与 IAS 32 和 IAS 39 中的定义基本一致。尽管各自对公允价值的定义存在一定的差异,但都强调了以下几个方面:"持续经营""公平交易""熟悉情况"和"双方自愿"。

葛家澍教授(2007)总结公允价值具有四个主要特点:(1)公允价值是面向市场的,不以特定主体为计量的基础。(2)公允价值以基于确定承诺的假想交易(hypothetical transaction)为对象,而并非指实在的交易。(3)公允价值的计量日并非指特定交易日,而是确定承诺日和清算交割期以前的每个报告日。公允价值的重要特点之一是其动态性,随着时空环境的变化,公允价值的价格将随着市场价格的变化而变化,即公允价值始终跟踪作为价值影子的市场价格的消长而调整,从而使资产或负债的计量与市场息息相关。(4)公允价值一般都不是实际发生的交易价格,而是参照市场的估计价格,因此具有估计性。但即使估计不完全可靠,公允价值始终面向未来,力求反映市场风险和不确定性,这是其他计量属性所办不到的,也是公允价值的主要优点。

2014 年 1 月 26 日颁布的《企业会计准则第 39 号——公允价值计量》第二条指出:"公允价值,是指市场参与者在计量日发生的有序交易中,出售一项资产所能收到或者转移一项负债所需支付的价格。"这次将公允价值定义为市场参与者在计量日发生的有序交易中,出售一项资产所能收到或者转移一项负债所需支付的价格,即退出价格。该定义强调了公允价值是基于市场的计量,而不是特定主体的计量,需要考虑相关资产或负债的特征。

总的来说,我国会计学界对公允价值的定义基本上还是一致的,这是因为我国公允价值的定义主要是在借鉴国际会计准则的基础上由我国会计准则制定者确定下来的,这种概念的确定带有强制性并写入准则,所以争议相对较小。

二、公允价值的计量属性

我国学者对公允价值计量属性的研究是建立在借鉴美国研究成果的基础上。FASB 发布的第 5 号概念公告(SFAC No.5)中描述了用于财务报表的五种计量属性:历史成本、现行成本、现行市价、可变现(清偿)净值、未来现金流量的现值。SFAC No.7 对于公允价值与以上五种计量属性的关系做了界定,指出虽然 SFAC No.5 没有使用公允价值这一术语,但 SFAC No.5 中描述的某些计量属性可能与公允价值是一致的。SFAC No.7 有关公允价值表述的模糊性,引起了我国学者对公允价值概念的不同认识。谢诗芬教授的博士后研究报告《公允价值:国际会计前沿问题研究》对中国公允价值计量属性的研究有较大的影响。对于公允价值是否作为一种独立的计量属性,国内学术界主要分为三种观点:

(一)公允价值是一种独立的新的计量属性

黄世忠(1997)认为:公允价值会计信息由于其高度的相关性,越来越受到投资者和债权人的青睐,其应用领域已经由金融工具扩展至其他领域,极可能取代沿用了几百年的历史成本会计模式,成为 21 世纪的最主要计量模式,并将导致会计计量的一场大革命。

卢永华、杨晓军(2000)认为:公允价值计量属性反映的是现值,但不是所有计量现值的属性都能作为公允价值。公允价值的本质是一种基于市场信息的评价,是市场而不是其他主体对资产或负债价值的认定。

葛家澍(2001)等认为:公允价值是计量体系中的第五种计量属性。在整个会计计量属性体系中,其地位就是取代未来现金流量的现值而成为与历史成本、现行成本、现行市价、可实现净值并列的会计计量属性。理由是 SFAC

No.7 明确否认未来现金流量的现值是一种计量属性,并且将能够反映被计量资产或负债的某些可观察的计量属性的现值称为公允价值。

葛家澍、徐跃(2006)认为:公允价值是与市场价格、历史成本及现行成本有所区别的一种新的计量属性。市场价格是公允价值的基础,甚至可以说是公允价值的最佳估计。但公允价值又有不同于市场价格的许多方面。

我国 2006 年颁布的《企业会计准则——基本准则》中规定,会计计量属性主要包括:历史成本、重置成本、可变现净值、现值、公允价值。《企业会计准则第 39 号——公允价值计量》第一条规定:为了规范公允价值的计量和披露,根据《企业会计准则——基本准则》,制定本准则。另外,准则第三条规定:本准则适用于其他相关会计准则要求或者允许采用公允价值进行计量或披露的情形,本准则第四条和第五条所列情形除外。可以看出,我国会计准则制定者也是将公允价值作为与历史成本、重置成本、可变现净值、现值并列的计量属性,认为公允价值是独立的计量属性,并与其他计量属性共同组成我国会计计量属性体系。

(二)公允价值不是一种独立的新的计量属性

吴丹(2000)认为:公允价值代表的是一种价值观念,从而与历史成本观念相对应。不同的资产,在不同的情况下,其公允价值可以表现为重置成本、现行市价、可变现净值、未来现金流量现值,甚至是评估价值。也就是说,公允价值是一个抽象的概念,一种潜在的价值,它需要通过某一具体的计量属性来体现。

石本仁、赖红宁(2001)等认为:公允价值本身不是一种计量属性,而是一个检验尺度。理由是 SFAC No.7 将公允价值视为大部分初始确认时的计量和后续计量的目的,并将公允价值视为采用现金流量和现值计量的唯一目的。SFAC No.5 中提到的各项计量属性只要以公允价值为目的,就可以满足现代快速发展的经济贸易的计量要求。因此,公允价值不是一种计量属性,而是一种计量属性的衡量标准,是所有会计计量属性的目的。

常勋(2004)等认为:公允价值不是特指某种计量属性,而是会计计量属性体系的一个总称。理由是 SFAC No.7 认为,公允价值的概念实际上已"嵌入"了各种计量属性,公允价值的特征涵盖了前五种计量属性各自具有的特征,在不同的情况下可表现为不同的计量属性。因此,将公允价值定义为一种计量属性显然是不当的,"公允价值绝不是一个独立的新的计量属性"。为了凸显在当前令人关注的多种交易中的实际交易价格是否公允,在规范会计实务的准则中,不得不放弃表述计量属性所惯用的时态观,广泛使用了"公允价值"这个概念,来与"历史成本"概念相并提,这在概念依据上是混淆不清的,也许这正是导致不同见解的根源。

任世驰、陈炳辉(2005)认为:公允价值的实质是客观价值,公允价值会计在本质上是强调对资产客观价值的计量。公允价值会计的真正创意有两点:一是资产计价必须坚持客观价值计量,价格要能真正反映资产客观价值;二是资产计价必须立足于现在时点,坚持动态的反映观。公允价值会计是会计反映从静止观点向运动观点转变的开始,是科学的会计反映观的开始。

(三)公允价值是一种复合计量属性

谢诗芬(2001)等认为:公允价值是一种全新的复合型会计计量属性,它并非特指某一种计量属性,而可以表现为多种形式。有学者认为公允价值是一个与历史成本相对立的复合计量属性,公允价值包含现行成本、现行市价、未来现金流量的现值等,但不包括历史成本。可以按时间顺序将公允价值分成两部分:面向过去的公允价值和面向现在与未来的公允价值。前者指历史成本,而后者则是人们通常所说的公允价值。随着时间的流逝,后者不断地转变为前者。

郑安平(2006)认为:历史成本是过去交易时点的"公允价值",现行市价是现行交易时点的"公允价值",可变现净值和未来现金流量的折现值是近似的现时"公允价值"。因此,公允价值绝不是一种新的计量属性,而是多种计量属性综合(或复合)的总称。

王建成、胡振国(2007)认为:公允价值是一种在"现行市价"和"现值"基础上发展起来的具有"复合"性质的计量属性,基于"时态观"是其显著特征之一,其计量基础是现行的或正在进行的市场交易,而不是已有的交易意愿以及由此达成的契约;公允价值不仅具有相关性,而且是合理可靠的;以计量公允价值的估价模型所需的信息作为唯一标准来划分公允价值层级,不仅具有理论上的创新性,还为公允价值计量实务提供了可行的指南。

本书支持公允价值是一种复合计量属性的观点。在现行会计准则规定的计量体系中,它被列为第五种计量属性,但从公允价值与其他四种计量属性的关系看,其内涵并不与其他四种计量属性平行,而是每种计量属性追求的最高目标(朱继军,2004)。公允价值可以根据计量客体的具体性质和市场交易中的市场行情等具体情况,在不同时间条件下重复或再现其余四种计量属性。因此从公允价值计量与其他四种计量方式的关系来看,本书可以得出以下两个方面的结论:

结论一:公允价值并非特指一种计量属性,而是多重计量属性的统称

　　根据公允价值的定义,从广义上看,历史成本、现行成本、现行市价的计量属性在不同的时点和状态下,都是符合公允价值定义的,因为历史成本就是过去的市场价格,现行成本或现行市价则是当前的市场价格。但在重新确定一项资产的价值即确认新起点时,就不能认为历史成本是公允价值了。因此,在狭义上,我们往往将公允价值作为与历史成本相对应的一种计量属性。与历史成本相比,公允价值反映了资产、负债的现行市场价值或未来现金流量的现值,报表信息使用者可以通过公允价值信息,了解企业当前所持有的财务杠杆的真实价值,从而评价企业的风险,以及管理当局的管理业绩,从而做出投资和其他决策。因此,公允价值计量的信息与信息使用者的决策具有高度相关性。但是,由于公允价值的数据不易取得,尤其是现值计量的主观随意性较强,易发生操纵行为,因此,对公允价值计量的最大批评是缺乏可靠性和可操作性。由此可见,公允价值计量和历史成本计量的比较实质上是可靠性和相关性的权衡。但是在不同环境下,信息使用者对相关性和可靠性的要求是不同的。资本市场的完善,财务和金融理论的发展,为提高公允价值的可靠性创造了条件。正是在这种情形下,公允价值会计越来越受到用户的青睐,自20世纪90年代以来得到了长足的发展,其应用领域也越来越广泛。不同的财务杠杆项目对可靠性和相关性的权重也是不同的,就金融工具而言,用公允价值计量比用历史成本计量更易懂,而且是可操作的。因为许多金融工具存在着活跃的市场,所以,它们的公允市价可以直接从市场上可观察到的价格来获取或参考类似金融工具的市场价格来获取,核对也很方便。即使某些金融工具的市场价格无法取得,也可以使用某些定价模型计算而得。另外,公允价值更强调后续计量,具有动态性;而历史成本则强调摊配。

　　结论二:任何一种计量方法的可靠性都不是无懈可击的

　　任何事物都有其两面性,有利就有弊。无论是历史成本计量还是公允价值计量,都不是无懈可击的。从历史成本计量方面来看:首先,在通货膨胀环境中,历史成本既不能反映由于通货膨胀引起的一般物价变动,也不能反映被计量对象的个别价值变动,这样,历史成本就不再具有可靠性。其次,随着知识经济时代的到来,历史成本对诸如知识资产、衍生金融工具等可能根本无历史交易价格的新型资产的计量显得无能为力,而这些资产对企业的经营会产生重大影响。这时,历史成本计量的会计信息因严重缺失而变得不够可靠。再次,历史成本会计中许多收入和费用的摊配方法实际上带有相当大的主观判断和估计,如存货发出的计价、固定资产折旧的计提以及间接费用的分配等,都存在许多方法和选择,损益计算几乎成了一个可以任意调节的过程。可见,可靠性是相对的,我们不能以可靠性不足为由排斥公允价值计量。

从以上公允价值与其他计量属性的比较分析中可以看出,公允价值的计量属性是一种高于其他四种计量属性层次的复合型会计计量属性,它立足于计量日时点,在合适的市场环境下,可以表现为其余四种计量属性,因此,它可以更好地满足人们进行会计计量所追求的目标,即更好地体现计量客体的本质特征。可用图 2-3 来表示这种关系。

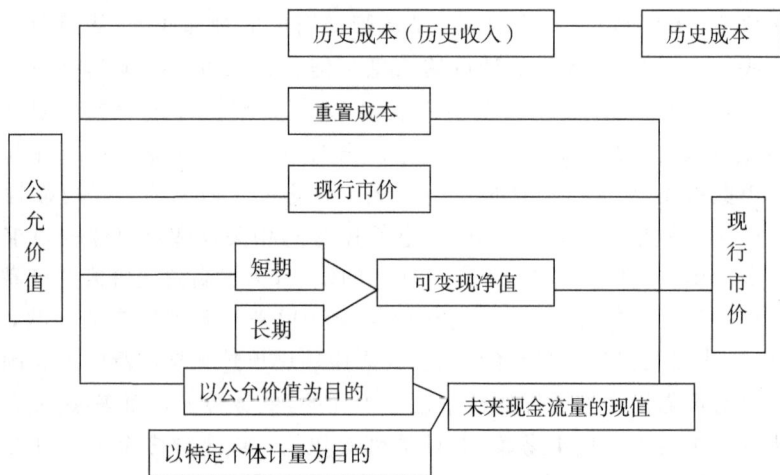

图 2-3　五种计量属性的关系图

资料来源:谢诗芬.公允价值:国际会计前沿问题研究.[M].湖南:湖南人民出版社,2004:85.

三、公允价值计量的理论

在对公允价值计量理论研究方面,谢诗芬教授在这方面的研究成果是最全面的。她在 2003 年博士后出站报告《基于价值与现值的公允价值会计研究》一文中较为全面地总结了公允价值的十大理论。谢诗芬教授是中国研究公允价值理论较早的学者之一,其有关公允价值理论的研究报告不仅全面,而且在国内具有一定的权威性和代表性,对我国公允价值的研究产生了深远的影响。结合谢教授的研究理论成果,笔者认为,公允价值计量的理论可以总结为以下几个方面:

(一)公允价值符合经济收益概念

谢诗芬教授在报告中指出:经济学家对收益所持的观点(即经济收益)与会计学家对收益所持的观点(即会计收益)一直存在着严重的分歧。经济学和会计学发展史已经证明,经济收益是比会计收益更全面和正确的收益概念。由于公允价值概念就是对现值概念的体现,而现值概念就是对价值的直接计量,因此,公允价值符合经济收益概念,它顺应了经济学家对会计计量的要求,也顺应了历史发展的要求。

（二）公允价值符合全面收益概念

谢诗芬教授在报告中指出:收益的概念起源于经济学,会计学中的全面收益概念是传统的会计收益向经济学收益的回归。对全面收益的计量可以由净收益和其他全面收益两部分构成,用公式表示为:全面收益＝利润±其他收益（包括已实现收益和未实现收益）。所谓净收益是指在传统的收益费用观下由收入减去成本、费用后所得的已实现收益。而所谓其他全面收益,是指除现行会计上的净收益外,在各个期间与其他非业主交易引起的权益（净资产）变动。全面收益概念的形成和发展是公允价值计量概念形成和发展的内在推动。

（三）公允价值符合现金流量制和市场价格会计假设

谢诗芬教授在报告中指出:会计假设是会计基本理论的重要领域。传统的四项基本假设在新经济环境下应有所发展。葛家澍教授（2002）在《关于财务会计基本假设的重新思考》一文中建议增加"权责发生制与现金流量制"、"市场价格（或公允价值）与成本"等基本会计假设。谢诗芬教授在博士后出站报告中指出:公允价值符合两个重要的会计假设:现金流量制和市场价格（或公允价值）。

（四）公允价值符合现代会计目标

谢诗芬教授在报告中指出:会计作为一个经济信息系统,其存在必须服务于一定的目标。会计目标是财务会计概念框架的起点。关于会计目标（亦称财务报告目标）,存在着两种不同的观点,即"受托责任观"和"决策有用观"。不同的会计目标观对会计信息有不同的要求。但是谢诗芬教授指出,公允价值符合"受托责任观"和"决策有用观",她认为这两者并不矛盾。

（五）公允价值信息符合相关性和可靠性质量特征

对于这个理论,谢诗芬教授强调:"如何正确全面地认识现值（从而公允价值）会计信息的相关性特别是可靠性,是许多人十分关注的问题。国际会计界最新和一致的研究结论是:在现实情况下,完全可以得到既相关又合理、可靠的现值和公允价值会计信息。"

（六）公允价值符合会计要素的本质特性

在这个理论基础方面,谢诗芬教授提出了两个论点:第一个论点是未来现金流量现值代表了资产最本质的特性,第二个论点是所有会计要素都可以用资产来定义。因此可以说,未来现金流量现值是最能恰当地反映会计要素本质特性的会计计量属性。

（七）公允价值符合未来会计确认的基础

谢诗芬教授在报告中指出:"未来会计确认的基础:权责发生制与现金流量制的融合,公允价值符合未来会计确认的基础。总之,未来经济的发展,特别是各种交易活动手段的创新(如各种衍生金融工具、保险、租赁等等),使会计确认向着权责发生制与现金流量制融合的方向发展,而公允价值计量是符合该未来会计确认的发展方向的,并且是确保该目标下的收益信息可靠性的重要前提。"

（八）公允价值符合价值和现值计量理念

谢诗芬教授在报告中指出:当前,社会经济的发展、社会各界的呼吁迫使会计界重新审视现有的概念框架。作为一种信息商品,会计信息必须与其他各种信息进行竞争。"物竞天择,适者生存"同样适用于信息社会。只有细心体察会计信息使用者的未来决策需求,面向会计信息使用者所处的充满风险和不确定性的社会环境,坚定地重续"理想、规范、演绎"之梦,财务会计才会有出路。而要实现这一理想目标,会计计量是关键,而现值和公允价值计量属性又是关键中的关键,它们代表了财务会计发展的方向。

（九）公允价值符合计量观和净盈余理论

谢诗芬教授在报告中指出:公允价值不符合信息观,但是符合计量观,理由有三:首先,实证方面,报告净收益似乎只解释了盈余公布日前后证券价格变化的一个小部分。这就提出了历史成本报告是否具有相关性的问题。另外,也有越来越多的证据表明,证券市场并不像人们先前所想象的那样有效。其次,理论方面,净盈余理论显示,企业的市场价值可以按照收益表和财务杠杆表中的变量来表达。尽管净盈余理论适用于任何会计基础,但其"企业价值取决于基本的会计变量"的证明与计量观是一致的。最后,实务方面也支持增加计量(不是增加披露)。因为应用市场基础方法、最高限额测试技术和其他现行价值基础方法的会计准则有助于减少审计人员对金融企业审计失败的审计责任。

（十）公允价值符合财务报表的本原逻辑

谢诗芬教授提出:如果说,在本质意义上,计量观、净盈余理论这二者都主张尽可能多地采用公允价值计量,那么,财务杠杆表与利润表之间原本逻辑关系的真正重构则需要全面的公允价值会计。这实际上就是财务杠杆表观与利润表观之间相互替代、不断演进的过程。

（十一）公允价值符合委托—代理理论

现代企业制度的典型特征是所有者与经营者相分离,生产力的迅速发展促使社会分工不断细化,企业的所有者由于知识、精力和能力等因素不再亲自行使所有权,转而聘用具有专业知识的代理人从事经营活动,从而产生了"委托—代理"关系,公司从"所有者控制"转为"经营者控制"。假设委托人、代理人都是经济人,委托人追求的目标是自己的财富最大化,代理人也会追求自身利益最大化。代理人的自身利益可以是收入报酬、在职消费,也可能是闲暇时间或者更为稳固的地位。作为代理人的经理人员可能面临两种境况:一是尽力工作,可能承担全部成本,却只得到部分利润;二是如果消费额外收益,却承担部分成本,得到全部好处。在经理人员成为完全的所有者之前,上述问题始终存在。为了解决委托人和代理人的利益不一致问题,委托人需要与代理人签订一份契约,以确保代理人能从股东利益出发,同时有充分的自由管理好企业。委托人和代理人在签订契约时信息不对称,必然产生代理成本。所有者为了降低代理成本,提高资本回报,需要建立完善的激励约束机制,使经营者和所有者的目标一致,高质量的财务会计信息显然是激励约束机制中不可或缺的一个重要基础。而以公允价值计量的财务会计信息是符合委托—代理理论的基本要求的。

（十二）公允价值符合公司治理理论

青木昌彦教授等在 1994 年 8 月北京举办的"中国经济体制的下一步改革"国际研讨会上的发言,成为我国对公司治理结构改变问题研究的起点。在这次研讨会上,青木昌彦教授发表了《对内部人控制的控制:转轨经济中的公司治理结构的若干问题》,钱颖一教授发表了《中国的公司治理结构改革和融资改革》。另外,林毅夫等人认为:"所谓的公司治理结构是指所有者对一个经营管理和绩效进行监督和控制的一整套制度安排。公司治理结构中最基本的成分是通过竞争的市场所实现的间接控制或外部治理,而人们通常所关注或所定义的公司治理结构,实际指的是公司的直接控制或内部治理结构。"张维迎认为:"狭义的公司治理结构是指有关公司董事会的功能、结构、股东权利等方面的制度安排;广义的公司治理结构是指有关公司控制权和剩余收益权分配的一整套法律、文化和制度性安排。这些安排决定公司的目标、谁在什么状态下实施控制、如何控制、风险和收益如何在不同企业成员之间分配这样一些问题。"公司治理结构的目的是解决内在的两个基本问题:一是激励问题,即在给定产出是集体努力的结果和个人贡献难以度量的情况下,如何促使企业的所有参与人努力提高企业的产出;二是经营者选择问题,即在给定企业家能力不可观察的情况下,什么样的机制能保证让最有企业家能力的人来当经理。在分析转轨国家的公司治理时,青木昌彦指出:"在转轨国家中,在私有化的场合,大量的股权为内部人持有;在企业仍为国有的场合,在企业的重大决策中,内部人的利益得到有力的强调。"由于企业外部成员(如股东、债权人、主管部门等)的监督不力,直接参与企业的战略决策以及从事具体生产经营决策的各个主体掌握了企业的实际控制权。所谓"内部人控制"是指现代企业在所有者与经营者利益不一致的情况下,导致了经营者控制公司,即"内部人控制"的现象。在现代企业中,公司的经营者(内部人)直接管理着企业的经营活动,股东很难对其行为进行有效的监督,出于自身利益的驱动,"内部人"有充分的动机和能力控制会计信息的诚信程度,股东必须采取相应的对策来避免经营者损害股东的利益。为了有效地解决"内部人控制"的现象,公允价值计量的财务会计信息就更加符合公司治理理论的内在要求。

四、我国公允价值层级应用

2006 年我国财务部发布的 38 项具体准则中,并没有明确提出公允价值层级的概念。2010 年 12 月 28 日,财政部在印发的《关于执行企业会计准则的上市公司和非上市企业做好 2010 年年报工作的通知》(财会〔2010〕25 号)(以下简称"25 号文")中,要求"企业在披露金融工具公允价值相关信息时,应当披露各个层级公允价值的金额、公允价值所属层级间的重大变动等相关信息"。除此之外,财政部于 2014 年 1 月 26 日颁布了《企业会计准则第 39 号——公允价值计量》,对公允价值的定义、计量要求、初始计量、后续计量、估值技术以及公允价值输入值的层次、公允价值信息的披露等做出了新的补充和规定。CAS 39 进一步完善了非活跃市场下公允价值计量的规则指引,提高了公允价值计量信息披露的要求,以准则的形式进一步明确要求上市公司披露公允价值计量信息时,必须将公允价值计量所使用的输入值划分为三个层次,并首先使用第一层次输入值,其次使用第二层次输入值,最后使用第三层次输入值,而且对各层次输入值的判定有着合理的规范。这些补充要求规范了公允价值计量在会计实务中的应用,也帮助财务报表使用者更清晰地了解公允价值计量所使用的估值技术,了解企业的经营情况。在参考与借鉴美国和国际会计准则相关研究成果的基础上,我国 2006 年会计准则应用公允价值层级时结合了中国国情,明确提出了公允价值估值应当依次考虑的三个层级:

第一层级,资产或负债等存在活跃市场的,应当用在活跃市场中的报价来确定其公允价值。在国际会计准则中,对"活跃市场"的解释是:指满足以下所有条件的市场:(1)市场中交易的项目是同质的(即市场中交易的所有项目都是一样的)。(2)通常可以在任何时候找到自愿的买方和卖方。(3)价格公开。我国对"活跃市场"的定义基本上采用了国际会计准则中的解释。在公允价值第一层级中,假如某项资产在活跃市场中有报价,就用活跃市场中的报价确定其价值。换句话说,就是用公允价值对该项资产进行初始计量或后续计量,以真实地反映其市场价值,为投资者提供决策有用的信息。

第二层级,不存在活跃市场的,参考熟悉情况并自愿交易的各方最近进行的市场交易中使用的价格,或参照实质上相同或相似的其他资产或负债等的市场价格确定其公允价值。这一层级公允价值的应用有两个条件:(1)存在熟悉情况并自愿进行的交易。在这种情况下,可以参照其交易价格确定公允价值。比如,某企业持有另一家非上市公司的股权。由于该公司没有上市,因此一般不存在活跃市场,假设该公司最近发生了非关联企业的股权转让,则可以参照该交易价格确定其公允价值。(2)实质上相同或相似的其他资产或负债等存在活跃市场。

第三层级,不存在活跃市场且不满足上述两个条件的,应当采用估值技术等确定公允价值。

从总体上看,因为我国公允价值层级的划分主要借鉴西方发达国家,因此理论较为成熟,争议相对较少。

五、我国公允价值技术的应用

自2006年财政部颁布39项企业会计准则至今,公允价值的应用就一直成为人们关注的焦点。2006年的会计准则虽规定了公允价值的确定原则,但实务情况较为复杂,特别是对于估值技术的应用以及如何选择估值模型和相关参数假设等,准则里并没有提供详细指南,这就使得部分公司公允价值的确定存在一定的随意性。这个问题直到2014年1月26日财政部颁布了CAS 39才有所改进。CAS 39中将估值技术分为以下三大类:

(一)市场法的应用

首先,在应用市场法确定公允价值时,选择参照物应当考虑以下几方面的因素:(1)应当有公开、活跃的市场。公开和活跃的市场是应用市场法的重要前提,是信息客观性、可核实性以及真实性的重要保障。活跃市场,即交易量和交易频率足以持续提供定价信息的市场。当某项资产或负债受到宏观经济形势的影响,流动性逐渐丧失,就变为非活跃市场。如2008年的金融危机,当时的市场就是典型的非活跃市场。(2)应当获取足够的参考样本,判断其可比性、适用性和合理性。(3)应当选择最接近的、比较因素调整较少的交易案例或其他比较对象作为参照物。其次,在应用市场法时,应当对参照物的比较因素进行分析,做出恰当、合理的调整,重点关注作为参照物的交易案例的交易背景、交易地点、交易市场、交易时间、交易条件、付款方式等因素。市场法的具体应用要注意获取足够的参考样本的规定,防止企业通过对可比样本的价格操纵来影响自身资产估价,从而实现其资产账面价值的调高或调低,达到利润平滑的目的。

(二)成本法的应用

采用成本法确定资产的公允价值时,应按照当前市场条件确定重新取得同样一项资产所需支付的现金或现金等价物金额。

首先要明确成本法的四个基本要素:资产的重置成本、资产的实体性贬值、资产的功能性贬值、资产的经济性贬值。根据这些要素,可得某项资产或负债在公允价值估值技术成本法下的计算公式:

某资产的公允价值＝资产重置成本－资产实体性贬值－资产功能性贬值－
资产经济性贬值

从上述公式可以看出,要想得出某资产的公允价值,就要先算出该资产的重置成本,然后再考虑其他因素,包括以下各项损耗因素:(1)有形损耗。资产投入使用后,由于使用磨损和自然力的作用,其物理性能会不断下降,价值会逐渐减少,这种损耗一般称为资产的物理损耗或有形损耗,也称实体性贬值。(2)功能性损耗。随着新技术的推广和应用,企业原有资产与社会上普遍应用的资产相比较,技术上明显落后,性能降低,其价值也就相应减少,这种损耗称为资产的功能性损耗,也称功能性贬值。(3)经济性损耗。由于资产以外的外部环境因素(包括政治因素、宏观政策等)发生变化,导致资产价值降低,这种损耗一般称为资产的经济性损耗,也称经济性贬值。成本法是以当前重置一项资产的服务能力的金额来计量公允价值。采用成本法确定资产的公允价值时,应按照当前市场条件,确定重新取得同样一项资产所需支付的现金或现金等价物金额。

成本法实际应用过程中最大的难点在于各种贬值的估计,理论上可以通过实体性、功能性和经济性三个方面将与资产相关的损耗严格区分。而在实际操作过程中,这三种损耗是很难严格加以区分的。此外,对于各种贬值的估计存在很大的主观性,因为不同的人进行估值可能直接导致资产价格出现实质性的差异。

（三）收益法的应用

收益法下主要是应用现值技术将未来现金流量折算为现值来确定会计要素的金额。我国企业会计准则指出：在采用估值技术估计相关资产或负债的公允价值时，现值往往是比较普遍的一种估值方法。在这种情况下，公允价值就是以现值为基础来确定的。现值技术即现金流量现值技术的简称，也称现金流量折现法，这是目前较为成熟、使用较多的估值技术。该方法主要是将预计的未来现金流量按照预计的折现率在预计期限内进行折现计算确定公允价值。计算公式如下：

$$未来现金流量现值 = \sum_{t=1}^{n} \frac{预计未来现金流量_t}{(1 + 折现率)^t}$$

根据上述计算公式，应用现值技术的步骤通常是：首先，预测未来现金流量；其次，预计折现率；最后，应用现值计算公式对未来现金流量进行折现。应用现值技术时，企业所使用的估价应当与市场一般参与者所使用的估价和假设相一致，并应确保其能反映计量项目的下列因素：（1）对未来现金流量的估计；（2）对这些现金流量金额或时间可能的差异预期；（3）以无风险利率表示的货币时间价值；（4）资产或负债中内在不确定性的价格；（5）包括非流动性和市场非完美性的其他因素。与收益法相关的估价技术包括期权定价模型和现值技术。

在收益法的估值过程中，涉及人为主观估计的不仅包括各年的预期现金流量，还包括用于折现的利率。只有这两个方面都同时公允，才能实现价值公允的目标，这就给公允价值的估计带来了一个大难题。这也是在实务应用中，可能引起人为主观调整的一个重要途径。从理论上看，可以将现金流量或折现率调整为无风险的现金流量或高风险的折现率，从而实现固定一个因素而估计另外一个因素的目的。在这种方法下，可以在一定程度上降低估值的主观随意性。

第五节　我国公允价值计量实证研究的文献回顾

中国会计准则制定者对公允价值的采用非常谨慎。从 1997 年算起，公允价值在中国应用的时间加起来只有 15 年（1997—2000 年 4 年，2007—2017 年 11 年）。2010 年以后，中国学术界对于公允价值的实证研究大多集中于公允价值计量的价值相关性、股价同步性和经济后果。2014 年以后，随着公允价值计量、公允价值分层计量的不断改进和完善,对于公允价值分层计量的价值相关性实证研究也渐渐多起来了,但受到研究数据和研究环境的局限,对公允价值分层计量的实证研究总体而言还不太多。

一、公允价值的价值相关性研究

价值相关性研究主要是检验股票价格(或股价的变化)与特定的会计数字之间的关系。

邓传洲(2005)在《公允价值的价值相关性——B股公司的证据》一文中指出,公允价值披露显著地增加了会计盈余的价值相关性。按公允价值计量的投资持有利得(损失)具有较弱的增量解释能力。

王跃堂、周雪、张莉(2005)研究了中国上市公司的长期资产减值行为,发现减值总额真实地反映了长期资产未来收益能力的下降,而且追溯调整后计入当年损益的减值数额,发现其也真实地反映了长期资产未来收益能力的下降,从而证实了中国上市公司长期资产减值体现了公允价值。

于李胜(2007)在《盈余管理动机、信息质量与政府监管》研究发现按2006年会计准则调整后的股东权益账面价值比旧准则下的股东权益账面价值具有更强的定价能力。

谭洪涛和蔡春(2009)研究发现,2006年我国企业会计准则颁布后,财务杠杆表披露的公允价值计量信息的价值相关性显著增强了。

王建新(2010)选取了2007年和2008年我国沪深两市A股上市公司作为样本,对2006年的企业会计准则颁布后我国上市公司会计信息的价值相关性进行了分析,研究结果显示,在2007年实施了2006年的企业会计准则后,公允价值信息具有显著的价值相关性。

朱丹、刘星等(2010)从信息观、计量观这两个角度分析了公允价值的决策有用性。在信息观下,公允价值的决策有用性取决于公允价值是否能够集合有用信息,能否通过公允价值信息披露使投资者改变投资决策。在计量观下,报告主体需要对公允价值计量信息做出估计。计量观下的决策有用性要求公允价值计量信息能够报告企业的价值、帮助投资者估计未来的现金流。作者通过分析得出,不管是信息观,还是计量观,财务杠杆表和利润表中的公允价值是决策有用的。

曲晓辉和黄霖华(2013)以2007—2011年持有私募股权(private equity,PE)的A股上市公司为样本进行实证研究,主要研究了这些持有私募股权的公司首次公开募股(initial public offerings,IPO)核准公告的信息含量和

IPO 公允价值的价值相关性。最后的实证研究结果显示,IPO 核准公告具有显著的信息含量,并且与 IPO 公允价值显著正相关。同时,投资者情绪也与 IPO 核准公告和 IPO 公允价值之价值相关性显著正相关。

二、公允价值分层计量的可靠性研究

白默和刘志远(2011)以 2007—2009 年详细披露公允价值变动损益的上市公司为样本,研究发现,以第一层次输入值计量的公允价值盈余占总盈余的比重越高,盈余信息对股价的解释能力越强。

吴丹(2011)以 2010 年 427 家上市公司为样本,研究发现,以第一层次输入值确定的公允价值盈余信息对股价具有增量解释作用。

邓永勤,康丽丽(2015)以 2007—2013 年披露公允价值层级信息的中国金融业上市公司作为研究样本,检验了公允价值分层信息的价值相关性。经过实证研究后发现,公允价值分层信息在整体上是具有价值相关性的,并且随着公允价值层级的降低,各层级资产的价值相关性也逐渐降低,而各层级负债的价值相关性是没有显著差异的。

尹宗成和马梦醒(2016)以 2012—2014 年沪深两市金融业上市公司作为样本进行实证研究,检验了公允价值分层计量的价值相关性。研究结果显示,公允价值分层计量可以显著提高上市公司信息的相关性,上市公司股价与公允价值变动成显著正相关。而且各个层级的公允价值信息对价值相关性的影响不同,第一层级的价值相关性最强,二、三层级价值相关性比较弱。

三、公允价值计量的可靠性研究

虽然会计准则中大量要求采用公允价值,但是公允价值计量的可靠性却是理论界怀疑的对象。随着 2007 年年报披露,公允价值相关信息也第一次大量地出现在年报中,这为我国会计研究工作者提供了难得的机会。近一年来,我国许多学者利用上市公司年报的公允价值信息就公允价值计量会计信息的可靠性与相关性进行了实证研究。

吴水澎,牟韶红(2009)以 2006—2007 年我国中报中的 153 个选择自愿审计的和 1910 个未选择审计的公司观测值为样本,在控制自选择偏差后,研究了自愿审计、公允价值对上市公司盈余管理所产生的影响,其研究发现公允价值变动收益与自愿审计、未经审计的上市公司的盈余管理均不相关。这从一定程度上说明我国公允价值应用后提供的会计信息是可靠的,没有用作盈余管理目的。

赵选民,王家品(2009)在《公允价值对上市公司会计信息价值相关性影响实证研究》一文中利用价格模型研究公允价值计量对会计信息的影响。通过研究,他们发现:(1)公允价值调整额对股价具有正相关性,但对净收益的增量价值相关性较弱,但公允价值调整额和公允价值调整前账面净资产互有增量价值相关性。说明公允价值的调整额实实在在地影响到公司的净资产和业绩,且反馈到公司的股价中。投资者还是认同其提高了会计信息的解释能力,只是增量信息较弱。在以后更加广泛地采用公允价值计量属性后,这一点更加会得到体现。反过来,准则制定者也不应受可靠性的束缚,应考虑适度扩大公允价值的应用范围。(2)公允价值的调整对利润的影响与股价没有价值相关性,对净资产也没有增量价值相关性。这一方面是由于投资者仍然未从原准则中"报忧不报喜"到新准则的"报忧又报喜"中转变过来,另一方面是与我国谨慎使用公允价值会计不无关系。赵选民、王家品最后指出:我国的资本市场还不成熟,希望利用市场导向来提高监管部门的监管水平与效率以及投资者对会计信息质量的判断水平,从而充分发挥会计信息对资本市场的作用,以增加资本市场的有效性。公允价值计量提高了会计信息的价值相关性,这足以说明应用公允价值计量的必要性。

四、公允价值计量与审计收费的研究

谢诗芬(2006)在分析公允价值和审计风险的关系后,认为公允价值计量过程涉及的不确定因素较多,直接导致审计风险增加。耿建新和朱友干(2008)认为,公允价值计量属性的引入,会增加审计难度。吴可夫和朱娜(2010)通过对公允价值会计风险的详细剖析,认为公允价值审计风险是其会计风险的扩展,公允价值会计计量的多重风险使审计工作难度增加。另外,经济环境和相关法规政策的动态变化不仅使公允价值计量过程出现新情况,也使审计过程中无法处理的问题增加,进而导致审计风险加大。谢会丽(2012)认为,公允价值计量使审计风险增加的原因在于:一方面,公允价值包含的主观性估计容易引起被审计单位的舞弊行为;另一方面,公允价值的估计有时参照假象交易,审计证据不易获取和评价。朱松等(2010)发现,公允价值因计量的不确定性和变动性导致审计风险增加,公允价值计量下用资产减值表示的盈余管理动机与审计收费显著正相关。章雁、方健(2012)研究表明,公允价值变动损益与审计收费二者呈正向相关关系;公允价值变动额与审计收费显著正相关。马建威等(2012)实证发现,公允价值计量下的金融资产分类能够影响审计费用,在可供出售金融资产和交易性金融资产中前者所占二者之和的比重越大,审计费用越高。杨书怀(2013)实证研究指出,公允价值计量增加了注册会计师的审计成本和审计风险,进而增加了审计收费。郝玉贵等(2014)研究发现,持有资产变动总体、公允价值变动损益、资产减值损失都正向影响审计收费且显著性逐年提升,该结论表明审计收费中蕴含着公允价值估计的风险性和资产计价的公允性。马健威、周嘉曦、梁超(2014)以 2008—2010 年沪深两市 A 股上市公司为研究对象,分析了公允价值变动损益对审计收费的影响,最后得出结论,公允价值变动损益对审计收费产生影响,且其绝对值越大影响越显著,同时,相对于非十大会计师事务所,十大会计师事务所审计的公司公允价值变动损益对审计收费的影响更大。张淑惠,罗梦旎(2016)采用 Simunic 审计定价模型,以深沪两市 A 股 1 433 家上市公司 2007—2013 年相关数据为样本,探讨公允价值计量在我国上市公司中的运用及其对审计收费的影响。实证结果表明,审计费用与公司公允价值的披露比例、公允价值测量的难易度、公允价值计量披露方式存在相关性。陈炜煜,邓云露(2016)沿用 Simunic 的经典审计定价模型,以 2010—2014 年披露审计费用的沪深 A 股非金融行业上市公司为研究对象,研究公允价值计量与审计费用的相关性。得出的结论是:公允价值计量的资产减值损失能够显著影响审计费用。

第六节 对我国公允价值计量规范与实证研究的评述

中国对于公允价值的研究真正开始于 20 世纪 90 年代中期,总共算起来不过才 20 多年的时间。而国外,尤其是美英等国在这方面的研究已经有大半个多世纪的历程。从时间跨度上讲,我国对于公允价值的研究尚处于"跟着走"的阶段,许多研究领域仍显得不足,还存在进一步扩展的空间。总的来说,我国公允价值计量方面的规范研究与实证研究呈现如下特征:

(1)规范研究为主且研究面还能够再拓宽,很多研究领域还没有人去涉足。国内的研究主要集中在对公允价值进行规范性研究,就是讨论公允价值定义、公允价值计量与其他计量的关系、公允价值理论基础和层级问题。2010 年以后,中国学术界对于公允价值的实证研究大多集中在上市公司执行后的价值相关性、股价同步性、经济后果上。2014 年以后,因为公允价值计量的发展、公允价值分层计量的不断改进和完善,近几年对于公允价值分层计量的价值相关性实证研究也渐渐多起来了,但受到研究数据和研究环境的局限,对公允价值分层计量的实证研究总体而言还不太多。公允价值分层计量的研究领域还没有人涉足。

(2)研究没有系统性,多为国外研究的复制。无论是规范研究还是实证研究,我国学者的研究都是跟着西方(主要是美国)走,基本上是在学习中加以应用,研究成果没有突破性进展。在规范方面,我国学者对公允价值的定义、计量理论、公允价值计量的估价技术和层级等的研究大多是对美国或国际会计准则委员会已有的成果进行一些改进;在实证方面,从理论到方法,其至于研究的模型,我们都是学习西方国家,而且对相关理论领域的研究也很零乱,没有清晰的脉络,并没有结合中国市场特有的制度特征(如市场特征、文化特征)来研究。

(3)实证研究的样本不够全面,而且时间不够长,能做的研究也比较有限。

目前国内对公允价值分层计量的实证检验主要存在四个问题:

第一,利用 2010 年 25 号文发布以后的年度财务报表信息进行分析,但是当时的公允价值分层计量并没有以准则的形式固定下来,且很多信息披露并不规范,研究的意义并没有那么大。

第二,利用 2014 年 CAS 39 颁布实施后的数据进行实证研究。因为 CAS 39 的正式实施是在 2014 年 7 月 1 日,所以 2014 年只有 6 个月的数据,不太具有说服力,数据的时间不够长,给实证研究带来难度。

第三,实证研究大多集中于金融企业,对其他行业的实证研究很少,即使有检验也是个案研究。大样本是用作经验推断的统计基础,现有研究的样本区间过短,多为几个月至半年多;样本容量普遍不足;样本代表性不够,往往是某一特定行业,未对不同行业进行综合研究。最重要的问题在于,国内的研究中,研究公允价值的模型还很少,国外很多模型在国内并没有看到。

第四,《企业会计准则第 39 号——公允价值计量》第四十四条明确规定,在相关资产或负债初始确认后的每个财务杠杆表日,企业至少应当在附注中披露持续以公允价值计量的每组资产和负债的信息。这些要求披露的信息包括项目和金额、公允价值计量的层次、各层次之间转换的金额和原因;对于第二层次的公允价值计量,企业应当披露使用的估值技术和输入值的描述性信息;对于第三层次的公允价值计量,企业应当披露使用的估值技术、输入值和估值流程的描述性信息等。特别值得一提的是,涉及第三层次公允价值计量的信息披露要求就有 8 条。虽然准则中对公允价值计量的信息披露做了较为详细的规定,但根据目前我国上市公司年报中公允价值信息披露的现状来看,情况并不乐观。普遍存在公允价值信息披露不充分,特别是分层信息并没有得到充分的披露。因为公允价值分层信息研究比较少,无法简单获取数据,学者想要研究公允价值分层信息,只能阅读上市公司的年度财务报表,手工截取数据,操作成本较高。

3

公允价值计量应用情况
度量的理论分析

　　自 21 世纪初以来,经济全球化趋势的发展和信息技术的日新月异越来越凸显出会计作为国际通用商业语言的重要性,再加上我国经济与世界经济相互依存、相互影响程度日益加深,这就迫切需要我国从深化经贸合作、维护国家利益和谋求长远发展的大局出发,大胆借鉴国际通行规则,不断完善会计准则,为实现共同发展提供标准趋同、可比互通的统一信息平台,进一步优化我国投资环境,全面提高对外开放程度。在这种背景下,2006 年 2 月 15 日我国正式颁布了 39 项企业会计准则,其中包括 1 项基本会计准则和 38 项具体会计准则,这是中国会计改革史上的一件大事。这套新准则的颁布,标志着中国会计准则体系又向国际化迈出了一大步。值得关注的是《企业会计准则——基本准则》的四十二条规定了五种会计计量属性,具体包括:历史成本、重置成本、可变现净值、现值、公允价值。第四十三条强调:"企业在对会计要素进行计量时,一般应当采用历史成本,采用重置成本、可变现净值、现值、公允价值计量的,应当保证所确定的会计要素金额能够取得并可靠计量。"2014 年 1 月 26 日财政部又颁布了《企业会计准则第 39 号——公允价值计量》。结合这几条准则的规定,可以得出两条结论:第一,我国会计准则制定者在规范会计计量属性时做了选择,选择的结果是再次把公允价值计量属性纳入我国会计准则体系中。第二,我国会计准则制定者赋予会计准则执行者在会计计量方法上的选择权,或者说会计准则执行者在进行会计计量时具有选择权,而不是只能单一地用历史成本计量。根据西方经济学的理论,有选择就有偏好,这一点不可避免。本书结合西方经济学和会计学的理论,用"公允价值计量的偏好"这个词来研究我国公允价值计量的选择偏好。

第一节　相关概念的释义

一、对应用程度(偏好)的理解

在经济生活中,选择是人们必然面对的重要问题,具有不可回避性,而如何做出选择又是非常现实的方法问题。选择理论在经济分析特别是微观经济分析中占有重要的地位,因为选择理论提供了一个帮助人们理解人类行为的共同特征和人类广泛的活动领域的分析框架。另外,选择理论提供了一种帮助人们正确描述和判断经济生活中的经济问题和经济现象的分析方法。选择理论是科学决策的理论基础,科学的决策必然建立在科学的选择理论的基础之上。研究选择理论,必须首先分析偏好,因为偏好是选择的基础,是进行科学选择的依据。那么什么是偏好(preferences)呢? 在西方经济学理论中,序数效用论者认为,商品给消费者带来的效用大小应该用顺序或等级来表示。为此,序数效用论者提出了消费者偏好的概念。所谓偏好,就是爱好或喜欢的意思。偏好主体的选择对象可以是商品及其组合,也可以是行动及其组合。

二、公允价值会计与公允价值计量

根据葛家澍、窦家春(2009)的观点,会计计量并不等于会计。会计包括确认、计量和披露三个组成部分。最重要的部分不是计量,而是确认,包括两步确认,即在账户中正式记录和在财务报表中正式列报。为了区分公允价值会计与公允价值计量,这里先区分"确认""计量"和"披露"这三个概念:(1)确认。会计确认有狭义和广义之分。广义的会计确认是指依据一定的标准,辨认哪些数据能够输入、何时输入会计信息系统以及如何进行报告的过程。狭义的会计确认是指将经济业务事项作为资产、负债、收入和费用等会计要素加以记录和列入财务报表的过程。《企业会计准则——基本准则》规定了基本确认的标准,即可定义性、可计量性、相关性和可靠性。相关性和可靠性主要针对财务报表层次;可定义性和可计量性是会计日常核算要求的体现。应当注意的是,会计确认是对财务报表要素的确认。但是,所有者权益和利润分别是资产与负债、收入与费用的差额,一般不存在确认问题。所以,会计确认主要是对资产、负债、收入和费用的确认。(2)计量。会计计量是在一定的计量尺度下，应用特定的计量单位，选择合理的计量属性，确定应予记录的交易或事项金额的会计记录过程。会计计量包括计量尺度、计量单位、计量对象和计量属性。但是，经济的发展需要多种多样的会计信息，使会计目标呈现多元化的趋势。因此，如何选择计量属性，形成能够达到会计目标的计量模式，是会计改革过程中需要研究和实践的重要问题。《企业会计准则——基本准则》提出了五种可供选择的计量属性，即历史成本(实际成本)、重置成本(现行成本)、可变现净值、现值和公允价值。会计确认的目的是会计计量，会计计量的要素首先必须经过会计确认。会计确认的原则不同，会计计量的结果就不一样，所以会计确认是会计计量的基础。同样，要完成会计确认过程离不开对会计要素的计量，无论在账簿中进行记录或在财务报表中予以揭示都是如此。(3)披露。披露是通过财务报告而非财务报表，在表外(包括财务报表附注和其他财务报告)表述会计信息的一种形式。与会计确认不同，会计披露不需要经过一系列过程(步骤)。披露根据意愿要求，分为法定披露和自愿披露。其中，法定披露是指企业根据法规、条例、准则、规定、指引的要求，在表外进行的披露。披露的信息可以是财务的，也可以是非财务的(但必须同财务有关，即企业财会部门能够提供此类信息并对它的可靠性承担责任)；可以是历史的，也可以是预测的。披露的信息无外乎两种，一是定性兼定量的信息，二是定性信息。如财务报表附注中有关报表重要项目的说明，是定性兼定量披露，而会计政策的披露就只是定性披露。披露的方式一是财务报表的附注，二是其他财务报告。财务报表附注是对财务杠杆表、利润表、现金流量表和所有者权益变动表等报表中列示项目的文字描述或明细资料，以及对未能在这些报表中列示项目的说明等，是对财务报表的补充说明，也是财务报告的重要组成部分。这种形式的披露少数可以在表内对某一项目通过"旁注"予以注释，而大多数是在表外给予定性或定性与定量相结合说明。前者称为"旁注"，后者称为"底注"。不论是旁注或底注，一般都是由会计准则来规范的。

在理清了会计确认、会计计量、会计披露后，本书对公允价值计量(fair value measurement)与公允价值会计(fair value accounting)区分。根据前面的观点，公允价值计量是指相对于历史成本计量而言的一种计量模型，从现有的文献来看，它与公允价值定义并没有多大的区分，在某些情况下，"公允价值计量"就等同于"公允价值"的概念。而根据葛家澍、窦家春(2009)的观点："公允价值会计指某些项目(目前主要是指金融资产和金融负债，主要是前者)采用公允价值计量,并在财务会计中进行两步确认:先进行正式记录(按复式簿记要求),再计入财务报表,成为财务报表的表内项目的会计模式。"从这个定义来看,公允价值会计的内涵比公允价值计量丰富得多,公允价值会计也应是公允价值确认、公允价值计量与公允价值披露等一系列的会计信息加工与处理的活动。为此本书在研究时只是采用公允价值计量而不采用公允价值会计这一概念,原因就是并没有把确认与披露这两部分的内容纳入到研究范围里。本书不做特殊说明,在概念上公允价值计量与公允价值不作区分。

三、公允价值计量应用程度度量指标(偏好度)的由来及定义

《企业会计准则——基本准则》第四十二条明确规定了会计计量属性主要包括历史成本、重置成本、可变现净值、现值、公允价值这五种计量属性。《企业会计准则第 39 号——公允价值计量》中第三条指出:"本准则适用于其他相关会计准则要求或者允许采用公允价值进行计量或披露的情形,本准则第四条和第五条所列情形除外。"由此可见,公允价值计量作为一种可供选择的计量属性被我国会计准则制定者以准则条文的形式确定下来。那么有选择就有偏好。换句话说,就是当会计准则制定者或准则实施者面对不同的计量属性进行选择时,对公允价值这种计量属性就存有偏好。正如前面所说,我国会计准则制定者在规范会计计量属性时就作了选择并把这种选择以会计准则的形式传递给了准则的执行者(上市公司),会计准则执行者再根据自已的需要对公允价值计量进行二次选择。为了研究这两次的选择偏好,本书提出了"公允价值计量的偏好"这个概念。本书认为公允价值计量的偏好就是指政府机构或民间职业团体(会计准则制定者)和企事业单位(会计准则执行者)面对不同的计量属性进行选择时,对公允价值这种计量属性的爱好或喜好。

四、公允价值计量的偏好分类

本书对公允价值偏好分类时,是基于这样一个研究范式展开的,即:机制—行为—结果。从机制、行为、结果这三个方面进行分类。

从机制角度分:将公允价值计量偏好从机制的角度分可分为公允价值计量的宏观层次偏好(macro-level preferences of fair value)(以下简称宏观层次的偏好)和公允价值计量微观层次的偏好(micro-level preferences of fair value)(以下简称微观层次的偏好)。宏观层次的偏好是指政府机构或民间职业团体在制定面向整个社会的通用会计原则、方法和程序时对公允价值计量

属性的喜好或选择倾向性。与此对应,公允价值计量微观层次的偏好是指会计准则的执行者在政府机构或民间职业团体规定的可供选择的多种计量属性范围内,在特定的空间和时间约束下根据自身的具体情况,结合管理者当局的发展目标或管理意图,对公允价值计量属性的喜好或者爱好。宏观层次的偏好决定并影响微观层次的偏好;微观层次的偏好服从于宏观层次的偏好,但在一定程度上也会反作用于宏观层次的偏好。宏观层次的偏好一般由准则制定机构作出,它必将影响全社会各个企业;微观层次的偏好则属于企业自身所作出的决定,一般是由管理当局执行的。

从行为角度分:将公允价值计量偏好从行为的角度分可分为会计准则制定者的偏好与会计准则执行者的偏好。在我国会计准则制定者的偏好主要是指财政部对公允价值计量的偏好,而会计准则执行者的偏好主要是指我国执行《企业会计准则(2006)》和《企业会计准则第 39 号——公允价值计量》的上市公司对公允价值计量的偏好。

从结果角度分:将公允价值计量偏好从结果的角度分可分为公允价值计量形式偏好(formal preferences of fair value)和公允价值计量实质偏好(material preferences of fair value)。这样分类主要是基于对"会计协调"理解,目前国内外主要文献对会计协调一般从两个方面加以理解:一是过程论,二是结果论。就会计协调的过程而言,存在两种协调的方式:一种是会计准则的协调,另一种是财务报告的协调。由于方式的不同,会计协调也可以分成两类:一类是形式上的协调(formal harmonization),另一类是实质性协调(material harmonization)。形式上的协调指的是会计准则的协调;实质性协调的过程也就是企业遵循会计准则、恪守"实质胜于形式"的原则进行专业判断的过程。根据上述会计协调的相关分类,本书将公允价值计量偏好按结果分为公允价值计量形式偏好和公允价值计量实质偏好。公允价值计量形式偏好是会计准则制定者就公允价值计量属性的一些规范与说明,它通常是以准则条文的形式出现。实质偏好是指会计准则执行者(我国上市公司)遵循会计准则中有关公允价值具体规范的要求,经过专业判断的过程选择公允价值计量进行会计处理的过程与最终结果。它更关心公允价值的实施情况,特别是企业在公允价值计量实务和注册会计师对公允价值进行审计的两方面的效果。就公允价值偏好性的结果来说,形式上的偏好仅能增加或减少可供企业选择的公允价值计量的会计方法或程序,从而使得会计准则的执行产生一定的实质后果。在公允价值形式偏好的基础上,实质性偏好就可以真正产生实质性的公允价值计量的经济结果,进而影响对外公布的财务报告和相关财务信息,影响投资者的投资决策和宏观调控者的宏观调控。综合上述观点,公允价值偏好的分类可用图 3-1 来表示。

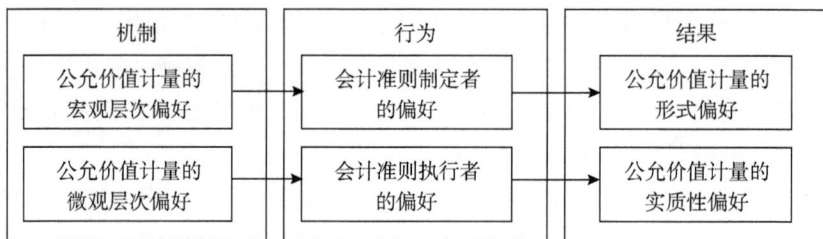

机制	行为	结果
公允价值计量的宏观层次偏好 →	会计准则制定者的偏好 →	公允价值计量的形式偏好
公允价值计量的微观层次偏好 →	会计准则执行者的偏好 →	公允价值计量的实质性偏好

图 3-1 公允价值计量偏好的分类图

第二节 公允价值计量偏好性的特征

特征能够体现事物本质特性的外部性状。因此,描述事物本质特性所产生的外部结果,往往从讨论事物的特征入手。公允价值计量偏好性的特征可以概括为以下几方面:

一、时空动态性

公允价值计量偏好的动态性有时间上的动态性和空间上的动态性。时间上的动态性是指公允价值是"当前的"或"计量日"的一种公平交易价格或价格估计。对公允价值计量这种方式的选择也是一个时点(时期)的问题。从我国公允价值应用的历史演进历程看,我国会计准则制定者对公允价值计量的选择就有时间上的动态性,可简单归纳为三个不同的时间段。从会计计量方法真正的执行者——上市公司的角度看,上市公司在不同的时间也可能对公允价值计量的偏好发生变化,这种变化会随时间而改变。可见,公允价值计量的偏好立足于"时点"的选择,并不是一直不变的。随着时间的流逝,"现在时点"随之变化,建立在"现在时点"上的公允价值计量的偏好性也随之变化。

就国际范围而言,公允价值计量的偏好性存在明显的空间动态性。欧美等发达国家就偏向于应用公允价值计量方法,而我国由于种种原因,对公允价值计量的偏好远远低于欧美发达国家,这与资本市场的活跃程度等诸多因素相关。我国资本市场相比欧美国家而言不算发达,因此我国会计准则制定者就不太偏向于公允价值的计量。就国内范围而言,存在活跃市场地区的上市公司要比不存在活跃市场地区的上市公司更偏好公允价值计量。因为我国会计准则对公允价值的应用限定了一些条件,其中一条就是活跃市场的存在与否。具有完全相同的资产和负债在进行持续的大宗交易时,可以采用完全相同的资产售价或负债转移清偿价进行公允价值计量。在活跃市场上,没有完全相同的资产和负债,但存在相似的资产出售和负债的转移或清偿可供观察,也可以采用它们的出售价或清偿价计量公允价值。如果不存在活跃市场,或者活跃市场上无相同或相似的资产在出售,也无负债在清偿转移,就只能采用某些技术方法进行公允价值计量,例如参考某些模型或未来现金流量的贴现值,但是这种公允价值的公允程度就降低了,其公允性也大打折扣。

二、层次性

公允价值计量的偏好明显存在层次性,但是这种层次性是辩证的:

首先,宏观层次的偏好性决定并影响微观层次的偏好性。我国会计准则是由财政部制定的,财政部作为官方组织,具有相当的权威性,由它制定的会计准则,企业只能遵照执行。因此,作为会计准则制定者的财政部,其对公允价值的偏好一旦确定下来,势必影响微观层次会计准则执行者的公允价值偏好,或者说微观层次会计准则执行者对公允价值计量的偏好只能在宏观层次确定的偏好范围内选择。

其次,微观层次的偏好性对宏观层次的偏好性具有反作用。微观层次的偏好性服从于宏观层次的偏好,但是大量微观个体所进行的偏好选择也会反过来影响宏观的偏好。众所周知,公允价值计量在我国初次(1997 年)启用后,由于我国公平市场建设不成熟,市场活跃程度低,监管乏力,公允价值估价技术不完善,公允价值难以获得,导致上市公司在应用公允价值计量时随意性较大,出现大量企业利用公允价值计量来操纵利润的现象。因此,2001 年财政部重新修订了具体会计准则,主要对债务重组、非货币性交易和投资三项准则进行了修订,主张以账面价值作为这些业务的主要计量属性,强调真实性和谨慎性,明确回避了公允价值的应用。因此,宏观层次的偏好性与微观层次的偏好性存在着作用与反作用的关系。

三、决策相关性

从经济学的角度看,偏好本身就与选择相关。既然是一种选择,就一定与决策有关,选择的过程与结果就是决策的过程与结果。无论是宏观层次的公允价值的偏好性,还是微观层次的偏好性,由于公允价值计量本身就是一种计量方法,毫无疑问,采用公允价值计量所产生的会计信息,能如实反映企业的价值和未来发展前景,更好地帮助投资者或债权人评估企业产生的现金净流入以及向他们提供回报的能力,从而有助于投资者、债权人等利益相关者决策。依据会计目标理论,当前企业会计要实现的主要目标是满足利益相关者的决策需求,公允价值之所以被推上历史舞台,就是因为其对决策相关性的满足。在公允价值被用于会计计量之前,虽然存在历史成本、重置成本、可变现净值、现值等计量属性,但其中历史成本占据着统治地位。历史成本计量是一种静态的计量,虽然有对相关资产进行折旧、摊销等,但都以原始价值为基础进行,既无法反映市场情况的变化,也无法确切地反映市场情况变化之后的企业真实的财务状况、经营成果,无法满足利益相关者的决策需求。公允价值由于前述的时空性,辅助以各种估值技术的发展,解决了历史成本的相关性问题,提供了更好的决策相关性。

四、主观性

公允价值计量的偏好无论是从选择的过程来看,还是从行为的结果来看,都具有很强的主观性。在五种可供选择的计量属性中,选择其中之一的过程就是一个复杂的主观心理活动过程,很少有客观标准能规范这种主观的心理选择过程,因此从选择过程来看,公允价值计量的偏好有很强的主观性。从选择的结果看,如选用公允价值进行会计计量,其结果也是一个主观的结果,至少不如历史成本那样客观。正如井尻雄士所说:"当资源常常不在市场上交易时,公允价值包括一个假设的市价。"[①]因此,估计性是公允价值计量的一个重要特征。人们在确定计价时,都是以虚拟的交易为基础,尤其在不存在公开活跃的市场上,公允价值需要通过估计来获得,而现有估价技术的可靠性难以令人满意。公允价值是在公平交易中形成的,在计量日相关财务杠杆的价值。因此,除非计量日与实际交易日重叠,公允价值一般都不是实际发生的交易价格,而是企业依据同类资产的市场价格或是采用某种估价技术估计得出的价值。同时,由于没有发生真实的交易,交易的双方是假设形成的,假设过程中的主观判断可能影响公允价值的估计。因此,由于会计人员职业判断的客观存在,公允价值不可避免地带有主观性。

---

① Ijiri Yuji.Theory of Accounting Measurement[J]. Studies in Accounting Research,1975(10):90.

因此无论从公允价值计量偏好的选择过程来看还是从其结果来看,公允价值计量的偏好都具有很强的主观性。

五、动机性

无论是会计准则制定者还是会计准则执行者,选择公允价值计量总是有动机的。对于会计准则制定者来说,再次引用公允价值计量可能主要是出于与国际会计准则趋同的动机。公允价值计量在国际会计准则中的使用范围很广泛,要想与国际会计准则趋同,公允价值计量的选择就不可避免。从国内经济发展的进程来看,随着中国经济的发展,国内已具备了应用公允价值计量的客观条件。对于会计准则制定者来说,选择公允价值计量已经到了不可回避的地步。

从会计准则执行者的角度看,选择公允价值计量的动机就比较复杂,这是因为进行选择的公司数目较多,并且同一家公司可能因为时间和地点的不同,对公允价值进行选择的动机也会不同。总体上讲,上市公司选择公允价值计量的动机可能有以下几个方面:(1)利润操纵的动机。《企业会计准则(2006)》虽然对公允价值的应用采取了较为谨慎的态度,但还是给上市公司进行利润操纵提供了新的空间。比如说新债务重组准则中将债务重组收益计入营业外收入,对于实物抵债业务,引进公允价值作为计量属性。这个新规定,使得一些无力清偿债务的公司,一旦获得债务全部或者部分豁免,其收益将直接反映在当期利润表中,使得企业的账面业绩出现很大变化,因而上市公司可能会通过关联方债务豁免等方式达到操纵利润的目的。另外在非货币性资产交换准则中,如果交换具有商业实质且换入资产或换出资产的公允价值能够可靠计量,那么应当以公允价值和应支付的相关税费作为换入资产的成本,公允价值与换出资产账面价值的差额计入当期损益。因此在实际工作中,企业仍然可能想方设法使非货币性交换满足上述两个条件,通过与上市公司之间以优质资产换劣质资产等形式的非货币性交易来改变上市公司的利润状况。(2)基于管理者政绩的动机。国有企业管理者的职位待遇与其经营业绩挂钩,厂长(经理)们为了自己的前途和待遇,就会选择增加当期利润的会计政策。另外,由于国有企业跟当地政府还存在着千丝万缕的联系,地方财政、政府目标都跟企业经营业绩紧密联系在一起。出于迎合政府偏好,国有企业管理当局也会选择公允价值计量方式来增加当期利润。(3)企业获得银行贷款的动机。随着我国金融体制的改革,银行等金融机构为了获得贷款进行风险管理,把贷款的安全性放在第一位。在向企业提供贷款时,必须要考虑企业的偿债能力。

而银行大多偏向于抵押贷款并注重企业财务杠杆表上的资产总额,在这种情况下,特别是 2008 年上半年房价上涨较快,经济较为高涨时,很多企业就会利用公允价值计量来增加资产的总额从而获得贷款。(4)基于公司上市的动机。为了从证券市场募集大量的资金,许多公司发行股票和股票上市的愿望十分强烈。但是,根据我国证券法的规定,发行股票和股票上市的公司必须具备连续 3 年盈利的经营业绩而且企业资产规模要达到一定的要求,在经济高涨的时候,用公允价值计量资产和负债,可以同时达到这两种目的。于是,许多企业为了股票发行和上市,通过选择公允价值计量的属性来确保企业 3 年赢利和资产规模达到要求。(5)基于避免处罚的动机。上市公司并非公司股票一上市就万事大吉,因为经营业绩不好会受到各种处罚。首先,根据《中国证券监督管理委员会关于做好 1997 年股票发行工作的通知》:"凡年度报告的利润实现数低于预测数 20％以上的,除公开做出解释和道歉外,将停止上市公司两年内的配股资格。"中国证监会还将视情况实行事后审查,如果发现公司有意出具虚假盈利预测报告,误导投资者,将根据有关法规进行处罚。但是,有的企业为了多募集资金,还是会通过选择适当的会计政策来实现其目的。其次,根据《股票发行与交易管理条例》规定,上市公司如果连续 3 年亏损,其股票将被中止在证券交易所挂牌交易,按目前情况,公司取得发行股票且上市交易的资格非常不容易,公司股票上市后又被摘牌,不仅对股东是莫大的损失,而且丧失上市资格意味着一种宝贵的稀缺资源被白白浪费掉。因此,上市公司往往认为被摘牌是对公司最严重的处罚。为了保住上市资格,管理层往往会采取有利于自己的公允价值计量属性来达到避免处罚的目的。

总之,选择公允价值计量是在一定动机趋动下的行为,这种行为必将导致一定的经济后果。

六、经济后果性

美国会计学家莫斯特指出,会计计量主要由定量的属性和为定量该属性所采用的尺度两要素组成,即会计计量由计量属性和计量单位构成。《企业会计准则(2006)》重新引入了公允价值计量属性,会计计量属性的变更,必将引起会计计量所产生的综合信息的变化从而导致一定的经济后果。Zeff 将经济后果定义为"会计报告对企业、政府、工会、投资者和债权人决策行为的影响。"①他认为,会计计量所产生的综合信息(即财务报告)会影响管理者及其他利益相关者所做的实际决策,从而导致他们从公布的财务报告内容中寻求扩大自己利益的途径,最终导致一部分人受益,而另一部分人受损。会计准则制定者制定会计准则产生的经济后果只能通过执行这些准则的上市公司具体的经济行为体现。所以谈到经济后果,一般只能从微观层次上去分析。即选择不同的会计政策会产生不同的会计信息,从而影响到不同利益集团的利益,使一部分人受益,另一部分人受损。大量的会计研究结果证明,企业往往通过选择不同的会计政策实现对自己有利的经济后果,其结果必然损害了其他利益相关者的利益。公允价值计量所具有的公允性、动态性、决策相关性及估计性等特征,将对企业的财务状况和经营成果产生深远的影响,从而影响企业管理层的决策行为,并对公司的价值产生影响,体现在股价上,最终影响投资者的决策行为。不管怎么说,企业可以通过公允价值计量在内的各种会计政策来实现企业所希望的会计目标,但其结果必然会损害其他相关者的利益。而公允价值计量的应用从一定程度上为不同利益集团争取与已有利的"经济后果"提供了可能。尽管我国会计准则制定者对公允价值计量的选择已经作出了一定的限制,但仍需在这方面继续进行探讨和完善。

另外,随着中国经济不断的发展和法律体系的日益完善,高质量的会计信息已成为契约签订和履行中不可或缺的重要信息内容。换句话说,如果在契约签订和履行过程中,会计信息的质量越高,对契约双方的影响就越大。特别是在当前市场经济环境下,公允价值的计量已对契约环境产生了一定的影响,契约的签订和履行对以公允价值为计量基础的会计信息的需求也越来越高。因此,可以说公允价值计量对契约履行会产生典型的重要的经济后果。这种公允价值计量的契约有用性的经济后果不仅会在国内产生影响,而且也会随着我国"一带一路"倡议的实施,在更大范围内产生影响。2013年9月7日,习近平总书记在哈萨克斯坦纳扎尔巴耶夫大学发表演讲,提出了共同建设"丝绸之路经济带"的畅想;同年10月,习近平总书记出访东盟,提出共同建设"21世纪海上丝绸之路"。这二者共同构成了"一带一路"的重大倡议。中国的"一带一路"倡议的实施引起世界沿线国家的共鸣,沿线众多国家响应并参与,与他们各自的发展战略积极对接。中国作为世界全球格局中重要的大国,推行"一带一路"倡议过程中,合作共赢的理论从某种意义上讲就是一种契约精神。

---

① Stephen A.Zeff,The Rise of Economic Consequences [J].The Journal of Accountancy,1978,(12):56-63.

从法学的角度讲,契约原本是民事法律的基本制度,指平等主体之间为了达到某种目的,在追求各自利益的基础上签订的一种协议,是两人(或组织)以上相互间在法律上达成具有约束力的协议,是一种普遍存在的社会现象,这种协议有的称为契约,有的称为合同;从经济学的角度看,契约是交易当事人之间在自由、平等、公正等原则基础上签订的转让权利的规则,即两个或多个愿意交换产权的主体所达成的合意。由此可见,契约定义的核心概念是"平等主体的合意""权利义务的交换""合同或协议"。而会计作为世界范围内通用的商业语言,其在跨地区跨国界的契约履行中起到无法替代的重要作用;而以公允价值计量的财务会计信息在"一带一路"倡议推行中其契约的履行必然产生不可忽视的经济后果与作用。

七、成本性

这里的成本性是一个综合的成本,它主要包括以下两个方面的成本:(1)寻租成本。公共选择理论认为,现代社会中的寻租行为主要是寻租者从政府手中寻求某种特权,以此来获得较高的利润。寻租行为的实现必然会产生寻租成本。谋求会计政策的制定和选择权就是寻租者的寻租方式之一。寻租者对会计政策的影响主要是谋求会计准则的制定权和具体会计政策的选择权,即首先谋求会计准则的制定权。一旦会计准则的制定权分配完毕,寻租者只有在现有会计准则格局内通过某项具体会计政策的实施,选择有利于自己的规定。从世界各国制定和实施会计准则的实际情况来看,基本上是以强势利益集团为主瓜分租金利润。我国会计准则制定者选择公允价值计量也是在不同利益集团之间的一种寻租活动,这种活动必然要花费代价,这些代价可能是经济方面的,也可能是政治方面的。因为准则的制定不仅仅是一个经济行为,在国家层面上讲还涉及政治问题。另外对于国内的会计准则执行者来说,企业只要是进行会计政策的选择就必然发生成本。这种成本实质上就是企业与政府之间的利益博弈。企业选择公允价值计量对政府利益,特别是税收的影响主要是通过两个方面加以实现的:一是对资产计价方法的选择;二是对损益的期间确认及损益的调整。在这两方面企业都会选择税负最小化的公允价值计量的方法,比如说将大量资产升值的好处放到所有者权益中而不是放到损益中。(2)社会契约成本。企业会计准则作为规范企业会计确认、计量、记录和报告活动的制度安排,是社会相关利益集团就会计处理程序和方法达成的一组公共契约,是一种特殊的公共产品,具有非排他性和非竞争性。企业会计准则作为一种社会公共契约,如果由市场主体自己协商制定,既不容易达成共识,也将会产生很高的交易成本,形成低效甚至是无效的制度选择。因此,企业会计准则的制定和推行应由"较强权威性和规模经济效应"的政府或政府授权的机构来完成。但市场主体面临的复杂社会经济环境是任何一个具有有限理性的政府所不能完全认知的。若事无巨细地由政府包罗企业会计处理全部规则的制定和实施,交易成本就会更高,其效率则更低。因此,政府应就一般性的会计问题作出规范,即制定一般会计准则,其他一些特殊的具体会计政策应留给市场主体自己解决也许更加有效。也就是说,政府享有宏观会计政策的制定权,各市场主体享有企业会计政策的制定权,是一种比较有效率的社会公共选择和制度安排。这种制度既节约了宏观会计政策实施运行的交易成本,又节约了企业会计政策选择的交易成本,从而降低了整个社会的契约成本。基于这样的理论,我国会计准则制定者只是规定了公允价值应用的一些原则性的方面,而具体价值的确定则留给了企业,由其根据千变万化的市场经济的发展而决定。这对于会计准则制定者和执行者都是一种成本的节约考虑与制定安排。

八、博弈性

这种博弈性要从三个层次讲:

第一层次是国家(地区)与国家(地区)之间的博弈。计量政策的制定和选择是利益相关者经济和政治利益博弈斗争的过程。从会计准则的制定到实施,自始至终贯穿着会计选择,各相关利益集团均从自身的利益出发来参与会计政策选择。会计政策选择过程实质上是利益分配过程。在每一会计政策选择中,各个利益集团都企图利用促使或阻碍某项会计政策的通过或实施,利用会计政策的变通机会为自己牟利,力争选择对自己更有利的会计政策等手段进行博弈斗争。因此说,企业会计政策的制定和选择,是一个相关利益者为自身的经济和政治利益而进行的博弈斗争过程。也正是在这一不断的动态博弈竞争中,会计理论得到了不断的发展,会计实务日趋完善。因此任何国家和地区在制定会计准则时一方面努力维护本国本地区的各种利益,不会把其他国家和地区的会计准则照搬照抄;另一方面总希望从他国他地区获得更多的利益。这就是国家(地区)与国家(地区)之间的博弈。从我国这次再度引进公允价值计量来说,就是中国与其他国家博弈的结果。如果把国际会计准则中的公允价值全部引进既不现实也不可能,那样的话中国自身利益必受损害。

第二层次的博弈是会计准则制定者与会计准则执行者的博弈。在中国就是财政部及相关政府部门与执行《企业会计准则(2006)》的上市公司就公允价值计量应用的博弈。企业采用公允价值计量必然是出于对企业自身有利的目的,必然会通过对资产计价方法和损益的调整来影响到政府的利益(比如说税收的影响等),所以政府相关部门就会对这种公允价值的应用进行限制。这样就导致企业与政府之间的反复博弈过程:在现实中表现为市场主体采用公允价值计量来达到钻营、牟利→准则制定机构及相关机构采取防范、堵塞等措施→市场主体改进公允价值计量方法来达到钻营、牟利→准则制定机构及相关机构采取新的防范、堵塞措施这样的反复博弈过程。因此,公允价值计量的选择过程是一个社会各利益集团博弈的过程,是一个公允价值计量的优化过程,也是公允价值计量得到日益公认的过程。

第三个层次是企业内部各方利益的博弈。由于公允价值的选择和实施是企业内部各利益相关者为自身的利益而进行博弈斗争的过程,因此,要想使公允价值在企业内部得到承认与实施,必须体现出企业相关利益集团在企业中的利益。公允价值计量的最终选择是企业各方利益的最终博弈结果。

第三节　影响公允价值计量偏好性的因素分析

一、影响我国会计准则制定者公允价值应用偏好的因素分析

我国会计准则制定者在公允价值计量偏好上要受到中国特有制度背景的影响。这些特殊制度背景主要包括:政治体制、法律法规、市场体系、历史教训等方面。

(一)政治体制方面

我国会计准则制定者在与国际会计准则趋同的过程中必然要考虑到我国政治体制的特殊性。我国是社会主义国家,国有经济(企业)在我国社会经济的发展过程中起到不可忽视的作用。国有企业是一种世界范围内非常普遍的经济组织,虽然各国的称呼有别,但主要分为国有企业、国家控股或拥有控制权的股份制企业等几类。转制中的我国国有企业,处在一种矛盾交织、碰撞的体制文化环境中,国有企业既要尊重政府意志又需考虑企业利益,既要承担政策义务又要追求市场利润,既想摆脱干预又要争取扶持,情况十分复杂,各自面临的体制条件和市场环境都不相同,这些都对我国会计准则制定者产生了一定程度的影响。特别是为防止国有企业的管理层应用公允价值计量进行利润操纵以达到完成绩效考核的目的,会计准则制定者也对公允价值计量采取

了比较谨慎的选择。

（二）法律法规方面

最具社会性、权威性的法律规范体系是现代市场经济健康发展的必要前提之一，它使各个经济主体的财产关系、经济利益和责任关系在经济运行过程中获得有效保障、协调和规范。为此我国出台了《中华人民共和国公司法》（以下简称《公司法》）、《中华人民共和国证券法》、《中华人民共和国合同法》等相关法律法规来规范公司的行为。在企业内部对经营者监督的方式主要有股东大会，股东要么直接对经营者进行监督，要么委托董事会或监事会对经营者实施监督。目前，股东大会及股东对经营者的监督、董事会或监事会对经营者的监督，以及经营者的义务和责任，在我国主要是通过《公司法》来规范的。在企业外部对经营者监督的方式主要是各种竞争性市场，对各种市场的法律法规就会自然地形成对经营者的约束。我国规范市场竞争秩序，禁止公司垄断和限制竞争，防止公司实施不正当行为的法律主要有《中华人民共和国反不正当竞争法》《中华人民共和国质量法》和《中华人民共和国消费者权益保护法》。

总的来说，这些法律法规在维护市场有效竞争，健全企业外部环境方面发挥着重要作用。但不容忽视的是，由于我国尚处在建立法制体制的初始阶段，上述法律所起的作用难免有局限性。尽管中国目前正在加快公司治理方面法律体系的建设步伐，但是我国《公司法》等相关法律框架内还面临着不少法律方面的问题与难题，诸如企业财务会计制度、税收制度、信息披露、监督管理、公司法人治理结构等方面的问题，这些都使得公允价值计量的应用有一定的缺陷，因此我国会计准则制定者必然要考虑法律环境方面的因素。如果大规模地应用公允价值计量而造成一定的经济后果后，相关的法律机制不能有效地对这种公允价值滥用行为进行监督与处罚的话，公允价值计量必然会被上市公司加以滥用；另外，也正是因为我们的法律环境不同于西方发达国家，因此国外大规模应用公允价值所依赖的法律环境就必然影响我国会计准则制定者对公允价值计量的选择。

（三）市场体系方面

资本市场是一个有效市场体系的重要组成部分。市场竞争下的信息显示机制是公允价值有效应用必不可少的条件。公允价值在西方发达国家之所以能大规模地应用，其中一个重要的原因就是它们的资本市场比较发达，信息公开程度与可靠程度相对较高。而在我国，尽管随着改革的深入，市场体系逐步完善与发展，但总体来说还有许多不足的地方。这是我国会计准则制定者在引进公允价值时要加以考虑的。在公允价值应用方面，我国会计准则与国际会计准则存在差异的原因主要在于客观上会计环境的不同。国际会计准则主要是以西方国家发达的经济环境作为基础,而我国会计准则需要考虑我国市场体系与社会经济环境等方面的特殊性:(1)我国社会主义市场经济还处于初级发展阶段,市场体系尚不完善,法律制度不够健全,缺乏公开完全的市场竞争,企业间的交易行为还不够规范,国有企业关联交易普遍,价格是操纵利润的一种手段。(2)我国资本市场规模容量较小,上市公司较少,财务信息的使用者还不能完全以投资者为主,因此在对会计目标的考虑上必须兼顾国家宏观调控、投资者决策、公司内部管理等多方面的需要。

与国际上较成熟的市场经济环境相比,我国作为活跃市场事后证据的市场价格等交易信息系统还不够完善,难以为由公允价值计量的会计信息的鉴证提供可资依赖的、必不可少的证据。同时,公允价值的确定,有赖于活跃市场上的报价或最近市场上的交易价格抑或预期未来净现金流量的现值,这对会计人员的职业判断提出了更高的要求,会不同程度地受企业管理当局和会计人员主观意志的影响。目前,我国公司治理还存在许多缺陷,一些高管人员的道德观和诚信意识缺失,会计人员的道德水平和执业能力也参差不齐。市场体系方面的影响因素也在 2006 年版本的会计准则中得以体现,比如说《企业会计准则第 3 号——投资性房地产》中就要求采用公允价值计量时,必须有活跃的市场存在才可以采用公允价值计量。

(四)国内外历史的教训方面

国际历史教训方面:公允价值一词出现至今,就在美国及世界主要国家引起了激烈的争论,这种争论至今没有停止过。尤其值得关注的是美国财务会计准则委员会(FASB)为了更好地指导公允价值计量的应用,于 2004 年 6 月 23 日正式发布公允价值计量准则征求意见稿。2006 年 9 月 15 日,SFAS 157《公允价值计量》正式出台,这似乎是公允价值计量支持者们的胜利宣言,他们有如"久旱逢甘雨,他乡遇故人"之感觉。但是好景不长,自 2007 年 8 月开始,次贷危机全面爆发,美国、欧盟和日本等国际金融市场都被卷入其中,花旗银行、汇丰银行等一些大型国际金融机构损失惨重,金融危机对全球的金融市场造成了巨大的冲击,破坏了全球的经济稳定。严重的金融危机引发了人们对于公允价值的质疑和批判。当时,美国的一些银行家、金融业人士和国会议员纷纷将矛头指向 SFAS 157《公允价值计量》,认为其要求金融产品按照公允价值计量的规定,在市场价格大跌和市场定价功能缺失的情况下,对金融危机起到推波助澜的作用。美国国会议员甚至联名写信给美国证券交易委员会(SEC),要求暂停使用公允价值计量。

国内历史教训方面：从 1998 年我国企业会计准则初次涉及公允价值算起到目前为止，公允价值在我国也走过了近二十年的历程。这近二十年来，公允价值计量在我国的应用情况可谓是一波四折，基本上是经历了：启用（1997—2000 年）、回避（2001—2005 年）、重新引入（2006—2014 年）和逐步推进（2014 年至今）四个阶段。从上述历史演进过程看，我国会计准则制定者对公允价值的引用与应用是较为谨慎的。1997—2000 年，我国启用了公允价值计量方式，但是在当时，公允价值存在被上市公司滥用的现象，再加上相关部门的监管力度不够，所以我国对公允价值的概念只是部分适用。2001—2005 年，国际上诸如美国"安然事件"等公允价值滥用行为层出不穷，在此期间我国财政部对其也持回避态度。2006 年再度引入公允价值计量，我国会计准则制定者吸取历史教训，显现出一种较为谨慎的态度。

二、影响我国上市公司公允价值应用偏好的因素分析

（一）行业性质方面

《企业会计准则（2006）》中对公允价值计量的规范本身就有行业倾向性，比较明显的就是金融业。2006 年以后，财政部多次对专门涉及金融产品和金融衍生工具的准则进行修改和完善。2014 年 6 月 23 日，财政部印发修订的《企业会计准则第 37 号——金融工具列报》；2017 年 4 月 10 日，财政部又印发修订的《企业会计准则第 22 号——金融工具确认和计量》，不断地规范金融工具的会计处理，这说明会计准则公允价值计量的行业偏向很明显。因此，上市公司所处的行业是否是金融业，也必然会对上市公司公允价值计量的偏好产生影响。

（二）区域经济因素方面

与国际财务报告准则相比，我国企业会计准则体系在确定公允价值计量的应用范围时，充分地考虑了我国目前的基本国情，做了审慎的改进。例如，在投资性房地产准则中就明确规定采用公允价值模式计量的，应当同时满足下列条件：(1)投资性房地产所在地有活跃的房地产交易市场。(2)企业能够从房地产交易市场上取得同类或类似房地产的市场价格及其他相关信息，从而对投资性房地产的公允价值做出合理的估计。可见即使都是房地产行业，可能会因为所处经济区域的不同而导致不同公允价值的偏好。比如说在东部经济发达地区的上市公司就比在中西部的上市公司有更活跃的市场体系，公允价值计量所需的"公允"信息也相对容易获得，对公允价值计量可能就更偏好一些。

(三)审计监督方面

审计作为会计系统外部一种主要的监督手段,是会计主体行为的有效约束机制,是会计信息质量最直接和最有效的保障。在审计综合水平较低时,常常会出现任意挑选公允价值计量的现象,造成会计信息失真。会计准则的制定者不得不通过缩小公允价值的可选择空间来保证财务会计信息的质量。在通常情况下,一个国家的会计准则中,会计政策的可选择性大小是与审计水平相适应的。公允价值的应用增大了实务处理的灵活性,使审计对象变得复杂,风险增大,从而也对审计方法、审计技术以及审计人员的素质等提出了更高的要求。虽然目前尚未发现研究公允价值分层计量对审计收费的影响的相关研究成果,但是,在公允价值分层计量的情况下,第一层次的公允价值由活跃市场的交易价格作为参考,第二层次的公允价值没有活跃市场的交易价格作为参考,它的输入值由类似资产的交易价格作为参考,相对于第一层次的公允价值,审计师在审计第二层次的公允价值时,审计风险和审计工作量会相对更大一些,而第三层次的公允价值既没有活跃市场的交易价格作为参考,也没有类似资产的交易价格作为参考,而是采用估值技术确定其公允价值,这就具有一定的主观性,相应地,审计风险也会加大,这样审计师的审计工作量也会加大,理论上讲,审计收费也会随着公允价值层次的不断上升而不断提高。另外,有关机构在制定会计准则时,经常是将审计水平作为一个重要的因素进行考虑。那些将严重降低审计效率或者超出现有审计水平的会计方法、规则等,通常不作为会计准则的条款颁布实施。另外,我国的文化倾向、会计人员的素质以及会计信息使用者的整体素质等因素,也会影响到会计准则中公允价值的可选择空间。

(四)公司治理结构方面

公司治理结构一般是指以经济效益和股东权益最大化和持续化为目标,保证公司法人财产被有效使用和管理的组织机构及运行机制。其最明显的特征是:根据权力分工和效率优先的原则,在企业内部实行所有权与经营权相分离,决策机构、监督机构和执行机构相制衡的格局。目前国际上通行的治理结构主要分为两大类:一类是以英美企业为代表所采取的"外部治理"模式(以下简称为"英美模式"),另一类是以德国等欧洲大陆国家及日本企业为代表所采取的"内部治理"模式(以下简称为"德日模式")。公司治理结构本质上是一种现代企业的组织管理制度,是科学管理的一种模式。无论是从理论方面还是实践方面,我国对上述两种公司治理模式都有引进与学习,但从总体来说并没有起到预期的效果,特别是国有企业,因受诸多因素的影响,企业内部的公司治理明显带有"政府部门"的色彩。国有企业所有者的代表行政色彩浓厚。目前,国家对国有股权代表的委托采取了行政性的委托代理制度,由各级政府行政部门行使,这往往导致所有者代表注重对上负责,缺少对下关注,它的最大效用不是来自企业的剩余,而是职位的升迁。所有者并不具有"经济人"的典型特性,而是行政色彩浓厚,表现出一切与行政组织、行政人员乃至官员的行为动机相联系的特性。由于我国大多数国有企业的公司治理结构中固有的缺陷,造成了对公允价值计量选择目标的不一致性:股东、董事会、管理层和监事会对公允价值计量的选择都会有不同的目标,因此也影响了中国企业对公允价值计量的选择。

（五）股权结构方面

我国股权结构过分集中,从而导致"内部人控制"现象严重。我国国有企业产生"内部人控制"问题的原因主要有以下几个方面:(1)由原来的计划经济向市场经济转变过程中的历史遗留问题。(2)国有投资主体不明确,所有权被分割。我国国有企业实行公司制改革后,由于国有资本投资主体的不确定性,所有者主体往往被肢解,分散到各个不同的行政机关手中,有的国有资本甚至无代表机构持股。国资局、财政局和企业主管部门等政府机关代表国家行使股东权利,导致"政企不分"和"政资不分",政府同企业的关系不是以资本为纽带的出资人同企业的产权关系,而是一种行政授权的关系。(3)公司治理"人格"空缺。我国国有资产的剩余控制权和剩余索取权不统一。所以,不合法的内部人控制更加不合理,对企业的危害更大,极大地增加了所有者的代理成本。内部人控制是指代理人同委托人具有不同的利益目标,代理人在代理过程中存在着"机会主义倾向",对企业有超强控制能力的"内部控制人"不可能真正代表股东的利益进行决策,特别是在公允价值计量的选择上,"内部控制人"更倾向于将其作为完成业绩考核的工具,而不是真正地反映企业的"公允价值"。

第四节　公允价值计量偏好性的度量

我们知道对一个事物的描述或评价一般有定性和定量两种方法。笔者为了研究的需要,当对公允价值计量偏好做定性描述或分析时,称之为"公允价值计量的偏好性"①；当对公允价值计量偏好做定量描述或分析时，称之为"公允价值计量的偏好度"，简称偏好度。

一、公允价值计量偏好性度量的主要内容

从理论上讲，本书图 3-1 中的六种偏好都可以进行度量，但从机制→行为→结果这个路径来看，只有结果是最好度量的：从机制→行为是会计准则制定者和执行者的心理活动过程，本书很难进行度量，但是这两者的结果我们可以定量分析。宏观层次偏好的结果会反映在会计准则的具体条文上，微观层次偏好的结果就是应用公允价值对资产和负债进行确认、计量并以会计报表等形式反映出来的会计信息。为了研究的需要，笔者对研究内容特做出如下安排：(1)将公允价值计量的宏观层次偏好、会计准则制定者的偏好与公允价值计量的形式偏好合三为一进行研究，对这三者的偏好度统一都用"公允价值计量的形式偏好"来描述。(2)将公允价值计量的微观层次偏好、会计准则执行者的偏好与公允价值计量的实质性偏好合三为一进行研究，对这三者的偏好度统一都用"公允价值计量的实质性偏好"来描述。因此本书的研究内容主要分为"公允价值计量的形式偏好"的度量与分析和"公允价值计量的实质性偏好"的度量、分析及实证检验。

二、公允价值计量偏好性度量的主要方法

本书对公允价值计量的形式偏好采用描述性统计的方法，按《2017 年中国会计准则与国际财务报告准则具体项目比较表②》(见表 3-1)中所列具体项目逐一进行比较，分析出中国会计准则与国际财务报告准则在公允价值应用方面的情况，并对这种应用情况逐一量化打分，最后得出我国公允价值计量形式偏好度并进行具体的分析与总结。本书对公允价值计量的实质性偏好采用在描述性统计分析的基础上加以实证检验的方法。

---

① 经济学中对"偏好"和"偏好性"两词不做区分，因此本书也对"公允价值计量偏好"与"公允价值计量偏好性"这两个词不做区分。

② 本书没有将基本准则放到这次比较的内容中，主要是考虑我国基本准则在整个准则中地位特殊，它在整个准则体系中处于统驭地位，与国际准则中任何一项准则都不具有可比性。

表 3-1　2017 年中国会计准则与国际财务报告准则具体项目比较表

中国企业会计准则	国际财务报告准则
CAS 1 存货	IAS 2 存货
CAS 2 长期股权投资	IAS 27 合并财务报表和单独财务报表 IAS 28 联营中的权益
CAS 3 投资性房地产	IAS 40 投资性房地产
CAS 4 固定资产	IAS 16 不动产、厂房及设备
CAS 5 生物资产	IAS 41 农业
CAS 6 无形资产	IAS 38 无形资产
CAS 7 非货币性资产交换	IAS 16 不动产、厂房及设备 IAS 38 无形资产 IAS 40 投资性房地产
CAS 8 资产减值	IAS 36 资产减值
CAS 9 职工薪酬	IAS 19 雇员福利
CAS 10 企业年金基金	IAS 26 退休福利计划的会计和报告
CAS 11 股份支付	IFRS 2 以股份为基础的支付
CAS 12 债务重组	IFRS 9 金融工具
CAS 13 或有事项	IAS 37 准备、或有负债和或有资产
CAS 14 收入 CAS 15 建造合同	IFRS 15 客户合同收入
CAS 16 政府补助	IAS 20 政府补助的会计和政府援助的披露
CAS 17 借款费用	IAS 23 借款费用
CAS 18 所得税	IAS 12 所得税
CAS 19 外币折算	IAS 21 汇率变动的影响 IAS 29 恶性通货膨胀经济中的财务报告
CAS 20 企业合并	IFRS 3 企业合并
CAS 21 租赁	IAS 17 租赁

中国企业会计准则	国际财务报告准则
CAS 22 金融工具确认和计量	IFRS 9 金融工具
CAS 23 金融资产转移	
CAS 24 套期保值	
CAS 25 原保险合同	IFRS 4 保险合同
CAS 26 再保险合同	
CAS 27 石油天然气开采	IFRS 6 矿产资源的勘探和评价
CAS 28 会计政策、会计估计变更和会计差错更正	IAS 8 会计政策、会计估计变更和差错
CAS 29 财务杠杆表日后事项	IAS 10 财务杠杆表日后事项
CAS 30 财务报表列报	IAS 1 财务报表的列报
CAS 31 现金流量表	IAS 7 现金流量表
CAS 32 中期财务报告	IAS 34 中期财务报告
CAS 33 合并财务报表	IAS 27 合并财务报表和单独财务报表 IFRS 10 合并财务报表
CAS 34 每股收益	IAS 33 每股收益
CAS 35 分部报告	IFRS 8 分部报告
CAS 36 关联方披露	IAS 24 关联方披露
CAS 37 金融工具列报	IFRS 7 金融工具:披露
CAS 38 首次执行企业会计准则	IFRS 1 首次采用国际财务报告准则
CAS 39 公允价值计量	IFRS 13 公允价值计量
CAS 40 合营安排	IFRS 11 合营安排
CAS 41 在其他主体中权益的披露	IFRS 12 在其他主体中权益的披露
CAS 42 持有待售的非流动资产、处置组和终止经营	IFRS 5 持有待售的非流动资产和终止经营

三、公允价值计量偏好性度量的主要思路

本书对公允价值计量形式偏好与实质性偏好进行度量研究的主要思路可用图 3-2 简要表述。

```
                  ┌─────────────────────────┐
                  │    公允价值计量偏好性的度量    │
                  └─────────────────────────┘
                             │
          ┌──────────────────┴──────────────────┐
          ▼                                      ▼
┌─────────────────────────┐        ┌─────────────────────────┐
│ 公允价值计量的形式偏好（宏观偏好） │        │ 公允价值计量的实质性偏好（微观偏好）│
└─────────────────────────┘        └─────────────────────────┘
          │                                      │
          ▼                                      ▼
┌─────────────────────────┐        ┌─────────────────────────┐
│ 对比公允价值计量在我国会计准则与国  │        │ 分析影响公允价值计量实质性偏好的因素 │
│ 际会计准则中的应用情况，并就两者在  │        │      并进行描述性统计分析       │
│   应用方面的差异进行分析比较     │        └─────────────────────────┘
└─────────────────────────┘                    │
          │                                      ▼
          ▼                        ┌─────────────────────────┐
┌─────────────────────────┐        │ 将公允价值实质性偏好度与各影响因素进 │
│ 对上述应用情况方面的差异进行分类、  │        │   行回归分析，得出实证结论      │
│   赋值、评分、打分并进行分析     │        └─────────────────────────┘
└─────────────────────────┘                    │
          │                                      │
          └──────────────┬───────────────────────┘
                         ▼
              ┌─────────────────────┐
              │        结论          │
              └─────────────────────┘
```

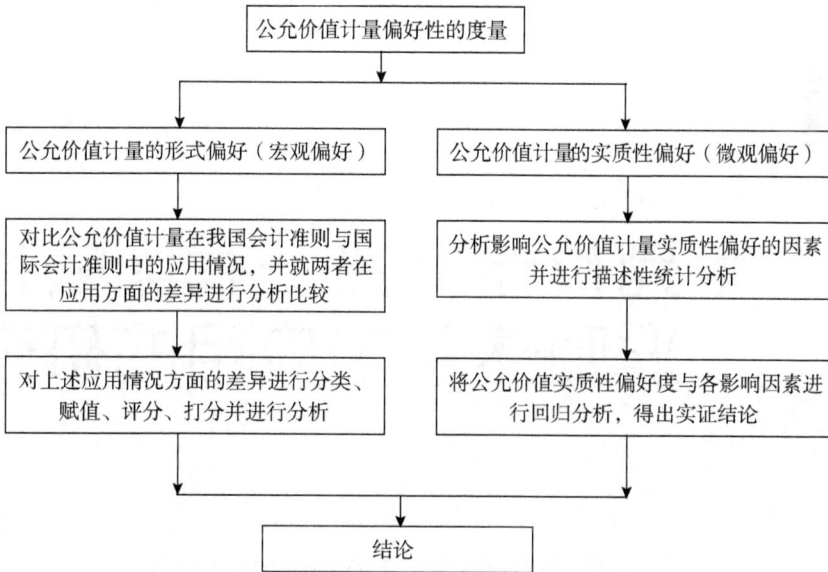

图 3-2　公允价值计量偏好性度量与分析的主要思路

4

公允价值计量在我国会计准则体系中应用的研究

第一节　公允价值在国外会计准则中应用历程简介和简评

一、公允价值在美国会计准则中应用历程简介

公允价值会计在美国会计准则和实务中的应用最早可追溯到 20 世纪 60 年代。公允价值在美国的应用按时间顺序可分为以下几个时间段：

(一)初步应用阶段

20 世纪 70 年代,公允价值在美国得到初步应用。在 FASB 成立以前,APB 在 1967 年 12 月发布的 10 号意见书中要求企业对应付债务用现值法进行摊销。1970 年 8 月,APB 发布的 16 号意见书中,要求对"企业合并"中获得的资产(包括应收账款)应用现值进行初始计量和摊销。1971 年 3 月,APB 发布了 18 号意见书,要求企业按照市场价格报告其普通股票投资的价值。同年 8 月,APB 发布 21 号意见书《应收及应付利息》,对现值概念进行定义,并指出了确定恰当折现率的方法。在 SFAC No.7 发布以前,该方法一直是其他会计准则确定折现率的参照依据。1973 年 5 月,APB 又发布了 29 号意见书,对如何确定非货币性交易中涉及资产的公允价值进行指导。1973 年 7 月,FASB 接替 APB 成为美国私有企业会计准则的制定机构。1976 年 11 月,FASB 发布 SFAS 13,要求对租赁涉及的某些资产采用公允价值计量。1977 年 6 月,

FASB 发布 SFAS 15,提出了债务重组涉及资产公允价值的确定方法。同年 11 月,FASB 发布 SFAS 19,要求油气企业对"保留产量支付权益"(retained production payment)进行现值计量。

(二)逐步拓展阶段

20 世纪 80 年代为公允价值在美国会计准则中逐步拓展应用的阶段。虽然这一阶段美国对公允价值的使用主要也是针对资产类项目,但范围比以前有较大拓展。在这一期间发布的与公允价值有关的 16 个会计准则中,FASB 对公允价值的定义进行了论述,并提出了针对特定资产的公允价值估价方法,包括:投资的公允价值估价方法(SFAS 35),索赔过程中获得的不动产的公允价值估价方法(SFAS 60),不动产项目的公允价值估价方法(SFAS 67),养老金计划的公允价值估价方法(SFAS 87)等。FASB 还要求对转让特许权、转让设备所有权、广播行业及研发协议中所涉及的特定资产用公允价值计量。此外,FASB 还建议企业在抵押贷款和可转换债券业务中使用公允价值。

(三)大规模应用阶段

20 世纪 90 年代公允价值在美国会计准则中得到了较大规模的应用。自 20 世纪 80 年代以来,SEC 和金融界一直对金融工具,特别是衍生金融工具的确认、计量和披露问题争论不休,SEC 力荐使用公允价值,而金融界却坚持要求继续使用历史成本。起初,FASB 不肯轻易表态,但 80 年代后期存款储蓄行业的金融危机,彻底改变了 FASB 的态度和立场,从 90 年代起,FASB 明显转向 SEC 的立场,颁布了一系列旨在推动公允价值会计向前发展的财务会计准则。90 年代 FASB 对公允价值的使用力度进一步加大,使用范围也进一步拓宽。同时,FASB 在使用公允价值时重点突出两条线:一是加大现值技术的开发和使用力度,这期间发布的 32 个准则中有 11 个涉及现值技术的使用。与现值使用相关的准则主要包括:SFAS 106、113、114、116、121、125 等。在这些准则中,使用现值的目的是初始确认的计量、新起点计量和摊销等。应用的项目主要有:退休后福利债务、递延收益、贷款减值、长期资产减值、捐赠承诺等长期资产和负债项目;二是突出公允价值在金融工具确认、计量和披露中的核心作用。与金融工具公允价值有关的准则包括:SFAS 105、107、115、119、123、125、126、133、137 等。可以将公允价值在金融工具相关准则的使用分为两个阶段:第一阶段是信息披露,包括披露涉及表外风险和信用风险的金融工具的范围、性质和条件(FAS 105、107、126)和披露衍生金融工具公允价值的相关信息(SFAS 109);第二阶段是确认与计量,主要是衍生金融工具和套期保值的确认与计量(SFAS 133、137)。

(四)不断完善与改进阶段

步入 21 世纪世纪,美国对公允价值的使用力度再次加大,从 SFAS 138 到 SFAS 153 的 15 个准则都涉及公允价值。这期间 FASB 加大公允价值使用力度的基本思路是:一方面,FASB 将公允价值全面融入新发布的准则;另一方面,对一些先前的准则进行修订并同时将公允价值融入修订后的准则,或者对先前已经应用公允价值的准则进行改进。但是,随着公允价值使用范围的拓展,现行准则中公允价值计量方面存在的缺陷逐渐暴露出来,零散于众多准则中的公允价值计量指导造成了实务应用的混乱,迫使 FASB 从全局角度对准则中的各种公允价值指导进行整理,在此基础上形成统一的"公允价值计量"准则。2004 年 6 月 23 日,FASB 发布了《公允价值计量》的征求意见稿。征求意见稿的出台将对国际财务会计理论和实务界产生了深远的影响,对推动财务会计计量的改革和发展有重要作用。这一阶段美国对公允价值准则改进与完善的成果主要体现在以下几个方面:首先,对公允价值定义进行修订。其次,对公允价值计量的目的进行阐述:在非实际交易情况下,对资产或负债的交换价格进行估计(对负债的公允价值估计要考虑企业的信用等级),这种估计是参照当前模拟市场交易信息确定的。再次,还将公允价值根据其估价所依据的信息不同分为三个等级,建立了公允价值估价的层级系统(fair value hierarchy)。FASB 要求企业最大限度地依据活跃市场信息,最小限度地参照企业自己的判断。估价层级系统对减少企业操纵、增强报告信息的可靠性具有重要意义。最后,还提出了估价前提(valuation premise)理论,认为"持续经营"(going-concern)和"在用"(in-use)是公允价值估价的一般前提。FASB 指出,发布"公允价值计量"的目的是建立统一的公允价值指导框架。但是,该意见稿的作用显然不仅局限于此,它在许多方面都有新的理论突破,是公允价值会计理论的最新成果。

(五)否定之否定阶段

2006 年 9 月 15 日,美国 FASB 发布了 SFAS 157《公允价值计量》。这是一份最新也最能体现美国公允价值会计发展的准则。它是对先前所有涉及公允价值计量的准则的一种否定与改进,是美国公允价值应用的重大理论成果和经验总结。它的发布,在全世界范围内都引起了很大的反响。自美国财务会计准则委员会(FASB)1991 年 10 月正式着手制定有关公允价值确认与计量的财务会计准则以来,公允价值会计在美国及西方一些国家引起了激烈争论。支持和反对公允价值的争论一直没有停过。支持者认为,历史成本财务报表不具有相关性,因为它不能为投资者提供与当前价值相关的信息。公允价值会计将极大地提高会计信息的相关性,能反映资产的真实价值。公允价值反对者则认为,公允价值会计是对以历史成本为主要计量属性的现行会计模式的极端背离,公允价值财务报表提供的信息不具有可靠性,因为这些信息并非都建立在正常交易基础之上。若信息不可靠,就不能用来支持财务决策。公允价值不仅缺乏可靠性,而且会导致企业收益的巨大波动,易受企业管理当局的操纵,影响信息使用者作出正确的决策。或许反对使用公允价值计量的根本原因在于对相关性和可靠性深层次的争论。在任何关于使用公允价值会计的讨论中,相关性和可靠性的选择都是其争论的焦点。相关性:公允价值会计支持者们认为,即使公允价值计量比历史成本计量的可靠性低,但对决策者来说更具有相关性。可靠性:尽管公允价值会计可以提供更具相关性的信息,但反对者认为,公允价值会计不具有可靠性。国际财务经理公司(Financial Executives International,FEI)总裁兼执行官科林·卡宁汉(Colleen Cunningham)在《财务经理》杂志上发表的《公允价值会计:对谁公允?》(Fair Value Accounting:Fair for Whom?)一文中表示:"不可靠的信息即使具有相关性,对投资者来说也是毫无用处的,因此我们必须清醒地认识到所谓的可靠的会计数字的本质。"应该说相关性与可靠性是会计信息最主要的信息质量特征。会计信息的有用性是建立在相关性与可靠性基础之上的。会计信息要对使用者有用,信息必须既相关又可靠,这就需要会计主体根据不同的环境,在相关性和可靠性之间寻找一个平衡点,以保证会计信息对使用者有用。历史成本会计强调的是可靠性,而公允价值会计强调的是相关性。从目前情况来看,在历史成本会计可靠性和公允价值会计相关性之间,平衡点已向公允价值会计相关性倾斜。

2007 年美国爆发了次贷危机,这个危机愈演愈烈并波及世界各地。次贷危机不仅撼动了华尔街金融巨头的生存根基,也在金融界与会计界之间掀起了一场硝烟弥漫的战争,重新点燃了公允价值会计优劣和存废的激烈论战。以花旗、美林、瑞银、美国国际集团、百士通为代表的金融机构,纷纷将矛头直指公允价值会计,声称公允价值计量模式夸大了次债产品的损失,放大了次贷危机的广度和深度,要求完全废除或暂时终止公允价值会计。更有甚者,政治人物也加入了这场纷争。以美国财务会计准则委员会和国际会计准则理事会为代表的会计界不甘示弱,奋起反击,指责金融界抨击公允价值会计完全是寻找替罪羊的一种伎俩,无非是为了转移公众的视线,为自己激进的放贷政策和失败的风险管理开脱罪责。FASB 主席罗伯特·赫兹(Robert Herz)在 2008 年 4 月召开的"公允价值圆桌会议"上指出,FASB 完全是应投资者清楚而明确的要求才规定金融资产应当按公允价值进行计量。言下之意,金融界对公允价值会计的指责明显置投资者的信息需求于不顾。FASB负责技术部主任兼紧急问题任务小组主席卢塞尔·戈登(Russen Golden)也态度鲜明地回击金融界的指责,认为公允价值向投资者提供了衍生金融工具基础资产更加透明的信息。IASB主席大卫·特迪爵士(Sir David Tweedie)在接受《首席财务官》杂志的专访时更是毫不客气地回应,金融界只会对公允价值会计横加指责,却不能提出令人信服的替代方案。在与金融界的这场战争中,代表信息使用者的财务分析师协会(CFA Institute)旗帜鲜明地支持会计界,坚定捍卫公允价值会计模式,指出公允价值比历史成本更加透明,几乎以实时的方式高效地让投资者了解次贷危机的动态、规模和影响。应当承认,会计界关于公允价值的准则远非完美。IASB承认第39号国际会计准则过于复杂和繁琐,并在2008年3月发布了一份旨在简化该准则的咨询文件。同月,美国证券交易管理委员会(SEC)也提出了更加严厉的披露标准,要求上市公司充分披露第三层次公允价值计量所依据的前提假设。SEC甚至考虑要求上市公司以估值区间而不是单一金额的方式披露第三层次的公允价值,以彰显第三层次公允价值高度依赖估计和判断的特性。但不论如何,公允价值准则存在的缺陷不应成为废止公允价值会计的理由。公允价值会计绝不会因为金融界的指责而夭折,退回历史成本模式将成为会计史上因噎废食的大倒退。金融界对公允价值的指责,只会让会计界痛下决心,不断完善公允价值的确认标准、计量方法和披露要求。

FASB于2008年3月发布了SFAS 161《衍生工具和套期活动的披露》,这项准则扩展和完善了对衍生工具和套期活动的披露要求,同时要求上市公司在财务报表中披露衍生工具的公允价值及其利得和损失。2009年6月,FASB又发布了SFAS 166《金融资产的转移》,这项准则拓展了公允价值计量的使用范围,并且对因销售产生的所有资产转移和负债承担均采用公允价值确认和初始计量提出了要求。

2011年,美国财务会计准则委员会联合国际会计准则理事会发布了2011年第4号会计准则更新公告《公允价值计量》,对SFAS 157进行了更新。完善后的公允价值会计,必将成为21世纪会计计量模式的主流。这一系列的重大事件将公允价值计量又推到了一个新的阶段,即否定之否定阶段。

二、公允价值在国际会计准则中应用历程简介

国际会计准则委员会作为促进会计准则国际协调的民间机构,一直在推行公允价值计量模式。在其所发布的国际会计准则中，公允价值几乎可以说是无处不在，直接或间接应用公允价值进行计量的就有多处。

公允价值在国际会计准则中的应用最早可以追溯到 1988 年 IASC 对金融工具会计处理的讨论。1990 年 IASC 金融工具项目筹委会批准发布了《原则公告草案》，要求经营性（或交易性）金融资产与负债应以公允价值计量，但不包括投资和筹资项目。1992 年的 IAS 30《银行和类似金融机构财务报表中的披露》规定，银行至少披露包括企业源生的贷款和应收款项、持有至到期日的投资、为交易而持有的金融资产以及可供出售的金融资产等在内的金融资产的公允价值。1995 年的 IAS 32《金融工具：披露与列报》，要求企业对每一类已确认和未确认的金融资产和金融负债披露公允价值信息，这标志着公允价值在金融工具与衍生金融工具中的应用。1997 年，IASC 和 CICA 共同发布了《金融资产和负债会计》讨论稿，表明所有金融工具都要以公允价值计量的立场。1999 年的 IAS 39《金融工具：确认和计量》取代了 IAS32 的部分披露条款，完整地规定了以公允价值对金融工具进行确认、计量的具体做法。2000 年的 IAS 40《投资性房地产》规定，主体可以选择以成本减去折旧或者公允价值进行后续计量，公允价值的变化要及时在损益表中确认。2001 年的 IAS 41《农业》把公允价值会计直接应用到农业方面。据谢诗芬教授统计，截至 2001 年 2 月，在有效的 35 份 IAS/IFRS 中，有 21 份涉及公允价值，占 60%。2004 年 3 月，国际会计准则理事会正式发布了改进项目下的 14 项准则，并取消了 1 项准则。在这 14 项被改进的国际会计准则中，发生实质性变化的有 7 项准则，其中涉及公允价值应用的主要有：(1)IAS 16《不动产、厂场和设备》规定，将所有资产交换交易统一按公允价值计量，不再区分同类资产交换和非同类资产交换；在后续计量中，如果不动产、厂场和设备项目的公允价值能够可靠地计量，企业可以按重估价计量。(2)IAS 27《合并和单独财务报表》中取消了在单独财务报表中允许采用权益法的规定，要求在单独财务报表中，对子公司的投资、对联营企业的投资以及对联合控制主体的投资采用成本法与公允价值法核算。(3)IAS 28《对联营企业的投资》和 IAS 31《合营中的权益》都将风险资本投资者、共同基金、单位信托及其他包括保险投资联结基金的类似主体持有的在联营企业中的投资，以及对共同投资主体的投资的会计处理排除在外，要求将它们作为为交易而持有的金融资产处理。根据 IAS 39《金融工具：确认与计量》的规定，应用公允价值计量，并将投资的公允价值的变动计入变动期间的损益。2005 年 9 月，IASB 将"公允价值计量"项目列入议程并多次开会讨论。

　　2008 年在美国乃至全球爆发了金融危机之后，迫于各方压力，IASB 于 2008 年 3 月发布讨论稿《减少金融工具准则报告的复杂性》，这份讨论稿的发布标志着 IASB 着手开始准备 IFRS 9 对 IAS 39 的替代项目。该替代项目预计分成三个组成部分，第一部分是金融工具分类与计量，第二部分是金融工具减值，第三部分是套期会计。2008 年 10 月，IASB 正式宣布对 IAS 39《金融工具：确认与计量》、IFRS 7《金融工具：披露》做出修订。2009 年 5 月，IASB 发布《公允价值计量准则（征求意见稿）》。征求意见稿主要针对金融危机影响下非理性市场和非活跃市场的特殊情况，具体包括：允许某些以公允价值计量且其变动计入当期损益的非衍生金融资产在极其特殊的情况下重新分类，重分类资产以重分类当天的公允价值作为新的计量基础。这项制度规定准许金融机构将非衍生金融工具以外的交易性金融资产重分类为可供出售金融资产，以及将可供出售金融资产重分类为贷款、应收款项或者持有至到期金融资产，允许按照成本入账和持有至到期。2009 年 11 月，IASB 推出了 IFRS 9 第一版《金融工具》。IFRS 9 与 IAS 39 的主要区别是：(1)将金融资产从 IAS 39 的四种分类方法改变为以摊余成本计量、以公允价值计量两类；(2)采用预期损失模型计算金融资产减值准备，金融资产减值准备允许在未来五年内摊销。2010 年 5 月 11 日，IASB 发布《应用公允价值选择权的金融负债》征求意见稿。该意见稿的目的是，完成 IFRS 9 第三阶段目标——《套期会计准则》。该意见稿建议，将公允价值做一个分类：金融负债的公允价值变动全部计入收益表；与信用风险相关的部分转入其他综合收益，并且在终止确认时不允许转回收益表。2010 年 6 月 24 日，IASB 和 FASB 这两大准则制定机构联合发布《关于承诺会计准则趋同和建立全球统一高质量会计准则的进展报告》，推进会计准则国际趋同化。2011 年 5 月，IASB 正式发布 IFRS 13《公允价值计量》，对公允价值的定义、公允价值计量的框架以及公允价值计量的信息披露等提出了要求。IFRS 13 第十八条提出，如果计量对象的可观察价格不存在，可以使用收益法和市场法作为估价技术。2012 年 11 月，IASB 发布了征求意见稿《对〈IFRS 9——金融工具〉的有限修订》。2014 年 2 月 25 日，IASB 对 IFRS 9 征求意见已全部完成。2014 年 7 月，国际会计准则理事会发布 IFRS 9《金融工具》的最终版本，该版本阐明了金融资产、金融负债和买卖某些非金融项目的合同的确认和计量要求，并将金融工具的分类和计量、金融资产减值方法和套期保值会计全盘纳入，完全替代了之前的 IAS 39《金融工具：确认和计量》。IFRS 9 最终版本与 IAS 39 的区别如表 4-1 所示。

表 4-1　IFRS 9 最终版本与 IAS 39 的区别

项目	IAS 39	IFRS 9
分类标准	强调持有金融工具的主要意图	分类标准引入业务模式测试和合同现金流特征测试
分类——资产	将金融资产划分为四类： (1)以公允价值计量且其变动计入损益的金融资产 (2)持有至到期金融资产 (3)可供出售金融资产 (4)贷款和应收款项	将金融资产划分为两类： (1)以公允价值计量的金融资产 (2)以摊余成本计量的金融资产
重分类——资产	可供出售金融资产的公允价值变动于减值或处置时由权益重分类至损益	以公允价值计量且其变动计入其他综合收益的金融资产,其公允价值变动产生的利得或损失不进行重分类
分类——负债	相同	相同
计量基础	允许某些权益性投资以及针对此类投资的衍生工具以成本计量	不允许任何金融工具以成本(不包括摊余成本)计量
减值	以成本或摊余成本计量的资产一起被归类为可供出售资产进行减值评估和计量	准则中涉及减值的资产仅限于以摊余成本计量的金融资产。不允许将以公允价值计量且其变动计入其他综合收益的资产的公允价值累计变动由权益重分类为损益,因此无需对此类金融资产进行减值评估

当前国际财务报告(会计)准则中涉及公允价值计量的准则如表 4-2 所示。由该表可见,为提高会计信息的相关性,公允价值已成为国际会计准则一种主要的计量模式。

表 4-2　国际会计准则中与公允价值相关的会计准则

颁布/修订日期	准则编号	准则名称
1979/1993	IAS 11	建造合同
1994/1996	IAS 12	所得税

颁布/修订日期	准则编号	准则名称
1982/1998/2003	IAS 16	不动产、厂房和设备
1994/1997/2003	IAS 17	租赁
1982/1993	IAS 18	收入
1993/2000/2005	IAS 19	雇员福利
1982/1994	IAS 20	政府补助会计和政府援助的披露
1982/1993/2003	IAS 21	汇率变动的影响
1983/1998	IAS 22	企业合并
1986/1994	IAS 26	退休福利计划的会计核算和报告
1988/1998/2003	IAS 28	对联营企业的投资
1990/1994	IAS 30	银行和类似金融机构财务报表中的披露
1995/1998/2003	IAS 32	金融工具:披露和列报
1997/1999/2003	IAS 33	每股收益
2004	IAS 36	资产减值
2004	IAS 38	无形资产
1999/2004	IAS 39	金融工具:确认和计量
2000/2004	IAS 40	投资性房地产
2001	IAS 41	农业
2004	IFRS 2	以股份为基础的支付
2004/2008	IFRS 3	企业合并(取代 IAS 22)
2004	IFRS 4	保险合同
2004	IFRS 5	持有待售的非流动资产和终止经营
2005	IFRS 6	矿产资源的勘探和评价
2005	IFRS 7	金融工具:披露(取代 IAS 30 和补充 IAS 32)
2009/2012/2014	IFRS 9	金融工具(取代 IAS 39)
2011	IFRS 10	合并财务报表
2011	IFRS 11	合营安排(取代 IAS 31)
2011	IFRS 12	在其他主体中权益的披露(取代 IAS 31)
2011	IFRS 13	公允价值计量

续表

颁布/修订日期	准则编号	准则名称
2015	IFRS 15	与客户之间的合同产生的收入(取代 IAS 11、IAS 18)

资料来源:

[1]http://www.iasplus.com/standard/standard.htm

[2]谢诗芬.公允价值:国际会计前沿问题研究[M].长沙:湖南人民出版社,2004:350-351.

[3] http://www.casplus.com/standard/standard.asp

三、公允价值在美国会计准则及国际会计准则中应用历程简评

从公允价值在国际会计准则及美国会计准则中的应用历程来看,呈现出以下几个特点:

(一)公允价值的理论研究及实际应用时间较长而且连续

公允价值在国际会计准则中的应用最早可以追溯到 1988 年 IASC 对金融工具会计处理的讨论,从那一年算起,公允价值在国际会计准则中已经有 29 年的历史;公允价值在美国会计准则和实务中的应用最早可追溯到 20 世纪 60 年代。在 1967 年 12 月,APB 发布的《1967 年总括意见》中要求企业对应付债务(debt payable)用现值去进行摊销。从 1967 年算起,公允价值在美国会计准则中的应用已经有 50 年的历史。而且无论是国际会计准则还是美国会计准则,在应用过程中都没有出现像中国那样期间(2001—2005)停止使用公允价值的过程。总之,公允价值计量在国际会计准则和美国会计准则中应用历程长而且连续。

(二)公允价值应用的涉及面广而且颁布的相关准则数量较多

公允价值在国际会计准则范畴内适用的情况可以分两个方面:一方面,与企业合并相关的计量一定要用公允价值。另一方面,合并以外的又可分为三种情况,第一类为准则明确要求必须要用公允价值的情况:国际会计准则委员会 IAS 41 规定的生物性的资产、IAS 39 规定的金融工具、IFRS 2 中以股权支付的报酬;第二类要求以公允价值进行减值测试的情形:存货(IAS 2)、资产减值(IAS 36R)、企业合并产生的商誉和无确定使用年限的无形资产(IAS 36R、38R)、为出售而持有的非流动性资产和终止经营国际财务报告(IFRS 5);第三类是可选择采用重估价/公允价值(revaluation/fair value model)入账的情形:不动产、厂房和设备(IAS 16)、无形资产(IAS 38R)、投资性房地产(IAS 40)。这样的应用涉及面很广,从准则数量方面看,涉及公允价值计量的准则

数多达 31 条(具体见表 4-2)。

在美国,公允价值的应用起初只是针对金融工具的,后来逐步拓展开了,所涉及的准则有:无形资产、应收和应付利息、非货币性交易、租赁会计、债务重组会计、养老金计划会计、长期债务会计、石油及天然气会计、投资会计、捐入资产会计及会计披露等。从 1990 年算起到 2017 年 2 月止,美国公布的与公允价值计量相关的准则达 39 条之多(具体见表 4-3)。

表 4-3　1990 年以来 FASB 颁布的与公允价值有关的财务会计准则公告

颁布日期	准则编号	准则名称
1990.03	SFAS 105	有关金融工具表外风险和信用风险的信息披露
1990.12	SFAS 106	雇主对除退休金外的退休后福利的会计处理
1991.12	SFAS 107	金融工具公允价值的披露
1991.12	SFAS 109	所得税的会计处理
1992.08	SFAS 110	既定受益养老金计划对投资合同的报告(对 SFAS 35 的修正)
1993.05	SFAS 114	债权人对贷款减值的会计处理
1993.05	SFAS 115	特定债权和权益证券投资的会计处理
1994.01	SFAS 118	债权人对贷款减值的会计处理—收益确认及披露(对 SFAS 114 的部分修订)
1994.01	SFAS 119	衍生金融工具及金融工具的公允价值的披露
1995.03	SFAS 121	长期资产减值及拟处置长期资产的会计处理
1995.05	SFAS 122	抵押服务权的会计处理
1995.01	SFAS 123	证券型报酬的会计处理
1995.11	SFAS 124	非盈利组织持有的特定投资的会计处理
1996.06	SFAS 125	金融资产转让和服务以及债务解除的会计处理
1996.12	SFAS 126	对一些不公开招股实体的金融工具的特定披露要求的豁免
1997.06	SFAS 130	报告全面收益

续表

颁布日期	准则编号	准则名称
1997.06	SFAS 131	企业分部和相关信息的披露
1998.12	SFAS 132	雇主对除退休金外的退休后福利的会计处理（对 SFAS 87、88 和 106 的修正）
1998.06	SFAS 133	衍生工具和套期活动的会计处理
1999.02	SFAS 135	FASB 准则第 75 号的废止和技术更正
1999.06	SFAS 136	向对他人发起或持有捐赠的非盈利组织或慈善受托机构转让资产
2000.06	SFAS 138	某些衍生工具和某些套期活动的会计处理（对 SFAS 133 的修正）
2000.06	SFAS 139	对 SFAS 53 的撤回和对 SFAS 63、89 和 121 的修正
2000.09	SFAS 140	金融资产转让和服务以及债务解除的会计处理（对 SFAS 125 的替代）
2001.06	SFAS 141	企业合并
2001.06	SFAS 142	商誉和其他智力资源
2001.06	SFAS 143	资产报废债务的会计处理
2001.08	SFAS 144	长期资产减值及处置的会计处理
2002.01	SFAS 147	某些金融机构的取得（对 SFAS 72、144 和 FASB 解释第 9 号的修正）
2002.12	SFAS 148	证券性薪酬的会计处理－过渡期安排及披露（对 SFAS 123 的修正）
2003.07	SFAS 149	衍生工具和套期活动的会计处理（对 SFAS 133 的修正）
2003.03	SFAS 150	具备负债和权益性质的金融工具的会计处理
2004.12	SFAS 123	以股权为基础的支付（对原 SFAS 123 的修订）
2004.12	SFAS 153	非货币性交易

颁布日期	准则编号	准则名称
2006.02	SFAS 155	特定混合工具的会计处理
2006.09	SFAS 157	公允价值计量
2007.02	SFAS 159	公允价值选择权
2008.03	SFAS 161	衍生工具和套期活动的披露
2009.06	SFAS 166	金融资产的转移

资料来源：

[1]www.fasb.org

[2]谢诗芬.公允价值:国际会计前沿问题研究[M].长沙:湖南人民出版社,2004:348-349.

（三）形成以美国和国际会计准则为主流、其他国家跟进的一种趋势

美国财务会计准则委员会和国际会计准则理事会是世界上最权威的两大会计准则研究机构,且公允价值的研究与应用主要是以美国和国际会计准则委员为主流,其他国家跟进。无论是研究成果还是与公允价值相关准则条文的制定与颁布,美国和国际会计准则委员会都处于领先地位。其他国家或地区大都是在学习的基础上加以应用。从某种程度上讲,如果了解了公允价值计量在美国和国际会计准则机构中的研究成果和应用情况,就等于了解了公允价值研究和应用的主流。

（四）公允价值应用实现了在后续计量方面的拓展

20 世纪 90 年代以后,随着大量金融机构因从事金融工具交易尤其是衍生金融工具交易而陷入财务困境,人们认识到以历史成本为基础的会计报告已无法为金融监管部门和投资人提供与之决策相关的会计信息。1990 年 9 月, SEC 主席理查德·C.布瑞顿(Richard C.Breeden)在美国参议院银行、住宅及都市事务委员会作证时指出,以历史成本为基础的财务报告对于预防和化解金融风险于事无补,并首次提出应当以公允价值作为金融工具的计量基础。此后,在 SEC 及投资者的大力推动下,美国财务会计准则委员会颁布了一系列有关金融工具的会计准则,这些准则不仅要求披露金融工具的公允价

值信息,而且要求以公允价值对金融工具进行计量;不仅要求在初始计量中应用公允价值,还要求在后续计量中使用公允价值。这些准则包括:(1)SFAS 133《衍生工具和套期活动的会计处理》(1998 年 6 月公布);(2)SFAS 138《某些衍生工具和套期活动的会计处理》(2000 年 6 月公布);(3)SFAS 140《金融资产转让和服务以及债务解除的会计处理》(2000 年 9 月公布)等。这些准则的颁布实施,标志着公允价值在金融工具项目的后续计量中得到广泛应用。此后,以公允价值对财务杠杆进行后续计量的做法逐步向其他领域延伸。20世纪 90 年代以来,在 FASB 所发布的会计准则中,要求以公允价值对财务杠杆进行后续计量的会计准则越来越多,所触及的领域主要是一些历史成本严重背离其市场价值的财务杠杆项目。其他涉及公允价值的会计准则也都表现出在后续计量中使用公允价值的这一趋势。

(五)公允价值应用实现了从表外披露向表内确认的扩展

在会计报告日对财务杠杆项目进行后续计量,可以采用两种不同的做法:一是对偏离历史成本较为重大的项目,只在表外披露其公允价值,而不在表内予以确认;二是将计量结果直接在表内确认,并将公允价值脱离其历史成本的差异直接体现在当期损益之中。早期的公允价值应用主要采取表外披露的方式揭示公允价值信息。从 20 世纪 90 年代开始,FASB 先后公布了多项与公允价值信息披露有关的会计准则。1991 年 12 月颁布的 SFAS 107《金融工具的价值披露》要求所有企业必须在会计报表及附注中披露金融工具的公允价值,并披露估计金融工具公允价值所应用的方法和重要假设。1994 年 10 月颁布的 SFAS 119《衍生金融工具的披露及金融工具的公允价值》则要求披露衍生金融工具公允价值的信息,如衍生金融工具的金额、性质及交易条件;持有或发行衍生金融工具的目的,包括交易目的和非交易目的等。

国际会计准则委员会于 1995 年 5 月发布的国际会计准则第 32 号《金融工具:披露和列报》(1998 年修订)要求,对于每一类已确认的和未确认的金融资产和金融负债,企业应披露其公允价值的信息。当企业在财务杠杆表中不以公允价值列报其金融资产或金融负债时,应通过补充披露方式提供公允价值信息。当金融资产或金融负债的公允价值用几种普遍接受的方法中的一种来确定时,公允价值信息的披露应包括所采用的方法及应用该方法所做的重要假定。

1998 年 6 月,FASB 公布的 FAS 133《衍生工具和套期会计处理》则改变了以往只要求进行表外披露的做法,对衍生金融工具的确认和计量做了较为完善的规定。该准则认为:公允价值是金融工具最相关的计量属性,是衍生金融工具唯一相关的计量属性;金融工具和衍生金融工具应在财务报表内确认并以公允价值进行计量。国际会计准则委员会则紧随其后,于 1999 年 3 月发布了第 39 号会计准则《金融工具:确认和计量》,该准则不仅取代了国际会计准则第 32 号《金融工具:披露和列报》中的披露条款,而且完整地规定了以公允价值对金融工具进行确认、计量的具体做法,具体包括:"当金融资产和金融负债初始确认时,企业应以其成本进行计量,就金融资产而言,成本指付出对价的公允价值;就金融负债而言,成本指收到对价的公允价值。"初始确认后,除企业源生但不是为交易而持有的贷款和应收款项,以及其他到期日固定的投资及公允价值不能可靠计量的金融资产外,所有金融资产均应重新计量公允价值。在金融负债中,只有衍生工具和为交易而持有的负债应重新计量公允价值。

(六)公允价值应用实现了从市场报价到计价技术的开发和利用

财务杠杆能否以公允价值计量,要视其公允价值能否可靠地获取。公允价值最具可靠性的获取方法是资产的实际交易价格。这种价格对初始计量来说较易取得,但对于并未发生实际交易的后续计量来说则难以做到。因此,人们只能以活跃市场上同种或同类资产的市场标价来确定其公允价值,若该项资产不存在活跃市场而与其类似的资产存在活跃市场,就应比照相关类似资产的市价确定。

国际会计准则委员会发布的 ISA 39《金融工具的确认和计量》认为:在活跃市场上的公开标价通常是公允价值的最好证据;如果金融工具市场不够活跃,则须对公开标价进行调整,以获得可以可靠计量的公允价值。在其他情况或不能获得标价的情况下,估价技术可用于确定公允价值。在金融市场中已经开发的技术包括:折现现金流量分析和期权定价模型。在应用折现现金流量分析时,企业应采用具有相同条件和特征的金融工具的现行回报率作为折现率,这些条件和特征包括:债务人的信用等级、偿付本金的剩余期限以及支付时采用的币种。

2006 年 9 月 15 日,美国财务会计准则委员会发布了第 157 号财务会计准则公告《公允价值计量》。该准则对使用公允价值计量资产和负债提出了改进性指南,并且对公司的信息披露提出了要求,规定公司应就以公允价值计量的资产和负债的范围、公允价值计量中使用的信息以及公允价值计量对收入产生的影响等方面做出披露。这项会计准则适用于在 FASB 以前的会计准则公告中要求或者允许使用公允价值计量的会计实务中。该项准则的采用将影响或修改美国 40 多项其他会计准则。该准则并未扩大需用公允价值计量的资产和负债的范围,但它为 FASB 将来使用公允价值计量其他资产和负债提供了参考样式,为计量这些资产和负债及相关信息披露提供了一致性的架构。SFAS 157 为估计"脱手价格"确定了 3 种方法:(1)市场法。市场法是指"市场交易产生的价格"。(2)收益法。收益法是"应用估价技术将未来金额(如现金流量或收益)转换为现值(贴现)"。计价方法包括现值法、期权定价模型和多期超额所得法等。(3)成本法。成本法是指重置成本法。SFAS 157 将计入各种估价技术的数据定义为市场参与者在对资产或负债定价时应用的假设,包括有关风险的假设。数据是可观察数据或不可观察数据。

第二节 公允价值在中国会计准则中的应用历程简介

一、公允价值在中国会计准则中的应用历程简介

公允价值计量在中国应用情况可谓是"一波四折"。自 1997 年以来,公允价值计量在中国企业会计准则中的应用经历了启用、回避、重新引入及不断深化与逐步推进四个阶段。

第一个阶段:启用公允价值阶段(1997—2000)

我国关于公允价值的研究起步较晚,黄世忠教授在其 1997 年的研究中指出,公允价值会计是指以市场价值或未来现金流量的现值作为资产和负债的主要计量属性的会计模式。公允价值在我国最早的应用是在《企业会计准则——债务重组》中。当时准则规定,当用非现金资产清偿债务或将债务转为资本时,该非现金资产和转为股权的部分是按公允价值计量入账的。其后,公允价值又出现在投资和非货币性交易准则中。在投资准则中,当放弃非现金资产进行长期股权投资时,投资成本为该非现金资产的公允价值;非货币性交易准则中,当非同类资产交换时,换入资产的入账价值为换出资产账面价值与公允价值二者中较低者;在同类资产交换,则直接以换入资产公允价值作为入账基准。可见,当时我国也是积极采用公允价值这一计量属性的。1998 年 6 月,我国财政部发布了《企业会计准则——债务重组》,首次以官方名义提出了公允价值计量概念。其中对公允价值的定义为:"公允价值,指在公平交易中,熟悉情况的交易双方,自愿进行资产交换或债务清偿的金额。"同一时期,财政部发布的《企业会计准则——投资》《企业会计准则——非货币性交易》也直接涉及公允价值计量。除此之外,无形资产、固定资产及租赁相关准则中也有部

分关于公允价值应用的规定。公允价值计量在中国的启用阶段一直持续到2000年。对于这一阶段启用公允价值的原因,财政部在投资准则中做了较有代表性的解释:"第一,公允价值体现了一定时间上资产和负债的实际价值,以公允价值计量能够真实反映资产能够给企业带来的经济利益或企业在清偿债务时需要转移的价值;第二,公允价值定义中的'公平交易'是指交易双方在互相了解的、自由的、不受任何关系影响的基础上商定条款而形成的交易,公平交易为其确定价值的公允性提供了前提条件,同时公允价值的公允性体现于交易双方均为维护自身利益出发协商的结果,一般不会轻易接受不利于自身利益的交易条款;第三,与国际会计惯例趋同。目前公允价值已被越来越多国家的会计准则采用,国际会计准则也将其作为一个重要的计量属性应用在各项准则中。针对特殊交易或事项采用公允价值计量,是我国会计准则与国际会计惯例趋同的一个具体体现;第四,公允价值可以表现为多种形式,如可实现净值、重置成本等。虽然在目前情况下,我国会计人员应用公允价值还存在一定的困难,但可采取一定的措施,以防误用。目前,使用公允价值这一计量属性存在的难度是客观的,这有待于会计职业队伍的业务素质和专业能力的进一步提高。"

综合上述关于公允价值启用的原因分析,可以看出,当时我国财政部对公允价值的认识基本上是客观的,这有效地推动了我国企业会计准则与国际会计准则的协调,符合时代发展的潮流。

第二个阶段:回避公允价值阶段(2001—2005)

公允价值计量在我国启用后,由于我国公平市场建设不成熟、市场活跃程度低、监管乏力、公允价值估价技术不完善,公允价值难以获得,导致上市公司在应用公允价值计量时随意性较大,出现大量企业利用公允价值计量来操纵利润的现象,这严重影响了我国公平市场的健康发展。于是,2001年财政部重新修订了具体会计准则,主要对债务重组、非货币性交易和投资三项准则进行了修订,主张以账面价值作为这些业务的主要计量属性,强调真实性和谨慎性,明确回避了公允价值的应用。这三项准则的修订是和我国当时公平市场不完善的背景相适应的,短期内确实较为有效地防止了因公允价值的滥用和人为操纵利润而造成的会计信息失真,受到证券市场和不少企业的好评。然而,这样的修订只能暂时缓解操纵利润的情况发生,是一种治标不治本的做法。伴随着我国资本市场的发展和完善,并逐渐同世界经济接轨,公允价值的应用已是大势所趋,回避公允价值在中国会计准则中的应用,从长期来看实际上违背了市场发展要求。

第三个阶段:重新引入公允价值阶段(2006—2014)

随着经济全球化的加强,我国经济与世界经济之间的相互联系、相互依存和相互影响的日益加深,我国迫切需要借鉴国际通行规则来完善企业会计准则,扩大互利合作,实现我国企业会计准则与国际准则的趋同。与此同时,由于公平市场建设进一步完善,市场监管加强,公允价值估值技术日益成熟,企业有可能在一定程度上保证所获取的公允价值的可靠性,使我国基本具备了引入公允价值计量的条件。另外,随着人们对公允价值研究的深入,人们认识到:公允价值计量与利润操纵之间并无必然联系,公允价值是利润操纵的一个手段,不是其根源,回避价值对控制利润操纵只能起到治标不治本的作用。因此,2006 年我国财政部发布了新企业会计准则,重新引入公允价值计量,并规定于 2007 年 1 月 1 日正式在上市公司实施。

第四个阶段:不断深化与逐步推进阶段(2014 年至今)

我国重新引入并实施公允价值计量不久后,2008 年国际金融危机爆发。在此背景下,公允价值计量备受全世界关注。二十国集团和金融稳定理事会为了有效地应对国际金融危机,提出了建立一套全球统一的高质量会计准则。其中,公允价值计量准则就是与国际金融危机密切相关的重要准则之一。国际会计准则理事会为了响应二十国集团和金融稳定理事会提出的倡议,加快了对公允价值计量准则项目的研究和制定工作,并于 2011 年 5 月 12 日 2 发布了《国际财务报告准则第 13 号——公允价值计量》。《国际财务报告准则第 13 号》重新定义了公允价值,制定了统一的公允价值计量框架,规范了公允价值的披露要求。《国际财务报告准则第 13 号》为其他国家或地区应用公允价值计量提供了有益参考。与此同时,自 2006 年企业会计准则体系正式发布并规定于 2007 年 1 月 1 日正式在上市公司实施以来,企业会计准则体系在我国上市公司中已经有效连续实施 9 年,在部分非上市公司(特别是一些国有大中型企业)中已经连续实施 5 年多的时间。随着我国市场经济体系建设的不断完善和企业会计准则体系在国内的广泛应用,公允价值计量在我国经济运行发展中所起的作用越来越重要。目前,我国企业会计准则体系中关于公允价值计量的相关会计处理规定分散在《企业会计准则第 1 号——存货》《企业会计准则第 2 号——长期股权投资》《企业会计准则第 3 号——投资性房地产》《企业会计准则第 4 号——固定资产》《企业会计准则第 5 号——生物资产》《企业会计准则第 6 号——无形资产》《企业会计准则第 7 号——非货币性资产交换》《企业会计准则第 8 号——资产减值》《企业会计准则第 20 号——企业合并》《企业会计准则第 22 号——金融工具确认和计量》等多项会计准则中。但公允价值计量这种分散状态给会计准则实际执行者(主要是上市公司与国有大中型企业)造成了实务操作方面的困惑。为了更加有效、统一地应用公允价值计量,实务界、监管部门等在企业会计准则执行过程中提出建议,有必要根据我国现有市场特征对公允价值计量制定相关的会计处理规定,并提供详尽的操作性指导。为了进一步规范我国企业会计准则中公允价值计量的相关会计处理规定,并保持我国企业会计准则与国际财务报告准则的持续趋同,适应社会主义市场经济发展需要,规范企业公允价值计量和披露,提高会计信息质量,我国财政部借鉴了《国际财务报告准则第 13 号》中的做法,根据《企业会计准则——基本准则》,于 2014 年 1 月 26 日印发了《企业会计准则第 39 号——公允价值计量》,自 2014 年 7 月 1 日起在所有执行企业会计准则的企业范围内施行,鼓励在境外上市的企业提前执行。

《企业会计准则第 39 号——公允价值计量》再次规范了公允价值定义,明确了公允价值计量的方法和级次,并对公允价值计量相关信息的披露做出具体要求。主要包括以下内容:

(1)明确了公允价值计量的适用范围。公允价值计量准则第三条明确说明:本准则适用于其他相关会计准则要求或者允许采用公允价值进行计量或披露的情形,本准则第四条和第五条所列情形除外。

(2)重新定义了公允价值的含义。准则第二条指出:"公允价值,是指市场参与者在计量日发生的有序交易中,出售一项资产所能收到或者转移一项负债所需支付的价格。"这次将公允价值定义为市场参与者在计量日发生的有序交易中,出售一项资产所能收到或者转移一项负债所需支付的价格,即退出价格。该定义强调了公允价值是基于市场的计量,不是特定主体的计量,需要考虑相关资产或负债的特征。在计量公允价值时,企业应当使用市场参与者在当前市场条件下对相关资产或负债进行定价时所使用的假设,并以主要市场(或最有利市场)中发生的有序交易中的价格计量公允价值。相比 2006 年颁布的《企业会计准则——基本准则》第四十二条公允价值的定义(在公允价值计量下,资产和负债按照在公平交易中,熟悉情况的交易双方自愿进行资产交换或者债务清偿的金额计量),公允价值计量准则强调更多的是"退出"市场时的价格,这个价格定义相对于原先强调"公平价格"更"公允",更能有客观真实的退出交易记录证据。

(3)关于估值技术及其输入值。2014 年颁布的《企业会计准则第 39 号——公允价值计量》规定:企业在计量公允价值时应当采用恰当的估值技术,估值技术一经确定,不得随意变更,但变更估值技术及其应用方法能使计量结果在当前情况下同样或者更能代表公允价值的情况除外。估值技术应当尽可能多地使用可观察输入值,尽可能少地使用不可观察输入值,并且这些输入值与市场参与者对相关资产或负债定价时所使用的输入值应当保持一致。

(4)关于公允价值级次。2014 年颁布的《企业会计准则第 39 号——公允价值计量》规定:企业应当将用于计量公允价值的估值技术输入值按照优先顺序分为三个层次。公允价值计量级次由对公允价值计量整体而言重要的输入值所属的最低层次决定。这是对公允价值层次运用的明确而规范的界定。

(5)关于公允价值披露。2014 年颁布的《企业会计准则第 39 号——公允价值计量》规定:企业应当对以公允价值计量的资产、负债或权益工具项目进行适当分组,并在此基础上披露公允价值计量级次、估值技术和输入值等相关信息。这项规定就对公允价值计量信息披露提出了明确要求,对以前公允价值披露问题进行了统一而明确的规范,解决了实务界执行 2006 年版准则以来的困惑与实际操作难题。

(6)关于计量单元。2014 年颁布的《企业会计准则第 39 号——公允价值计量》引入了"计量单元"(unit of account)概念,这是公允价值计量准则的一大亮点,是一次突破。计量单元是资产或负债以单独或者组合方式进行计量的最小单位。计量单元可以是单项资产或负债,例如一项金融工具或者一项非金融资产;也可以是资产、负债或者资产和负债的组合,例如《企业会计准则第 8 号——资产减值》规范的资产组合、《企业会计准则第 20 号——企业合并》规范的业务等。"计量单元"的概念在《国际财务报告准则第 13 号》中多次出现,而且在其他国际准则中也涉及。"计量单元"在公允价值计量、金融工具等多项准则中都是一个重要的概念,有必要明确"计量单元"概念,并做出相应规范。为此,这次准则体系中,我国会计准则制定者正式引入了"计量单元"这一新的术语,有效地解决了实务中单项资产与组合资产公允价值计量问题,有利于公允价值的实务操作。

(7)关于非金融资产的最高效和最佳方式使用假定。《国际财务报告准则第 13 号》在规范非金融资产的公允价值时,明确提出了"最高效和最佳方式使用"(highest and best use)概念,并要求企业在"最高效和最佳方式使用"的基础上确定是与其他资产或负债组合使用该非金融资产,还是单独使用该金融资产。《企业会计准则第 39 号——公允价值计量》采用了与《国际财务报告准则第 13 号》相同的原则,即企业应当在非金融资产的最佳用途基础上确定其公允价值。对于"最高效和最佳方式使用"概念的表述,准则制定者认为"最佳用途"的表述方式更能够反映出原文的本质内容,并且与我国资产评估实务也能够保持一致。为此,准则制定者在公允价值计量准则中使用"最佳用途"作为确定非金融资产公允价值的基础。

（8）关于持续或非持续的公允价值计量。此次公允价值计量准则在公允价值披露要求中提出了两类公允价值计量的不同披露要求。其中，一种类型是对于其他相关会计准则要求或者允许企业在每个财务杠杆表日都需要以公允价值进行计量的，例如对交易性金融资产公允价值的计量；另一种类型是其他相关会计准则要求或者允许企业仅在特定情况下的财务杠杆表日以公允价值进行计量的，例如对持有待售的非流动资产公允价值的计量。《国际财务报告准则第 13 号》中分别以"持续的公允价值计量"（recurring fair value measurement）、"非持续的公允价值计量"（non-recurring fair value measurement）进行表述。本次公允价值计量准则中也采用了国际会计准则体系中的相关规范，体现了与国际会计准则的趋同。

综上所述，我国企业会计准则体系中关于公允价值计量的相关会计处理规定分散在多项会计准则中。在企业会计准则中，包括金融资产、投资性房地产等多项具体准则都涉及公允价值，不过我国此前并没有专门的公允价值准则。公允价值概念引入这么久，由于对公允价值如何取得、如何确定其可靠性并没有明确的规定和参考，所以至今只有较少企业使用公允价值计量。《企业会计准则第 39 号——公允价值计量》可以说是整个准则体系中就五种计量方法量身打造的一个专项准则。到目前为此，也只有公允价值计量这种计量方法有专门的计量准则，其他四种方法都没有专门的计量准则。在颁布的 42 项具体会计准则中，直接或间接涉及公允价值的有 25 项。我国在这 25 项准则中引入公允价值计量的同时，为了避免再次发生大量的利润操纵现象，严格规定只有当企业保证取得的公允价值具有"可靠性"时才允许应用公允价值计量。具体如表 4-4 所示。

表 4-4　《企业会计准则》体系中公允价值应用情况分析表

中国企业会计准则	初始计量	后续计量	中国企业会计准则	初始计量	后续计量
CAS 1——存货	√	√	CAS 20——企业合并	√	√
CAS 2——长期股权投资	√	√	CAS 21——租赁	√	√
CAS 3——投资性房地产	×	√	CAS 22——金融工具确认和计量	√	√
CAS 4——固定资产	√	√	CAS 23——金融资产转移	√	√
CAS 5——生物资产	√	√	CAS 24——套期保值	√	√

续表

中国企业会计准则	初始计量	后续计量	中国企业会计准则	初始计量	后续计量
CAS 6——无形资产	√	√	CAS 27——石油天然气开采	√	√
CAS 7——非货币性资产交换	√	○	CAS 37——金融工具列报	√	√
CAS 8——资产减值	√	○	CAS 38——首次执行企业会计准则	√	○
CAS 10——企业年金基金	√	√	CAS 39——公允价值计量	√	√
CAS 11——股份支付	√	√	CAS 40——合营安排	√	○
CAS 12——债务重组	√	○	CAS 41——在其他主体中权益的披露	√	√
CAS 14——收入	√	○	CAS 42——持有待售的非流动资产、处置组和终止经营	√	√
CAS 16——政府补助	√	√			

说明:

1.表中符号的意思:"√"代表采用公允价值计量,"×"代表不采用公允价值计量,"○"代表该部分没有涉及会计计量问题。

2.在后续计量方面,如一些准则在后续计量方面所涉及的其他准则是采用公允价值计量的,则笔者认为前者在后续计量方面采用了公允价值计量。例如 CAS 4 第 20 条规定:固定资产的减值,应当按照《CAS 8——资产减值》处理。而 CAS 8 是采用公允价值计量的,则笔者认为固定资产在后续计量方面采用了公允价值计量,类似的有生物资产、无形资产、石油天然气开采等相关准则。

二、中国会计准则制定者再度采用公允价值计量的原因分析

这次新准则再次引入公允价值,在国内引起了广泛的关注和讨论,形成了不同的观点。支持者认为,公允价值会计将大大提高财务信息的相关性,使会计信息能够反映金融资产和负债的真实价值,且有助于防范和化解金融风险;反对者认为,公允价值会计是对现行会计模式的背离,不仅缺乏可靠性,而且将导致金融机构的收益产生巨大波动,促使金融机构的贷款决策短期化。笔者认为,《企业会计准则(2006)》中再次引入公允价值是有其客观必然性。

(一)中国会计准则制定者再度采用公允价值计量的国际原因分析

1.采用公允价值计量是我国"引进来"措施的必然需要

会计是通用的商业语言,随着经济的全球化、经济发展的国际化,会计准

则实现国际化是必然的趋势。随着我国经济的发展,不同国家的跨国公司或外国公司在我国设厂或建立分、子公司,外商投资企业在我国上市,外国银行在我国经营人民币业务,不同国家会计标准的冲突凸现出来。在国际会计准则中,公允价值不仅广泛应用于金融工具,在投资性房地产、农业、企业合并、非货币交易等事项的会计处理中也被广泛应用。因此,我国要加强改革开放的步伐,充分利用国际资本市场的资金,应遵守国际资本市场的规则,尽可能减少我国会计准则与国际会计准则的差异。

2.采用公允价值计量是我国"走出去"措施的必然需要

会计准则体系采用公允价值计量,不仅是我国会计与市场经济发展的内在需要,也是我国会计与国际会计惯例趋同的迫切要求。我国加入 WTO 后,世界经济一体化给我国经济带来了巨大冲击,随着知识经济的发展和金融、保险、房地产及劳务市场等的逐步开放,中国企业面临的国内外竞争日趋激烈,在经济业务飞速发展与创新的同时,企业的某些资产和负债的价值发生较大的变动。经济业务的飞速发展与创新,必定蕴藏着巨大的潜在风险和不确定性,采用历史成本计量只能对创新的金融工具等进行初始确认,无法进行后续确认,且无法充分地揭示其中的风险,不利于信息使用者做出正确的决策;资产和负债价值的较大变动,使历史成本计量不能真实地反映其价值,从而降低企业的竞争能力,误导企业外部会计信息使用者的决策。而且公允价值计量在欧美国家以及我国香港、台湾地区都得到了广泛应用,这些国家和地区对一些传统资产项目,如非货币性交易取得的资产等,都要求采用公允价值计量。因此,采用公允价值计量有利于我国会计界的对外交流,有利于我国企业在境外上市。

3.我国企业会计准则国际趋同的客观需要

当今世界,关于会计准则国际趋同从大的方面来讲,有两种立场,一种是"直接采用"策略,即一字不动地照搬国际财务报告准则;另一种是"趋同"策略,即在会计原则和实质内容上保持与国际财务报告准则的一致。我国会计准则制定者明确了我国会计准则国际趋同的基本立场,即坚持"趋同"而不是"直接采用"的立场。坚持"趋同不等于等同、趋同应当互动"的原则,这是由我国所特有的政治经济、法律和文化环境背景所决定的。我国会计准则制定者首先充分考虑到中国作为一个发展中国家的实际情况,在全方位积极参与国际财务报告准则的制定过程中努力提升我国在国际准则制定中的话语权和影响力,同时也在提高国际财务报告准则的质量、权威性和全球公认性。我国财政部已经与 IASB 之间进行了多次定期会晤与高层趋同会谈,着重讨论国际准则改革方向和具体准则项目中中国所重点关切的问题,而《公允价值计量》准则的颁布正是这样一种趋同合作的结果。在 2008 年国际金融危机爆发后,公允价值会计被指责为具有经济顺周期性,IASB 也在采取措施做相应的改进。与此对应,我国会计准则制定部门着眼于公允价值的形成过程(特别是金融资产和负债的定价机制),认为这次金融危机的重要根源是经济结构的失衡,尤其是美国等国实体经济和虚拟经济之间的结构失衡导致资产泡沫扩大,风险蔓延和经济失控。在当前经济全球化和互联网化的时代,实体经济固然是经济发展的根本,但实体经济的快速可持续发展越来越离不开虚拟经济。如何健康有序地发展虚拟经济,使之与实体经济形成良性互动,是后金融危机时代重塑国际经济金融秩序的要害所在。但是虚拟经济能否健康发展,能否使风险可控,公允价值问题就成为了其关键。因为金融资产和金融负债(尤其是创新型金融工具)的价值确认与计量问题才是需要解决的核心问题所在。如果公允价值计量会计准则在这方面能够有所突破,那么就为虚拟经济的发展、金融风险的控制和全球经济结构的平衡做出了一个重要贡献。当国际会计准则理事会(IASB)于 2011 年 5 月 12 日发布了《国际财务报告准则第 13 号——公允价值计量》并重新定义了公允价值,制定了统一的公允价值计量框架,规范了公允价值的披露要求时,我国会计准则趋同机制积极主动地推动了对《企业会计准则第 13 号——公允价值计量》的征求意见、修改等一系列工作,最后于 2014 年 1 月 26 日,财政部正式印发了《企业会计准则第 39 号——公允价值计量》,实现了公允价值计量准则与国际财务报告准则的趋同。这一成果充分体现了我国准则制定者与国际会计准则理事会和美国财务会计准则委员会在准则趋同方面的合作与努力。2014 年 2 月,FASB 的上级组织美国财务会计基金会(FAF)针对公允价值计量准则的实施情况发布了一份总结报告。该报告认为,SFAS 157 成功地实现了既定目标,总体上能为投资者提供决策有用的信息,没有引发任何显著且意想不到的后果。FASB 回应这一报告称,没有必要再对 SFAS 157 进行全面审核。

4.推动我国"一带一路"倡议的客观需要

"一带一路"倡议一经提出就在学术界掀起了研究热潮。在"一带一路"倡议实施过程中,中国与中东关系处在历史上的最好时期,双方高层互访不断,政策沟通和政治互信不断增强,合作机制不断完善,且先后建立了"中国—海湾合作委员会"和"中阿合作论坛"等官方组织,为构建"21 世纪新丝绸之路"奠定了良好的政治基础。从全球经贸格局的角度来看,中国的"一带一路"倡议具有引领和推动全球经贸格局重构的能力,给"一带一路"沿线国家和新兴经济注入了强大需求和供给能力。从区域合作角度来看,中国与"一带一路"沿线国家贸易联系紧密,相互依赖加深,"一带一路"沿线国家之间贸易的促进作用大于区域经济组织。从中国企业的角度看,对于中国目前存在产能过剩的企业来说,它们可以借助"一带一路"倡议契机来化解这个问题。为此提出的相应对策有:推进对东南亚和南亚国家劳动密集型产业的转移,推进对中亚、西亚以及北非地区资本密集型产业的转移,推进与独联体(含蒙古)之间的国家产能合作。总之,"一带一路"倡议的实施推动了我国东部资源向我国西部,进而通过"一带一路"倡议向沿线国家进行输送,这种人力、物力等的对流与交往需要通用的商业语言,并基于通用的可信赖的商业语言形成的契约关系来约束和规范这种"一带一路"所产生的商贸往来。而基于公允的财务会计信息的契约关系才能得到"一带一路"沿线国家的认可与支持,相应的契约活动才能顺利进行。在这种背景下,公允价值计量的引用与逐步推进是"一带一路"的客观需要。

(二)中国会计准则制定者再度采用公允价值计量的国内原因分析

1.中国法制建设的完善和公司治理的加强为公允价值的应用奠定了基础

英美等西方国家证券市场发达,其健全的公司治理结构对企业董事会形成了有力的外部约束,因而相关的公允价值不仅易于取得,而且利用公允价值操纵损益的空间也相对较小。此外,这些国家的会计准则完善,法制也比较健全,对舞弊行为惩罚力度较大,会计造假的成本很高,在一定程度上遏制了造假案件的发生。近年来尽管我国的会计准则建设进展较缓,但相关的法制建设进展迅速。新修订的《证券法》已相当完备,此次修订的一个重要指导思想,就是加强对投资者特别是中小投资者权益的保护力度,加强对上市公司、证券公司的监管力度。这些都为公允价值的有效应用奠定了坚实的制度基础。在资本市场快速发展的带动下,我国在公司治理方面也取得了显著成效。现在,我国资本市场已经初步具备了公司治理的功能,具体表现在:一方面企业为了上市,首先必须进行股份制改造,深化企业改革,转变经营机制,建立现代企业制度,从而促进了企业法人治理结构的改变和完善;另一方面企业上市后成了公众公司,我国企业资本市场通过股东投票机制、并购接管机制和股权激励机制,发挥对公司管理层的激励和约束作用。总之,法制建设的完善和公司治理的加强,为我国在会计实务中拓展公允价值的应用奠定了基础。

2.在我国适宜公允价值应用的"土壤"已初步形成

公允价值是市场经济的产物,市场经济的发达与活跃是公允价值应用的天然"土壤"。我国的市场经济已经由初创转向完善,中国的市场经济地位已经确立。近几年来,我国资本市场改革步伐加快,市场的基础性制度建设取得突破性进展和实质性成效,市场稳定运行的内在基础不断加强,市场的深层次矛盾和结构性问题逐步得到解决,在推进资本市场持续健康发展的道路上迈出了坚实步伐。这为公允价值计量在我国的应用创造了基本的条件。另外,我国的证券市场经过十几年的发展和完善,在强化公司治理、提高运作透明度、清理违规行为、构建上市公司综合监管体系方面有了很大的进步。资本市场的快速发展为公允价值的应用注入了无限动力。中国证监会推进股权分置试点,改革了上市和再融资的程序,颁布了大量监管规章,加强了上市公司信息披露和舞弊查处的力度;财政部加大了对会计信息质量和注册会计师审计质量的监督检查;上市公司内外治理水平进一步提高,独立董事、注册会计师、资产评估师的理性经济选择为上市公司的违规行为构筑了多道"防火墙";广大投资者对会计信息进行分析判断、有效甄别的能力也有所加强,证券市场的有效性逐步提高。这些有助于公允价值应用的环境已初步实现。计量属性的选择必须符合现实的经济发展环境。美国公允价值应用的经验表明,经济越发达、资本市场越完善,财务会计信息服务于"经济决策"的目标就会越明确,财务会计对公允价值的依赖性也就会越强。我国现实的经济发展环境已经为公允价值的广泛应用做好了铺垫。

3.新会计业务的不断涌现是推动公允价值应用的直接动力

新会计业务的不断涌现是推动公允价值应用的直接动力。在我国加入WTO以后,大量外国资本涌入我国,金融衍生产品交易活跃,产生了数量众多、特征各异的衍生金融工具,如期货(futures)、期权(options)、远期合约(forwards contract)、互换(swaps)等。由于主要以合约形式出现的衍生金融工具不具有实物形态和货币形态,加之交易和事项大多并未实际发生,传统的历史成本无法对其进行会计处理。此外,商标、智力资本、专利、研发支出、人力资源等无形资产在现代企业中的地位越来越重要,对这些资产的确认和计量也只能依靠公允价值。传统的成本计量必须等到合约真正履行或取消之时,才一次性报告,企业在该衍生金融工具上的损益,实际上揭示的将是一个累积数字。公允价值计量却能很好地解决这个问题,其价值的确定并不取决于业务是否发生,只要双方一致同意就可形成一个对市场价值的判断。因此,公允价值能计量、反映衍生金融工具产生的权利和义务,向信息使用者提供信息;同时可以将衍生金融工具的到期累计风险分散到其合约的存续期间,也符合稳健性原则。

4.能合理地反映企业的财务状况,提高企业财务信息的真实性和相关性目前,企业面临着一个日益复杂、竞争激烈、风险剧增的经济环境,资产和负债的价值随着时间的推移发生了很大的改变,而采用历史成本计量不能很好地反映这些改变,经常会高估或低估企业的资产和负债,使得会计信息的相关性受到很大质疑。例如,当物价上涨时,以历史成本为基础的财务杠杆表中,除货币性项目外,非货币性资产和负债都会被低估,这种报表不能揭示企业的真实财务状况,对决策可能不相关。而公允价值能充分吸收市场价格中蕴含的信息,能真实反映资产给企业带来的经济利益,更确切地披露企业的经营能力、偿债能力和财务风险,更好地帮助信息使用者做出正确的决策。目前企业的利润计算是通过收入与相应的成本、费用配比计算出来。众所周知,现行企业计算利润收入是按现行市价计量的,而计算利润的成本、费用,则是按历史成本计量的,从而使收入与费用的配比缺乏逻辑的统一性,不利于正确评价企业的经营成果。因此,对收入和成本、费用均采用公允价值计量更科学合理。真实性只是公认会计准则对财务报告的最低要求,满足这一要求只能保证董事长、分管公司财务的行政执行官以及会计负责人免于受到刑事处分,但不能避免由于财务报告的错报、漏报、舞弊而受到民事诉讼,后者可能导致公司及有过错的当事人对投资者损失给予经济赔偿,公司股票暂停交易甚至退市,有过错的当事人丧失任职资格或被列入市场禁入者名单,等等。与真实性相比,公认会计准则对财务报告的总体要求是公允性,即公允列报。

企业提供的会计信息应当与财务会计报告使用者的经济决策需要相关,有助于财务会计报告使用者对企业过去、现在或者未来的情况做出评价或者预测。与历史成本相比,公允价值更多地反映了市场对企业资产或整体价值的评价,能较好地披露企业获得的现金流量,从而更确切地反映企业的经营能力、偿债能力及所承担的财务风险。也就是说,按公允价值计量得出的信息能为企业管理人员、债权人、经营者的经营决策提供更有力的支持,有助于信息使用者对企业的投融资决策进行评价,从而有助于做出正确的决策,有利于实现会计准则"从服务管理者到服务相关方的突破"。

国际会计准则、美国和多数市场经济发达国家会计准则比较注重公允价值,这种做法在实践上的先进性是值得我国学习的,更重要的是公允价值的引入有利于确立市场经济条件下的会计哲学观,使计价与经济环境和经济实质相联系,真正满足财务报表使用者的核心需求。

5.推广公允价值的计量有利于我国企业的资本保全

资本是企业的实物生产能力或经营能力或取得这些能力所需的资金或资源。企业在生产过程中会耗费这些能力,同时为了进行再生产,又必须不断补充这些能力,只有这样简单再生产才能延续,扩大再生产才有基础。但企业耗费的生产能力如采用历史成本计量,则计量得出的金额,在物价上涨的经济环境中,将不足以购买原来相应规模的生产能力,企业的生产只能在萎缩的状态下进行。然而,当企业耗费的生产能力如采用公允价值计量,不管是何时耗费的生产能力,一律按现行市价或未来现金流量现值计量,计量得出的金额,即使是在物价上涨的环境下,也可在现时情况下购回原来相应规模的生产能力,企业的实物资本得到维护,企业的生产才能在正常的状态下进行。

第三节　公允价值在我国会计准则体系中应用的度量及结论

（一）公允价值计量形式偏好度的度量思路

本书首先将我国会计准则中有关公允价值应用的具体规定与国际会计准则中的具体规定进行对比,分析出我国准则制定者对公允价值计量所做的选择差异。本书之所以选择国际会计准则作为比较对象,主要是基于以下几个方面的原因:第一,国际会计准则委员会作为促进会计准则国际协调的民间机构,一直在推行公允价值计量模式,其所发布的国际会计准则体系中,大量地采用了公允价值计量,以国际会计准则作为比较对象具有可比性;第二,国际会计准则是我国 2006 年会计准则学习与趋同的对象,无论是在会计准则名称、内容还是在准则数量等方面,我国 2006 年会计准则都是大步向国际会计准则趋同的,以国际会计准则作为比较对象具有合理性;第三,国际会计准则的制定主体是国际会计准则委员会,这个组织是由澳大利亚、加拿大、法国、德国、日本、墨西哥、荷兰、英国\爱尔兰、美国等 9 个国家的 16 个主要会计职业团体经协议于 1973 年 6 月在伦敦发起成立的,现在已发展到拥有 80 多个国家专业会计组织的 100 多个会员,日益得到国际范围内的认可与承认,以国际会计准则作为比较对象具有说服力。

（二）公允价值计量形式偏好度的度量方法

本书采用描述性统计的方法来度量形式偏好,具体做法是:

第一步,以截至 2017 年 7 月 1 日为止,我国已正式颁布的 42 项具体准则为单位和基础,按照《2017 年中国会计准则与国际财务报告准则具体项目比较表》(见表 3-1)所列示的具体项目,将我国 42 项具体会计准则逐一与国际财务报告准则的具体项目详细进行对比,找出我国每条具体准则在公允价值应用方面与国际会计准则方面的差异,并将这种差异加以归类,分为"涉及公允价值计量"与"不涉及公允价值计量"两大类。在"涉及公允价值计量"大类下再分两小项:即"首选使用"与"推荐使用",最终得到表 4-5(a)、表 4-5(b)、表 4-5(c)、表 4-5(d)。

第二步,为每条准则赋值。无论是我国会计准则还是国际会计准则,有一条准则就赋值 1 分。我国总共有 42 项具体准则,总分就是 42 分,做比较对象的国际会计准则有 39 项(具体见表 4-6 下的说明),总分是 39 分。接着根据差异分析结果为每条准则量化打分,具体打分标准如下:(1)涉及公允价值计量且是首选使用,得 1 分。(2)涉及公允价值计量但是推荐使用,得 0.5 分。(3)不涉及公允价值计量,得 0 分。根据上述标准,结合表 4-5(a)、表 4-5(b)、表 4-5(c)、表 4-5(d)的差异分析,可得表 4-6"中国会计准则与国际财务报告准则的公允价值计量形式偏好度赋值评分表";再将表 4-6 进行汇总,可得表 4-7。

第三步,根据公式:公允价值计量形式偏好度 $= \dfrac{\sum (\text{每条准则公允价值运用情况得分})}{\text{各国项下参与比较准则的总数} \times 1 \text{分}}$,算出我国和国际会计准则的公允价值计量形式偏好度分别为 0.4643 和 0.6923。

表 4-5(a)　中国会计准则与国际财务报告准则在公允价值应用方面的比较分析表

中国企业 会计准则	国际财务 报告准则	在公允价值应用方面的比较	结论
CAS 1 存货	AS 2 存货	我国存货准则涉及公允价值计量,但在初始计量和后续计量方面一般是采用历史成本计量;国际会计准则在这方面与我国会计准则没有多大差异。	在存货准则方面:我国会计准则涉及公允价值计量,但不是首选计量方法;国际会计准则涉及公允价值计量也不是首选计量方法。

中国企业会计准则	国际财务报告准则	在公允价值应用方面的比较	结论
CAS 2 长期股权投资	IAS 27 合并财务报表和单独财务报表	我国会计准则对于长期股权投资在初始计量方面将长期股权投资分为合并形成的与非合并形成的。对于合并形成的长期股权投资又分为同一控制下与非同一控制下的长期股权投资。对于同一控制下的长期股权投资准则规定采用账面价值计量;非同一控制下的长期股权投资采用公允价值计量,在后续计量方面也作了类似规定。国际会计准则对于长期股权投资以公允价值计量,其价值变动可以计入当期损益,或在投资出售时计入权益。如果为长期债权投资,国际会计准则归类为"持有至到期日"投资,以摊余成本减去可能发生的减值计量;如果归类为"可供出售"投资,则按公允价值计量,其价值变动可以计入当期损益,或者在投资出售前计入权益。对于按权益法核算的投资中隐含的商誉,我国会计准则按投资成本与投资方在获得的净资产账面价值中所占份额之间的差额计量;国际会计准则按投资成本与投资方在获得的净资产公允价值中所占份额之间的差额计量。	在长期股权投资准则方面:我国会计准则涉及公允价值计量,但不是首选计量方法;国际会计准则涉及公允价值计量但是首选计量方法。
	IAS 28 联营中的投资		
CAS 3 投资性房地产	IAS 40 投资性房地产	我国准则初始计量时采用历史成本进行计量,但如果有确凿证据表明,投资性房地产的公允价值能够可靠取得,在后续计量时也可以采用公允价值模式计量,即我国规定投资性房地产后续计量优选模式是成本模式;而在国际会计准则中首选的是公允价值模式。	在投资性房地产准则方面:我国会计准则涉及公允价值计量,但不是首选计量方法;国际会计准则涉及公允价值计量但是首选计量方法。

中国企业会计准则	国际财务报告准则	在公允价值应用方面的比较	结论
CAS 4 固定资产	IAS 16 不动产、厂房和设备	我国会计准则一般采用历史成本计量;国际会计准则以公允价值或历史成本计量,所有者投入的不动产、厂房、设备、无形资产和投资性证券,国际会计准则以公允价值计量。	在固定资产准则方面:我国会计准则涉及公允价值计量,但不是首选计量方法;国际会计准则涉及公允价值计量但是首选计量方法。
	IFRS 5 持有待售的非流动资产和终止经营		
CAS 5 生物资产	IAS 41 农业	我国会计准则一般是要求采用历史成本计量;而国际会计准则以公允价值或历史成本计量,但是公允价值是首选计量方法。	在生物资产准则方面:我国会计准则涉及公允价值计量,但不是首选计量方法;国际会计准则涉及公允价值计量但是首选计量方法。
CAS 6 无形资产	IAS 38 无形资产	对于所有者投入的不动产、无形资产和投资性证券,我国会计准则以投资合同或协议约定的价值确定,但合同或协议约定价值不公允的除外;国际会计准则以公允价值计量。我国准则没有规定按公允价值对无形资产进行后续计量。国际会计准则规定:"初始确认后,无形资产应以重估价作为其账面金额,即其重估日的公允价值减去随后发生的累积摊销额和随后发生的累积减值损失后余额……"这是选用公允价值对无形资产进行后续计量。	在无形资产准则方面:我国会计准则涉及公允价值计量,但不是首选计量方法;国际会计准则涉及公允价值计量但是首选计量方法。

续表

中国企业 会计准则	国际财务 报告准则	在公允价值应用方面的比较	结论
CAS 7 非货币 性资产 交换	IAS 16 不动产、 厂场和 设备 IAS 38 无形资 产 IAS 40 投资性 房地产	我国会计准则规定如果非货币性资产交换满足下列的条件:该项交换具有商业实质。换入资产与换出资产的公允价值能可靠计量,以换出资产的公允价值和应支付的相关税费作为换入资产的成本,公允价值与换出资产账面价值的差额计入当期损益。不满足上述条件的,以换出资产的账面价值和应支付的相关税费作为换入的成本,不确认损益;国际会计准则以公允价值计量,确认利得或损失。	在非货币性资产交换准则方面:我国会计准则涉及公允价值计量,但不是首选计量方法;国际会计准则涉及公允价值计量但是首选计量方法。

表 4-5(b)　中国会计准则与国际财务报告准则在公允价值应用方面的比较分析表

中国企业 会计准则	国际财务 报告准则	在公允价值应用方面的比较	结论
CAS 8 资产 减值	IAS 36 资产 减值	我国会计准则规定,资产存在减值迹象的,应当估计其可收回金额。可收回金额应当根据资产的公允价值减去处置费用后的净额与资产预计未来现金流量的现值两者之间较高者确定;国际会计准则在此方面与我国没有明显的差别。	在资产减值准则方面:我国会计准则涉及公允价值计量,是首选计量方法;国际会计准则涉及公允价值计量也是首选计量方法。
CAS 9 职工 薪酬	IAS 19 雇员 权利	我国会计准则不涉及公允价值计量问题,但是国际会计准则涉及。	在职工薪酬准则方面:我国会计准则不涉及公允价值计量;国际会计准则涉及公允价值计量而且是首选计量方法。

中国企业会计准则	国际财务报告准则	在公允价值应用方面的比较	结论
CAS 10 企业年金基金	IAS 26 退休福利计划的会计和报告	我国会计准则第六条规定:"企业年金基金在运营中根据国家规定的投资范围取得的国债、信用等级在投资级以上的金融债和企业债、可转换债、投资性保险产品、证券投资基金、股票等具有良好流动性的金融产品,其初始取得和后续估值应当以公允价值计量……";与该准则对应的国际会计准则与我国新准则基本一致。	在企业年金基金准则方面:我国会计准则涉及公允价值计量,是首选计量方法;国际会计准则涉及公允价值计量也是首选计量方法。
CAS 11 股份支付	IFRS 2 以股份为基础的支付	我国准则以授予的权益工具或者承担债务性工具的公允价值计量;国际会计准则对于权益性结算支付,主体直接以所获得的商品或劳务的公允价值计量,在所获得的商品或劳务的公允价值无法可靠估计时,通过参考权益性工具的公允价值间接计量,对于现金结算支付,与新准则一致,按照承担债务的公允价值计量。	在股份支付准则方面:我国会计准则涉及公允价值计量,是首选计量方法;国际会计准则涉及公允价值计量但不是首选计量方法。
CAS 12 债务重组	IFRS 9 金融工具	我国准则的规定比国际会计准则中的规定更清楚、具体、易懂,可操作性更强而且强调将公允价值作为首选计量方法;国际会计准则中没有单独的债务重组准则,仅在第 39 号《金融工具的确认和计量》中有类似的规定。	在债务重组准则方面:我国会计准则涉及公允价值计量,是首选计量方法;国际会计准则涉及公允价值计量也是首选计量方法。
CAS 13 或有事项	IAS 37 准备、或有负债和或有资产	我国会计准则中的"预计负债"比国际准则中的描述更为合理、清晰而且两者都不涉及公允价值计量的问题。	在或有事项准则方面:我国会计准则不涉及公允价值计量;国际会计准则也不涉及公允价值计量。

续表

中国企业会计准则	国际财务报告准则	在公允价值应用方面的比较	结论
CAS 14 收入	IFRS 15 客户合同收入	我国会计准则是以合同规定的金额或购销双方议定的金额计量;国际会计准则以已收或应收对价的公允价值计量。	在收入准则方面:我国会计准则涉及公允价值计量,但不是首选计量方法;国际会计准则涉及公允价值计量但是首选计量方法。
CAS 15 建造合同		国际会计准则第12条规定,合同收入应按已收或应收价款的公允价值予以计量;而我国没有这方面的规定。	我国会计准则不涉及公允价值计量;国际会计准则涉及公允价值计量而且是首选计量方法。
CAS 16 政府补助	IAS 20 政府补助的会计和政府援助的披露	我国会计准则第六条"政府补助为货币性资产的,应当按照收到或应收的金额计量,政府补助为非货币性资产的,应当按照公允价值计量;公允价值不能可靠取得的,按照名义金额计量。";国际会计准则与我国会计准则没有差别。	我国会计准则涉及公允价值计量,是首选计量方法;国际会计准则涉及公允价值计量也是首选计量方法。
CAS 17 借款费用	IAS 33 借款费用	在借款费用计量方法方面,我国会计准则与国际会计准则没有实质性差别,且两者都不涉及公允价值计量的问题。	在借款费用准则方面:我国会计准则不涉及公允价值计量;国际会计准则也不涉及公允价值计量。
CAS 18 所得税	IAS 12 所得税	我国所得税准则基本采纳了国际会计准则的做法,只是国际准则在企业合并、以公允价值计价的资产、商誉、以股份为基础的支付确认更具体。	在所得税准则方面:我国会计准则不涉及公允价值计量;国际会计准则也不涉及公允价值计量。

中国企业会计准则	国际财务报告准则	在公允价值应用方面的比较	结论
CAS 19 外币折算	IAS 21 汇率变动的影响 IAS 29 恶性通货膨胀经济中的财务报告	在计量方法方面,我国会计准则不涉及公允价值计量的问题,但是在国际会计准则中的 IAS 21《汇率变动的影响》涉及公允价值问题而且是首选计量方法。	我国会计准则不涉及公允价值计量;国际会计准则涉及公允价值计量而且是首选计量方法。

表 4-5(c)　中国会计准则与国际财务报告准则在公允价值应用方面的比较分析表

中国企业会计准则	国际财务报告准则	在公允价值应用方面的比较	结论
CAS 20 企业合并	IFRS 3 企业合并	我国会计准则将企业合并分为同一控制下的合并和非同一控制下的合并,对于同一控制下的企业合并,原则上应按照权益结合法的会计处理方法进行,按账面价值进行计价,非控制下的企业合并,原则上应按照购买法的会计处理方法进行,按公允价值计价;而国际会计准则规定,所有企业合并只允许采用购买法。	在企业合并准则方面:我国会计准则涉及公允价值计量,但不是首选计量方法;国际会计准则涉及公允价值计量但是首选计量方法。
CAS 21 租赁	IAS 17 租赁	我国会计准则除在准则的适用范围、关于经营租赁与融资租赁的分类、承租人的会计处理及出租人的会计处理等方面与国际会计准则存在差别外,两者都将公允价值作为首选计量方法。	在租赁准则方面:我国会计准则涉及公允价值计量,是首选计量方法;国际会计准则涉及公允价值计量也是首选计量方法。

中国企业会计准则	国际财务报告准则	在公允价值应用方面的比较	结论
CAS 22 金融工具确认和计量	IFRS 9 金融工具	我国会计准则参照国际会计准则制定了这三个准则,规定公允价值计量方法是首选方法,这一规定与国际会计准则相同。	在金融工具确认和计量准则方面:我国会计准则涉及公允价值计量,是首选计量方法;国际会计准则涉及公允价值计量也是首选计量方法。
CAS 23 金融资产转移			在金融资产转移准则方面:我国会计准则涉及公允价值计量,是首选计量方法;国际会计准则涉及公允价值计量也是首选计量方法。
CAS 24 套期保值			在套期保值准则方面:我国会计准则涉及公允价值计量,是首选计量方法;国际会计准则涉及公允价值计量也是首选计量方法。

中国企业会计准则	国际财务报告准则	在公允价值应用方面的比较	结论
CAS 25 原保险合同	IFRS 4 保险合同	《企业会计准则第25号——原保险合同》适用于规范保险人签发的保险合同,《企业会计准则第26号——再保险合同》适用于规范保险人签发的再保险合同,因而在会计计量方面都不涉及到公允价值计量;而国际会计准则适用于保险人签发的保险合同、持有的再保险合同、签发的具有相机参与分红特征的金融工具,因而涉及到公允价值计量。	在原保险合同准则方面:我国会计准则不涉及公允价值计量;国际会计准则涉及公允价值计量而且是首选计量方法。
CAS 26 再保险合同			在再保险合同准则方面:我国会计准则不涉及公允价值计量;国际会计准则涉及公允价值计量而且是首选计量方法。
CAS 27 石油天然气开采	IFRS 6 矿产资源的勘探和评价	我国会计准则对于石油天然气开采在初始计量规定采用成本法,而在后续计量,特别是计提减值准备时推荐采用公允价值计量;而国际会计准则在会计计量方面与我国会计准则没有重大差异。	在石油天然气开采准则方面:我国会计准则涉及公允价值计量,不是首选计量方法;国际会计准则涉及公允价值计量也不是首选计量方法。
CAS 28 会计政策、会计估计变更和差错更正	IAS 8 会计政策、会计估计变更和差错	我国会计准则与国际会计准则在这方面都不涉及公允价值计量。	在会计政策、会计估计变更和差错更正准则方面:我国会计准则不涉及公允价值计量;国际会计准则也不涉及公允价值计量。

中国企业会计准则	国际财务报告准则	在公允价值应用方面的比较	结论
CAS 29 资产负债表日后事项	IAS 10 财务杠杆表日后事项	我国会计准则与国际会计准则在这方面都不涉及公允价值计量。	我国会计准则不涉及公允价值计量;国际会计准则也不涉及公允价值计量。
CAS 30 财务报表列报	IAS 1 财务报表的列报	我国会计准则与国际会计准则在这方面都不涉及公允价值计量。	我国会计准则不涉及公允价值计量;国际会计准则也不涉及公允价值计量。

表 4-5(d) 中国会计准则与国际财务报告准则在公允价值应用方面的比较分析表

中国企业会计准则	国际财务报告准则	在公允价值应用方面的比较	结论
CAS 31 现金流量表	IAS 7 现金流量表	我国会计准则与国际会计准则在这方面都不涉及公允价值计量。	在现金流量表准则方面:我国会计准则不涉及公允价值计量;国际会计准则也不涉及公允价值计量。
CAS 32 中期财务报告	IAS 34 中期财务报告	我国会计准则与国际会计准则在这方面都不涉及公允价值计量。	在中期财务报告准则方面:我国会计准则不涉及公允价值计量;国际会计准则也不涉及公允价值计量。

中国企业会计准则	国际财务报告准则	在公允价值应用方面的比较	结论
CAS 33 合并财务报表	IAS 27 合并财务报表和单独财务报表 IFRS 10 合并财务报表	对于按权益法核算的投资中隐含的商誉,我国会计准则按投资成本与投资方在获得的净资产账面价值中所占份额之间的差额计量;国际会计准则按投资成本与投资方在获得的净资产公允价值中所占份额之间的差额计量。对于少数股东于购买式企业合并中购入的资产和负债所占份额的计量,我国会计准则必须以历史成本计量;国际会计准则以公允价值或历史成本计量。	在合并财务报表准则方面:我国会计准则不涉及公允价值计量;国际会计准则涉及公允价值计量而且是首选计量方法。
CAS 34 每股收益	IAS 33 每股收益	会计准则列示的潜在普通股种类较少:我国在引进金融衍生品方面与国际还存在较大差距,我国准则只提出了可转换公司债券、认股权证、股份期权这几个潜在普通股票,因而一般不涉及到公允价值计量;而国际会计准则对潜在普通股进行的分类说明还涉及到可用普通股、购入期权和签出卖出期权等,这就必然涉及到公允价值计量的问题。	在每股收益准则方面:我国会计准则不涉及公允价值计量;国际会计准则涉及公允价值计量而且是首选计量方法。
CAS 35 分部报告	IFRS 8 分部报告	我国会计准则与国际会计准则在这方面都不涉及公允价值计量。	在分部报告准则方面:我国会计准则不涉及公允价值计量;国际会计准则也不涉及公允价值计量。
CAS 36 关联方披露	IAS 24 关联方披露	我国会计准则与国际会计准则在这方面都不涉及公允价值计量。	在关联方披露准则方面:我国会计准则不涉及公允价值计量;国际会计准则也不涉及公允价值计量。

中国企业会计准则	国际财务报告准则	在公允价值应用方面的比较	结论
CAS 37 金融工具列报	IFRS 7 金融工具:披露	总的来说,我国会计准则与国际会计准则是趋同的,有些表述不一样,但实质是相同的。在计量方法方面,公允价值计量方法都是首选方法。	在金融工具列报准则方面:我国会计准则涉及公允价值计量,是首选计量方法;国际会计准则涉及公允价值计量也是首选计量方法。
CAS 38 首次执行企业会计准则	IFRS 1 首次采用国际财务报告准则	在基本计量原则的例外方面的规定:我国会计准则对基本计量原则没有可选择的例外,都是根据具体适用的准则执行的;而国际会计准则按照企业是否有权自主选择,将这些例外分为两类:(1)可选择的例外,每一项例外都不是强制的,企业可以自行选择。(2)强制性例外,还有三项重大的例外是强制的,企业不能选择。	我国会计准则涉及公允价值计量,不是首选计量方法,要根据具体适用准则而定;国际会计准则涉及公允价值计量也不是首选计量方法。
CAS 39 公允价值计量	IFRS 13 公允价值计量	总的来说,我国准则与国际会计准则是趋同的,有些表述不一样,但实质是相同的。在计量方法方面,公允价值计量方法都是首选方法。	在金融工具列报准则方面:我国会计准则涉及公允价值计量,是首选计量方法;国际会计准则涉及公允价值计量也是首选计量方法。
CAS 40 合营安排	IFRS 11 合营安排	我国会计准则与国际会计准则是趋同的,有些表述不一样,但实质是相同的。在计量方法方面,公允价值计量方法都是首选方法。	我国会计准则涉及公允价值计量,是首选计量方法;国际会计准则涉及公允价值计量,也是首选计量方法。

中国企业会计准则	国际财务报告准则	在公允价值应用方面的比较	结论
CAS 41 在其他主体中权益的披露	IFRS 12 在其他主体中权益的披露	我国会计准则与国际会计准则是趋同的，有些表述不一样，但实质是相同的。在计量方法方面，公允价值计量方法都是首选方法。	我国会计准则涉及公允价值计量，是首选计量方法，国际会计准则涉及公允价值计量，也是首选计量方法。
CAS 42 持有待售的非流动资产、处置组和终止经营	IFRS 5 持有待售的非流动资产和终止经营	我国会计准则与国际会计准则是趋同的，有些表述不一样，但实质是相同的。在计量方法方面，公允价值计量方法都是首选方法。	我国会计准则涉及公允价值计量，是首选计量方法，国际会计准则涉及公允价值计量，也是首选计量方法。

表 4-6　中国会计准则与国际财务报告准则的公允价值计量形式偏好度赋值评分表

中国企业会计准则	是否涉及公允价值计量			赋值	国际财务报告准则	是否涉及公允价值计量			赋值
	涉及		不涉及			涉及		不涉及	
	首选	推荐				首选	推荐		
CAS 1 存货		√		0.5	IAS 2 存货		√		0.5
CAS 2 长期股权投资		√		0.5	IAS 27 合并财务报表和单独财务报表	√			1
					IAS 28 联营中的投资	√			1
CAS 3 投资性房地产		√		0.5	IAS 40 投资性房地产	√			1
CAS 4 固定资产		√		0.5	IAS 16 不动产、厂房和设备	√			1
CAS 5 生物资产		√		0.5	IAS 41 农业	√			1

续表

中国企业会计准则	是否涉及公允价值计量			赋值	国际财务报告准则	是否涉及公允价值计量			赋值
	涉及		不涉及			涉及		不涉及	
	首选	推荐				首选	推荐		
CAS 6 无形资产		√		0.5	IAS 38 无形资产	√			1
CAS 7 非货币性资产交换		√		0.5	IAS 16 不动产、厂房和设备	√			★
					IAS 38 无形资产	√			★
					IAS 40 投资性房地产	√			★
CAS 8 资产减值	√			1	IAS 36 资产减值	√			1
CAS 9 职工薪酬			√	0	IAS 19 雇员权利	√			1
CAS 10 企业年金基金	√			1	IAS 26 退休福利计划的会计和报告	√			1
CAS 11 股份支付	√			1	IFRS 2 以股份为基础的支付		√		0.5
CAS 12 债务重组	√			1	IFRS9 金融工具	√			1
CAS 13 或有事项			√	0	IAS 37 准备、或有负债和或有资产			√	0
CAS 14 收入		√		0.5	IFRS 15 客户合同收入	√			1
CAS 15 建造合同			√	0					
CAS 16 政府补助	√			1	IAS 20 政府补助的会计和政府援助披露	√			1
CAS 17 借款费用			√	0	IAS 23 借款费用			√	0
CAS 18 所得税			√	0	IAS 12 所得税			√	0

中国企业会计准则	是否涉及公允价值计量		赋值	国际财务报告准则	是否涉及公允价值计量		赋值
	涉及	不涉及			涉及	不涉及	
	首选	推荐				首选	推荐	
CAS 19 外币折算			√	0	IAS 21 汇率变动的影响	√			1
					IAS 29 恶性通货膨胀经济中的财务报告			√	0
CAS 20 企业合并		√		0.5	IFRS 3 企业合并	√			1
CAS 21 租赁	√			1	IAS 17 租赁	√			1
CAS 22 金融工具确认和计量	√			1	IFRS 9 金融工具	√			★
CAS 23 金融资产转移	√			1					
CAS 24 套期保值	√			1					
CAS 25 原保险合同			√	0	IFRS 4 保险合同	√			1
CAS 26 再保险合同			√	0					
CAS 27 石油天然气开采		√		0.5	IFRS 6 矿产资源的勘探和评价		√		0.5
CAS 28 会计政策、会计估计变更和差错更正			√	0	IAS 8 会计政策、会计估计变更和差错			√	0
CAS 29 财务杠杆表日后事项			√	0	IAS 10 财务杠杆表日后事项			√	0
CAS 30 财务报表列报			√	0	IAS 1 财务报表的列报	√			1

续表

中国企业会计准则	是否涉及公允价值计量		赋值	国际财务报告准则	是否涉及公允价值计量		赋值
	涉及	不涉及			涉及	不涉及	
	首选	推荐				首选	推荐		

中国企业会计准则	首选	推荐	不涉及	赋值	国际财务报告准则	首选	推荐	不涉及	赋值
CAS 31 现金流量表			√	0	IAS 7 现金流量表			√	0
CAS 32 中期财务报告			√	0	IAS 34 中期财务报告			√	0
CAS 33 合并财务报表			√	0	IAS 27 合并财务报表和单独财务报表	√			★
					IFRS 10 合并财务报表	√			1
CAS 34 每股收益			√	0	IAS 33 每股收益	√			1
CAS 35 分部报告			√	0	IFRS 8 分部报告			√	0
CAS 36 关联方披露			√	0	IAS 24 关联方披露	√			1
CAS 37 金融工具列报	√			1	IFRS 7 金融工具：披露	√			1
CAS 38 首次执行企业会计准则		√		0.5	IFRS 1 首次采用国际财务报告准则		√		0.5
CAS 39 公允价值计量	√			1	IFRS 13 公允价值计量	√			1
CAS 40 合营安排	√			1	IFRS 11 合营安排	√			1
CAS 41 在其他主体中权益的披露	√			1	IFRS 12 在其他主体中权益的披露	√			1

续表

中国企业会计准则	是否涉及公允价值计量		赋值	国际财务报告准则	是否涉及公允价值计量		赋值
	涉及	不涉及			涉及	不涉及	
	首选	推荐			首选	推荐	
CAS 42 持有待售的非流动资产、处置组和终止经营	✓		1	IFRS 5 持有待售的非流动资产和终止经营	✓		1
合计:42 个准则			19.5	合计:39 个准则(附说明)			27
我国公允价值计量宏观层次偏好度	19.5/42＝0.4642			国际准则公允价值计量宏观层次偏好度	27/39＝0.6923		

说明:在将中国会计准则与国际会计准则体系具体项目做比较时,笔者是以中国会计准则的序列为基础的,因而国际会计准则体系中的 IAS 3、IAS 4、IAS 5、IAS 6、IAS 9、IAS 13、IAS 14、IAS 15、IAS 22、IAS 25、IAS 30 共 11 个准则没有对比到,与此同时 IAS 16、IAS 27、IAS 38、IAS 39、IAS 40 共 5 个准则(图中赋值处标有★)在对比时被用到两次,笔者也只赋值一次,经过上述处理,能赋值国际会计准则有 39 条,总分是 39 分。

表 4-7　中国会计准则公允价值计量形式偏好度赋值评分表

（截至 2017 年 7 月）

		中国企业会计准则		与中国会计准则有对比的国际财务报告准则	
		序号	得分	序号	得分
是否涉及公允价值计量	涉及	首选	CAS 8,CAS 10,CAS 11,CAS 12,CAS 16,CAS 21,CAS 22,CAS 23,CAS 24,CAS 37,CAS 39,CAS 40,CAS 41, CAS 42	每条 1 分×14 条＝14 分	IAS 1,IAS 16,IAS 17,IAS 19,IAS 20,IAS 21,IAS 26,IAS 27,IAS 28,IAS 33,IAS 36,IAS 38,IAS 40,IAS 41,IFRS 3,IFRS 4,IFRS 5,IFRS 7,IFRS 9, IFRS 10,IFRS 11,IFRS 12,IFRS 13,IFRS 15,IAS 24	每条 1 分×25 条＝25 分
		推荐	CAS 1,CAS 2,CAS 3,CAS 4,CAS 5,CAS 6,CAS 7,CAS 14,CAS 20,CAS 27,CAS 38	每条 0.5 分×11 条＝5.5 分	IAS 2,IFRS 1,IFRS 2,IFRS 6	每条 0.5 分×4 条＝2 分
	不涉及		CAS 10,CAS 13,CAS 15,CAS 17,CAS 18,CAS 19,CAS 25,CAS 26,CAS 28,CAS 29,CAS 30,CAS 31,CAS 32,CAS 33,CAS 34,CAS 35,CAS 36	每条 0 分×17 条＝0 分	IAS 7, IAS 8, IAS 10, IAS 12,IAS 23,IAS 29,IAS 34,IAS 37,IFRS 8, IFRS 14	每条 0 分×10 条＝0 分
合计得分		42 个准则×1 分＝42 分	19.5 分	39 个准则×1 分＝39 分	27 分
偏好度计算过程		我国公允价值计量形式偏好度	19.5/42＝0.4642	国际公允价值计量形式偏好度	27/39＝0.6923

（三）公允价值计量形式偏好度量结果的分析

张瑞琛（2009 年）在《公允价值计量宏观层次偏好性研究》一文中，以 2006 年财政部发布的 38 项具体准则为基础，与国际财务报告准则的具体项目进行对比,并按标准赋值,具体赋值过程和说明见表 4-8。

表 4-8 中国会计准则公允价值计量形式偏好度赋值评分表

(截至 2006 年 2 月)

			中国企业会计准则		与中国会计准则有对比的国际财务报告准则	
			序号	得分	序号	得分
是否涉及公允价值计量	涉及	首选	CAS 8,CAS 10,CAS 11,CAS 12,CAS 16,CAS 21,CAS 22,CAS 23,CAS 24,CAS 37	每条 1 分 × 10 条 =10 分	IAS 27,IAS 28,IAS 31,IAS 40,IAS 16,IFRS 5,IAS 41,IAS 38,IAS 36,IAS 19,IAS 26,IAS 39,IAS 18,AS 11,IAS 20,IAS 21,IFRS 3,IAS 17,IFRS 4,IAS 33,IAS 32,IFRS 7	每条 1 分 × 22 条 =22 分
		推荐	CAS 1,CAS 2,CAS 3,CAS 4,CAS 5,CAS 6,CAS 7,CAS 14,CAS 20,CAS 27,CAS 38	每条 0.5 分 × 11 条 = 5.5 分	IAS 2,IFRS 2,IFRS 6,IFRS 1	每条 0.5 分×4 条 =2 分
	不涉及		CAS 10,CAS 13,CAS 15,CAS 17,CAS 18,CAS 19,CAS 25,CAS 26,CAS 28,CAS 29,CAS 30,CAS 31,CAS 32,CAS 33,CAS 34,CAS 35,CAS 36	每条 0 分 × 17 条 = 0 分	IAS 37,IAS 23,IAS 12,IAS 29,IAS 8,IAS 10,IAS 1,IAS 7,IAS 34,IAS 24,IFRS 8	每条 0 分 × 11 条 =0 分
合计得分			38 个准则 × 1 分=38 分	15.5 分	37 个准则×1 分=37 分	24 分
偏好度计算过程			我国公允价值计量形式偏好度	15.5/38 =0.4078	国际公允价值计量形式偏好度	24/37 = 0.6486

通过对上述表 4-7 和表 4-8 的分析和对比,可以得出以下结论:

1.公允价值计量形式偏好度普遍提高

2017年我国会计准则公允价值计量形式偏好度为0.4642,而在2006年,我国会计准则公允价值计量形式偏好度为0.4078,2017年会计准则公允价值计量形式偏好度相较于2006年度,提高了约13.83%。与此相对应的是国际会计准则公允价值计量形式偏好度提升较慢:2006年国际会计准则公允价值计量形式偏好度为0.6486,2017年国际会计准则公允价值计量形式偏好度是0.6923,提高了约6.74%。这些数据表明,不管是从我国还是从国际上看,在2006—2017年度,会计准则公允价值计量形式偏好度都有了提高。其原因主要是,自从2008年金融危机过后,国际上对于公允价值计量方式的运用认可度越来越高,公允价值计量已成为未来会计计量发展的主流趋势。后金融危机时期,公允价值计量模式的决策有用性在财务报告框架和具体准则制定中的作用日渐凸显。IASB近些年对国际会计准则做了多次修改,2008年10月,IASB正式宣布对IAS 39《金融工具:确认与计量》、IFRS 7《金融工具:披露》做出修订。2009年5月,IASB发布《公允价值计量准则(征求意见稿)》。2009年11月,IASB推出了IFRS 9第一版《金融工具》。2010年5月11日,IASB发布《应用公允价值选择权的金融负债》征求意见稿。2010年6月24日,IASB和FASB这两大准则制定机构联合发布《关于承诺会计准则趋同和建立全球统一高质量会计准则的进展报告》,推进会计准则国际趋同化。2011年5月,IASB正式发布IFRS 13《公允价值计量》,该准则对公允价值的定义、公允价值计量的框架以及公允价值计量的信息披露等提出了要求。2014年7月24日,国际会计准则理事会(IASB)发布IFRS 9《金融工具》的最终版本,新版本阐明了金融资产、金融负债和买卖某些非金融项目的合同的确认和计量要求,并将金融工具的分类和计量、金融资产减值方法和套期保值会计全盘纳入,完全替代了之前的IAS 39《金融工具:确认和计量》。除此之外,2011年,IASB为了更好地使用公允价值计量方法,发布了IFRS 10《合并财务报表》、IFRS 11《合营安排》、IFRS 12《在其他主体中权益的披露》,并且修订了IAS 1《财务报表的列报》、IAS 19《雇员福利》、IAS 27《合并财务报表和单独财务报表》、IAS 28《联营中的投资》。这其中,IFRS 10《合并财务报表》、IFRS 11《合营安排》替代了原来的IAS 31《合营中的权益》。2014年,IASB又发布了IFRS 15《与客户之间的合同产生的收入》,用它替代了IAS 11《建造合同》、IAS 18《收入》。由此可见,IASB为了指导上市公司规范使用公允价值计量信息,对与公允价值相关的准则多次进行修改和完善,公允价值的使用也越来越规范,有迹可循。

为了进一步规范我国企业会计准则中公允价值计量的相关会计处理规定,并保持我国企业会计准则与国际财务报告准则的持续趋同,适应社会主义市场经济发展需要,规范企业公允价值计量和披露,提高会计信息质量,我国财政部借鉴了 IFRS 13 中的做法,根据《企业会计准则——基本准则》,于2014 年 1 月 26 日印发了《企业会计准则第 39 号——公允价值计量》,自 2014年 7 月 1 日起在所有执行企业会计准则的企业范围内施行,鼓励在境外上市的企业提前执行。2014 年 2 月 17 日,财政部又印发了《企业会计准则第 40号——合营安排》,2014 年 3 月 14 日,印发了《企业会计准则第 41 号——在其他主体中权益的披露》,2017 年 4 月 28 日,财政部又印发了《企业会计准则第 42 号——持有待售的非流动资产、处置组和终止经营》。这些准则都涉及公允价值计量且都是首选使用,这说明我国在公允价值计量方法的使用方面在不断改进和完善。

2.我国公允价值计量形式偏好度较低

2017 年,我国会计准则公允价值计量形式偏好度为 0.4642,而国际会计准则公允价值计量形式偏好度为 0.6923,比我国高出约49.14%左右。而在2006 年,我国会计准则公允价值计量形式偏好度为 0.4078,国际会计准则公允价值计量形式偏好度为 0.6486,比我国高出约 59%左右。这些数据说明,第一,我国会计准则制定者对公允价值的偏好度还处在一个较为谨慎的水平,虽然经过十多年的发展,我国会计准则公允价值计量形式偏好度从 0.4078 上升到了 0.4642,但是对比国际会计准则公允价值计量形式偏好度,差距还是很大的,就算到了 2017 年,国际会计准则公允价值计量形式偏好度仍然比我国高出 49.14%。我国公允价值计量形式的使用从 2006 年至今刚过十来年,发展时间还较短,而国际上尤其是美国,已经使用了大半个世纪了,差距的缩小不是一朝一夕就能改变的,我国在公允价值计量形式方面的改进、完善还有很大的发展空间。这也说明中国准则制定者在谨慎地使用公允价值。这是我国会计准则制定者在充分考虑我国具体国情下所做的明智选择,做了审慎的改进。国际会计准则依据的经济背景主要是以西方国家发达的经济环境作为基础,而我国会计准则需要考虑我国的国情。在我国市场经济环境还不太成熟的情况下,对公允价值的应用做谨慎性的改进与限制是最优选择。我国新会计基本准则明确规定:"企业在对会计要素进行计量时,一般应采用历史成本。"这实际上说明我国是在坚持以历史成本计量为基础的前提下,引入重置成本、可变现净值、现值和公允价值,强调了公允价值计量的非主导性。第二,尽管我国会计准则公允价值计量形式偏好度相比于国际会计准则公允价值计量形式偏好度差距还是很大,不过,2006 年国际会计准则公允价值计量形式偏好度比我国高出将近 59%,而到了 2017 年,这个差距减少到了49.14%,这个差距的缩小还是比较显著的。这也说明我国公允价值计量形式在不断稳步发展。

3.我国在公允价值应用方面保持了"中国特色"

不管是 2006 年版本的会计准则,还是 2014 年以后颁布的各项涉及公允价值计量形式的准则,在确定公允价值的应用范围时,都充分考虑到了我国国情,做了审慎的改进。这是因为我国的市场价格等交易信息系统还不完善,难以为会计信息的鉴证提供可靠证据。公允价值要求的市场交易价格或预期未来净现金流量的现值都需要主观判断,从而会不同程度地受到企业管理层和会计人员主观意志的影响。公允价值的非主导性在具体准则中也得到了体现。例如,几乎所有应用公允价值计量属性的具体准则都规定要以成本进行计量,在满足一定的条件时才可以按公允价值进行计量。另外,我国 2006 年版本的会计准则对公允价值在什么情况下可以用,设定了较为严格的限制条件。例如在生物资产、投资性房地产等准则中,规定的优选模式是历史成本计量模式,只对有确凿证据表明公允价值能够持续可靠取得的,才允许用公允价值计量模式。而在国际会计准则中,首选的则是公允价值计量模式。就会计的职能而言,就是要客观地反映信息,而会计制度改良的主要目的是提高会计信息质量。公允价值计量强调的是资产、负债的客观计量和真实反映,这正是投资者、债权人和社会公众所关心的,是他们做出决策的主要依据。但应该看到,公允价值是一把双刃剑,就是在会计制度相对完善的美国、欧洲、我国香港等国家和地区都出现了由于滥用公允价值而发生的财务丑闻。我国正处在经济转轨时期,市场制度不健全,法律规范和道德规范还不完善,肯定会出现钻会计准则的空子、打法律擦边球的情况。但是,我们不能因此就否定公允价值客观存在的积极意义,问题的关键是在现阶段如何防止企业利用公允价值调整利润的行为,既要遏制利润操纵(保证会计信息的可靠性),又要与国际会计准则保持趋同(提高会计信息的相关性及可比性),这中间的矛盾需要协调,主要表现在公允价值应用的非主导性和严格的限制条件方面。《企业会计准则(2006)》中对公允价值的谨慎应用具体体现在:首先,《企业会计准则(2006)》在应用范围上远远小于国际会计准则,考虑到中国的发展现状,从《CAS 2——长期股权投资》到《CAS 7——非货币性资产交换》,六个有关非流动资产准则对公允价值的应用显得很谨慎。我国会计准则制定者在这些准则中虽然选择了公允价值计量方法,但只是将其作为推荐使用的计量方法,而不是像国际会计准则那样是将公允价值计量作为首选计量方法。其次,《企业会计准则(2006)》充分考虑了我国国情,在与国际会计准则趋同的基础上做了审慎的改进。我国《CAS 3——投资性房地产》规定,在有确凿证据表明投资性房地产的公允价值能够持续可靠取得的情况下,可以对投资性房地产采用公允价值模式进行后续计量。采用公允模式计量的,应当同时满足以下条件:(1)投资性房地产所在地有活跃的房地产交易市场;(2)企业能够从房地产交易市场上取得同类或类似房地产的市场价格及其他相关信息,从而对投资性房地产所含的公允价值做出合理的估计。我国更倾向于采用成本法,只有在有确凿证据表明投资性房地产的公允价值能够可靠取得的情况下才可采用公允价值模式进行后续计量。国际财务报告准则并未对公允价值和成本两种模式规定优先顺序,但国际会计准则更偏向于采用公允价值模式。

在《非货币性资产交换》中,《企业会计准则(2006)》强调非货币交易要同时满足交易应具有的商业实质且换入或换出资产,至少两者之一的公允价值能够可靠计量时才以公允价值计量;不满足两个条件之一时,以换出资产的账面价值计量。国际会计准则对于非货币资产交换中的公允价值的应用就较为宽松,规定所有的资产交换交易均应以公允价值计量,除非该项交易不具有商业实质,或者所收到资产和所放弃资产的公允价值均不能可靠地计量。此时,以所放弃资产的账面金额作为收到资产的成本。如果主体能可靠决定收到资产或放弃资产的公允价值,应按所放弃资产的公允价值作为收到资产的成本,除非取得资产的成本更加可靠。由此可以看出公允价值在我国会计准则中的应用是有限制条件的,不允许滥用。《企业会计准则(2006)》借鉴了《国际会计准则》框架概念,但并没有完全照搬国际会计准则所有条款,而是根据我国实际国情,考虑实际可操作性。财政部随后颁布的各项涉及公允价值计量形式的准则(CAS 39、CAS 40、CAS 41、CAS 42)也是根据公允价值计量形式在中国发展的实际情况,依照中国企业的发展路径而不断补充完善的,是沿着符合中国国情的轨道发展前进的。

4.我国在公允价值应用方面与国际会计准则存在差异

会计准则是对会计实务处理具有限制和约束作用的要求或准绳,是会计人员在完成会计活动的过程中应该遵循的标准或规则,同时也是评价和考核会计人员工作完成情况的依据。随着全球经济一体化的形成和国际资本市场的迅猛发展,会计信息的需求者要求会计准则应具有国际可比性并实现会计信息的国际共享的愿望日益强烈,会计准则国际化问题也日益成为各国不可回避的现实问题。我国作为世界经济格局中的重要一员,其会计准则的国际化也是我国顺应世界经济发展的必然选择。

我国自 1993 年颁布实施会计准则以来,在推动会计准则与国际惯例接轨方面已取得了一定的成果。但必须承认,我国已发布的会计准则与国际会计准则之间仍存在相当大的差距。前面计算得出,国际会计准则公允价值计量的形式偏好度比我国高出约 49.14% 左右,这说明在会计准则中,我国公允价值应用与国际会计准则还存在不小的差异。造成这种差异的原因主要有以下几个方面:

(1)公允价值计量所依赖的经济环境不同。我国会计准则公允价值应用与国际会计准则存在差异的原因主要是会计环境的不同。国际会计准则依据的经济背景主要是以西方国家发达的经济环境作为基础,而我国会计准则需要考虑我国经济相对落后,经济尚处在发展中国家阶段以及其他相关问题。我国的社会经济环境有其特殊性。我国社会主义市场经济还处于初级发展阶段,市场体系尚不完善,法律制度不够健全,缺乏完全公开的市场竞争,企业间的交易行为还不够规范,国有企业关联交易普遍,价格是利润操纵的一种手段。我国资本市场规模容量相对较小,财务信息的使用者还不能完全以投资者为主,因此在对会计目标的考虑上必须兼顾国家宏观调控、投资者决策、公司内部管理等多方面的需要。与国际上较成熟的市场经济环境相比,我国作为活跃市场,事后证据的市场价格等交易信息系统还不够完善,难以为由公允价值计量的会计信息的鉴证提供可资依赖的、必不可少的证据。同时,公允价值的确定,有赖于活跃市场上的报价或最近市场上的交易价格抑或预期未来净现金流量的现值,这对会计人员的职业判断提出了更高的要求,会不同程度地受到企业管理当局和会计人员主观意志的影响。目前,我国公司治理还存在许多缺陷,一些高管人员的道德观和诚信意识缺失,会计人员的道德水平和执业能力也参差不齐。

(2)公允价值计量所依赖的制度背景不同。我国会计准则与国际会计准则在公允价值应用方面的差异是由于经济、政治、税收、法律、文化、教育等多方面的因素导致的。因为,会计是社会环境发展的产物,它要受到环境因素的影响和制约,有什么样的会计环境就有什么样的会计规范。目前,国际财务报告准则主要是以发达的市场经济国家为基础制定的,而我国作为一个经济转型时期的国家,在市场发育、法律制度等环境因素方面与发达国家存在着较大的差异。如在成熟市场经济国家的经济交易或者事项,由于市场竞争比较充分,公允价值容易取得,许多交易或者事项采取了完全的公允价值计量模式。但在中国,经济的市场化程度还有待提高,某些领域的市场竞争还不够充分,因此对于公允价值还不能广泛应用,对此,我们在制定会计准则时,仍然偏向于采用历史成本计量模式。再如,我国的法律体系类似于大陆法系,法律的制定有详细的规则。法律条款规定的内容必须予以遵循,所以在制定会计法规时也要体现国家法律规定的相关内容。而在国际会计准则制定过程中起主导作用的美英等实行普通法系的国家,其法律对会计行为不做具体的规定。法律体制的不同,导致了会计准则制定的主体不同,前者由政府制定,而后者则是由民间机构制定。因此,我国在会计准则国际化进程中,要充分考虑我国国情和特色,但又不能过分强调本国国情和特色,这会在很大程度上阻碍国际化。与国际惯例接轨,同时要考虑到我国实情的需要,才能制定出既符合国际惯例又适应我国国情的会计准则体系。

(3)公允价值计量所依赖的会计准则不同。公允价值的应用是以会计准则作为规范的,而我国 2006 年版本的会计准则本身与国际会计准则就有很多差异,这些差异表现为以下几个方面:第一个方面:会计准则产生的基础不同。我国的会计准则是从统一会计制度的基础上发展起来的,这一点与国际会计准则明显不同。简单地说,国际会计准则是从无到有,而我国则是从制度到准则。第二个方面:会计准则的制定主体不同。在会计准则的制定上,我国是由政府主持,由财政部会计司制定的,属于典型的官方组织。因而,中国会计准则带有浓郁的政府色彩,具有显著的政府利益导向。国际会计准则委员会不同于一国的国家机构,其成员也不是各国政府。如英美两国均制定了系统的、成典的会计准则,其会计准则均由民间会计职业团体负责制定。政府机构(或者法律)赋予民间会计职业团体制定会计准则的权力,会计准则的权威性和实施的效力实际是由政府或法律赋予的,会计准则的实施实际仍由政府负责。各企业根据会计准则设计自身的具体可操作性的会计制度。第三个方面:会计准则构成体系不同。国际会计准则由财务报表框架(包括财务报表的目的、基础性假定、财务报表的质量特征。如可理解性、相关性、如实反映、实质重于形式、中立性、谨慎性、完整性和可比性等)及具体会计原则组成。除此以外,国际会计准则及"公认会计原则"均无会计科目的具体核算和会计报表这种形式的会计制度。我国则不同,基于 2006 年版本基础上改进与完善起来的会计准则体系由三部分组成:1 项基本准则、42 项具体准则、21 项会计科目和会计报表(具体见图 4-1),尚未建立起一个能指导会计准则制度、帮助会计准则利用者阅读和使用会计准则的财务会计概念框架。第四个方面:会计准则管理体制不同。从会计准则管理体制的国际惯例看,以民间模式为导向制定的会计准则是国际惯例的发展方向,民间模式强调会计的专业导向和行业自律,会计准则的制定与实施讲究遵循程序,因而具有广泛的适应性,政府实施的是间接管理和法律的约束,而很少直接参与。从会计准则的国际发展角度上看,会计准则主要为上市公司服务,而我国企业改革的方向是进行股份制改造,上市公司将成为经济发展的主流,因此我国的会计准则无疑也要着眼于为上市公司服务。我国对企业经济行为与会计行为的监督,采用的方式是行政监督。即:国家将企业会计置于行政控制之下,会计制度的制定、会计人员的管理,都由国家通过行政方式进行,以期达到控制整个社会行为的目的。然而,依照国际会计准则,会计制度的确定和会计人员的管理,都应由企业自行处理,国家只是间接地通过社会审计人员及其他相应的法律规范来监控企业的行为。

(4)公允价值计量所要实现的会计目标不同。由于资本市场发展程度的不同,使我国与西方发达国家上市公司的投资者结构大不相同。在我国,国有控股企业居多,国家是企业的最大股东,社会公众则是一些分散的小股东;而西方国家则是机构投资者居多,且占有绝对优势。由于投资结构不同,使得会计信息的需求也不一样。部分企业尚未建立有效的法人治理结构,所有者缺位,形成"内部人控制"的局面,企业内部控制制度不健全,所有者约束弱化,使得一些公司利用各种手段来操纵利润,提供虚假的会计信息,这也在很大程度上抑制了我国会计准则国际化的进程。中国会计准则不但要为投资者和债权人服务,还要为国家宏观决策和加强国民经济管理服务。而国际会计准则委员会制定国际会计准则的目的相对单一,不用过多地考虑一个国家的具体国情、经济发展阶段、历史遗留问题和会计人员水平等,它可以将目的定位为"真实、公允地反映企业在市场经济条件下运作时的财务状况和经营成果"。而我国在制定会计准则时就必须考虑经济发展的阶段、相关法律规定的要求、准则出台后对利益各方的影响以及可能造成的经济后果等,还要考虑会计实务中的不规范行为,防止作假,满足国家宏观管理和统计的需要,同时考虑会计人员和注册会计师的水平等。因此,国际会计准则可以要求企业采用公允价值计量属性,在相关性与可靠性的矛盾中做出偏向相关性的抉择;而我国会计准则往往做出偏向可靠性的抉择,其结果必然导致与国际会计准则存在一定的分歧。

(5)公允价值计量所要实现的报告重点不同。我国现行会计准则侧重于规范利润表,而国际会计准则关注的是财务杠杆表,二者所遵循的会计原则也不一样。目前,我国有关法律法规对公司监管评价的主要指标是利润而不是未来的现金流量,强调的是过去的会计信息。如我国按照配比的原则将不能与当期收人相配比的费用挤到财务杠杆表中去,所以开办费等与未来会计期间收入相联系的费用就作为待摊费用或长期待摊费用反映在财务杠杆表上；而国际会计准则注重相关性原则的应用,将开办费等已不能为企业带来未来经济利益的项目剔除出财务杠杆表,放入利润表。我国当前对上市公司监管强调利润指标的倾向,使我国会计准则在会计要素的确认、计量、披露等方面难以与国际财务报告准则完全一致。目前,国际会计准则委员会已要求中国加快会计准则国际协调的进程。财政部负责人表示,对会计准则的国际化,我们要分情况进行:中国没有或较少的经济业务,国际会计准则已较成熟且适合中国国情的,可直接采用国际会计准则;而对于中国国际上也有的业务但不适合中国国情的,中国应采用自己的模式。在价值计量模式中,历史成本仍将处于主导地位,毕竟我国的市场机制还不成熟,产权市场不完善,难以形成市场公允价值,注册会计师在公允价值的计量上也非常缺乏经验。正是由于公允价值的这种先天不足和后天滥用,造成了企业管理当局大量操纵利润的行为。因此,公允价值在我国应用比较谨慎。

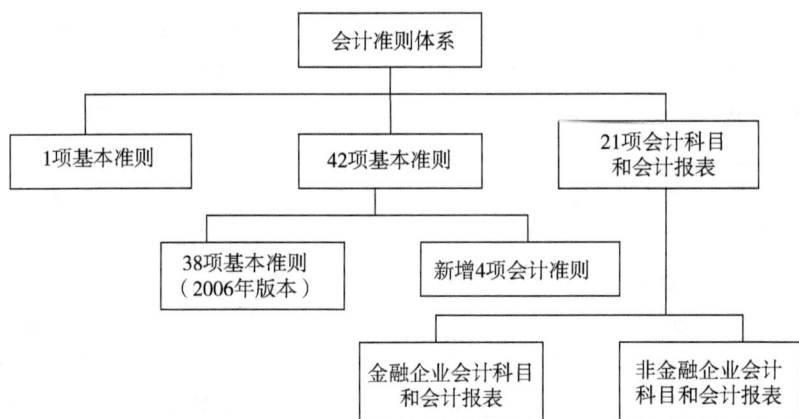

图 4-1　我国企业会计准则体系(截至 2017 年 7 月)

5.我国公允价值应用坚持"趋同是进步,是方向"的基本原则

从公允价值在国外的应用情况可以看出,公允价值是会计计量的未来发展方向。任何一个国家要跟上国际会计发展的步伐,融入国际经济一体化,都必须主动采用公允价值计量,否则难以和其他国家形成"共同语言"。因此,从这个角度看,摆在我们面前的不是要不要公允价值的问题,而是如何应用公允价值的问题。公允价值计量形式偏好度为 0.4642,说明我国准则制定者已认识到对公允价值计量不是要不要的问题,而是如何应用的问题。在新增准则

和金融资产的四个专项准则中,我国公允价值应用坚持了"趋同是进步,是方向"的原则。2017 年会计准则体系中的《CAS 39——公允价值计量》《CAS 40 号——合营安排》《CAS 41 号——在其他主体中权益的披露》《CAS 42 号——持有待售的非流动资产、处置组和终止经营》等准则都是 2006 年颁布会计准则之后新增加的会计准则。这些新增加的会计准则在公允价值应用方面与国际会计准则的差别很小。另外像《CAS 39——公允价值计量》《CAS 40 号——合营安排》《CAS 41 号——在其他主体中权益的披露》《CAS 42 号——持有待售的非流动资产、处置组和终止经营》这四项准则,在公允价值应用方面与国际会计准则没有差别,都是将公允价值作为首选会计计量方法。公允价值的再次采用是向国际准则趋同的开始。首先从定义上看,我国和国际会计准则委员会都强调了在公平交易中熟悉情况的交易双方自愿进行资产交换或者债务清偿的金额,说明我国 2006 年会计准则中应用公允价值与国际会计准则趋同。另外,从引入公允价值的会计准则项目看,在我国 2006 年会计准则体系中,主要在金融工具、投资性房地产、非同一控制下的企业合并、债务重组和非货币性资产交换、生物资产等具体准则中应用了公允价值。范围涉及一般工商业及农业、金融业等特殊行业。国际会计准则委员会在已有的 39 个会计准则中,金融工具、无形资产、投资性房地产、农业等近 20 多个会计准则都不同程度地应用了公允价值。可以说,无论从公允价值的定义,还是公允价值涉及的会计准则项目,都充分体现了我国 2006 年会计准则与国际会计准则方向上的一致性。正是公允价值应用方向的一致性,才保证了会计计量属性的相似性,进而实现了我国 2006 年会计准则与国际会计准则的基本趋同。这说明我国在公允价值应用时还是坚持了"趋同是进步"的原则。

另外,我们也要看到,公允价值的应用是一个渐进的过程。几乎所有的国家都经历了从金融工具到非金融工具,从表外披露到表内确认的过程。因此,我国在公允价值应用方面既不能完全排斥,也不能追求一步到位,应根据我国市场经济的发展情况逐步推进。我国应将公允价值准则体系的建设分层推进:一般是先修订财务会计概念框架,将公允价值纳入计量属性体系,然后修订具体准则并规范具体准则中公允价值的应用,最后制定专门的公允价值计量准则。我国虽然修订了会计基本准则,并将公允价值纳入计量属性体系,但在具体准则中公允价值应用相对较少,今后应随着社会经济的发展,逐步修订具体准则,在条件成熟时,推出专门的公允价值准则。

我国准则制定者认识到"公允价值大规模的应用需要一个过程"。从 0 到 2006 年的 0.4078 需要一个过程,以这个 2006 年为出发点走到 2017 年的

0.4642,同样也经过了一个不断改进与完善的过程。鉴于此,我国公允价值形式偏好度从0.4642到国际会计准则的0.6923也需要一个过程。中国有句俗语叫"欲速则不达"。这种审慎的选择方式充分体现了我国对公允价值的应用没有急于求成,而是当作一种循序渐进的过程,表现出一种冷静与谨慎的态度。不可否认,公允价值可提高会计信息的相关性,这也是其备受推崇最主要的原因。然而我们不能不看到,可靠性是会计信息质量特征的首要必备条件,同时可靠性也是相关性的前提和基础,会计信息必须首先可靠,然后才谈得上相关。缺乏可靠性,相关性也将不存在。人们对历史成本批评最多的是"怎么可以用出生时的体重衡量现在的体重",他们认为管理当局完全可以通过出售升值的资产和保留贬值的资产操纵利润,可事实是公允价值计量模式的利润更容易被操纵。因此,为了避免付出不必要的会计改良成本,对公允价值的应用我们应该慎行。当然,这并非完全否认公允价值。应该看到会计准则国际化是不可逆转的时代潮流,公允价值最终还是会在我国的会计准则中得到充分应用,但绝不是现在。当我们还无法保证公允价值"公允"的时候,当我们还没有相应的治理机制来弥补公允价值所带来的缺陷的时候,公允价值就应该慎行。在保证会计信息可靠的基础上,为提高会计信息的相关性,我们可采取历史成本与公允价值计量模式并存的方式。

5

公允价值计量在我国上市公司中应用的研究

第一节　公允价值计量在我国上市公司中应用情况的分析

根据中国上市公司的总体情况,笔者把影响我国上市公司公允价值计量应用程度的因素分为两大类:公司外部影响因素和公司内部影响因素。如表5-1所示。

表 5-1　影响上市公司公允价值计量偏好度的因素分类表

	公司外部影响因素	公司内部影响因素
影响因素	Pane1:①行业特性 ②上市年限 ③经济区域 ④审计意见	Pane2A:股权结构的因素 ①企业性质 ②第一大股东持股比例 Pane2B:公司治理层因素 ①董事会规模 ②独立董事规模 Pane2C:公司管理层因素 ①管理层薪酬 ②总经理与董事长是否合一

根据表 5-1,取 2007 年、2013 年、2014 年沪深两市的 A 股上市公司作为样本,结合影响因素进行描述性统计。《企业会计准则(2006)》2007 年开始执行,《企业会计准则 39 号——公允价值计量》2014 年 7 月 1 日开始执行,可以进行有效对比的年份是 2013 年。结合两次准则执行时点,采用 2013 作为对比年,具体的描述性统计分析结果如下:

一、影响我国上市公司公允价值计量应用的外部因素分析

(一)公司外部影响因素一:行业特性

从表 5-2(a)可以看出,2007 年公允价值偏好度较高的几个行业分别是工业、房地产业、综合产业、金融业,但是从平均数的角度看,只有房地产和工业两个行业的偏好度超过了平均值,而且工业企业平均值的水平更高,为0.0678,房地产业绝大多数企业仍采用成本计量模式,并没有采用公允价值计量模式。陆宏春、陈建明和章琪(2008)对这一现象做了分析并提出了六方面的原因。本书比较认同的是其第一个原因,即评价公允价值的市场体系尚未形成。《企业会计准则(2006)》规定对投资性房地产采用公允价值模式计量必须同时满足两个条件,但是由于相关市场体系还不健全,交易信息的公开程度还不够高,目前情况下还很难满足新准则所规定的两个条件。在这种情况下,很多房地产企业仍用历史成本对房地产进行计价,并对公允价值计量采取观望态度。本书为了进一步分析各行业的情况,又对行业大类做了细分。从表5-2(b)可以看到,制造业和信息技术业仍偏好使用公允价值,而房地产业和金融业的公允价值偏好度并不是很高,并不是人们所期望的那样。

表 5-2(a)　按行业(大类)分类的偏好度分析表

(截至 2007 年 12 月 31 日)

行业分类	该行业企业总数	其中涉及公允价值计量的企业数	占同行业企业数的比重(%)	占当年全部上市公司总数的比重(%)	公允价值计量实质性偏好度			
					总额	最大值	最小值	平均值
房地产	81	22	27.16	1.40	1.1524	0.6421	(0.0859)	0.0524
工业	1 067	229	21.46	14.59	15.5226	7.2565	(2.6692)	0.0678

行业分类	该行业企业总数	其中涉及公允价值计量的企业数	占同行业企业数的比重（％）	占当年全部上市公司总数的比重(％)	公允价值计量实质性偏好度			
					总额	最大值	最小值	平均值
公共事业	178	66	37.08	4.20	0.3038	0.3113	(1.2805)	0.0046
金融	25	22	88.00	1.40	0.5578	0.4419	(0.2258)	0.0254
商业	105	25	23.81	1.59	0.4432	0.1944	(0.5227)	0.0177
综合	114	39	34.21	2.48	0.7500	0.5802	(0.2139)	0.0192
合计	1 570	403		25.67	18.7297	7.2565	(2.6692)	0.0465

注：本数据来源于万德（wind）数据库并经手工整理获得。

表 5-2(b) 按行业(细)分类的偏好度分析表

（截至 2007 年 12 月 31 日）

行业分类及代码	该行业企业总数	其中涉及公允价值计量的企业数	占同行业企业数的比重（％）	占当年全部上市公司总数的比重(％)	公允价值计量实质性偏好度			
					总额	最大值	最小值	平均值
A 农、林、牧、渔业	36	12	33.33	0.76	0.5710	0.5802	(0.0240)	0.0476
B 采掘业	32	5	15.63	0.32	0.0005	0.0361	(0.0562)	0.0001
C 制造业	933	198	21.22	12.61	7.7686	1.8058	(2.6691)	0.0392
D 电、煤及水的生产供应	60	15	25.00	0.96	0.1591	0.2043	(0.0687)	0.0106
E 建筑业	34	8	23.53	0.51	0.2967	0.2530	(0.0109)	0.0371
F 交通运输、仓储业	65	23	35.38	1.46	0.5395	0.3113	(0.2377)	0.0235

续表

行业分类及代码	该行业企业总数	其中涉及公允价值计量的企业数	占同行业企业数的比重（%）	占当年全部上市公司总数的比重(%)	公允价值计量实质性偏好度			
					总额	最大值	最小值	平均值
G 信息技术业	96	36	37.50	2.29	7.8284	7.2565	(0.2291)	0.2175
H 批发和零售贸易	95	24	25.26	1.53	0.4083	0.1944	(0.5227)	0.0170
I 金融业	25	22	88.00	1.40	0.5578	0.4419	(0.2257)	0.0254
J 房地产	50	14	28.00	0.89	0.8557	0.6421	(0.0859)	0.0611
K 社会服务业	49	13	26.53	0.83	(0.6759)	0.2463	(1.2805)	(0.0520)
L 传播与文化产业	20	6	30.00	0.38	0.2410	0.1987	(0.0375)	0.0402
M 综合类	75	27	36.00	1.72	0.1790	0.1684	(0.2139)	0.0066
合计	1 570	403		25.67	18.7297	7.2565	(2.6692)	0.0465

注：本数据来源于万德(wind)数据库并经手工整理获得。

随着时间的推移，公允价值计量逐渐被人们所接受，公允价值在不同行业中逐步得到应用，从表 5-2(c)可以看出，2013 年公允价值偏好度较高的几个行业分别是房地产业、批发和零售业、制造业、金融业，相比 2007 年的行业情况看，有更多的行业涉及公允价值的运用。但是从平均数的角度看，只有制造业这个行业的偏好度超过了平均值，其平均值的水平为 0.2867，制造业的偏好度远远超过其他行业，然而制造业上市公司一共有 1 499 家，使用公允价值计量的企业只有 343 家，只占 22.82%，远远低于金融业的 86.54%，除此之外，制造业的最大、最小值相差较大，数据具有偶然性。

表 5-2(c)　按行业(细)分类的偏好度分析表

(截至 2013 年 12 月 31 日)

行业分类及代码	该行业企业总数	其中涉及公允价值计量的企业数	占同行业企业数的比重(%)	占当年全部上市公司总数的比重(%)	公允价值计量实质性偏好度			
					总额	最大值	最小值	平均值
A 采矿业	68	16	23.53	0.65	(2.1691)	0.0304	(0.9259)	(0.1356)
B 电力、热力、燃气及水生产和供应业	92	17	18.48	0.69	(0.4583)	0.0082	(0.2533)	(0.0270)
C 房地产	123	28	22.76	1.14	2.5604	1.4092	(0.0989)	0.0914
D 建筑业	66	14	21.21	0.57	0.0116	0.0128	(0.0156)	0.0008
E 交通运输、仓储和邮政业	82	17	20.73	0.69	(0.0546)	0.0141	(0.0305)	(0.0032)
F 金融业	52	45	86.54	1.83	(4.6737)	0.0467	(1.4460)	(0.1039)
G 科学研究和技术服务业	12	1	8.33	0.04	0.3972			0.3972
H 农、林、牧、渔业	40	5	12.50	0.20	(0.1729)	0.1983	(0.3599)	(0.0346)
I 批发和零售业	139	51	36.69	2.08	4.1044	3.5740	(2.6349)	0.0805
J 水利、环境和公共设施管理业	26	2	7.69	0.08	(0.0014)	(0.0007)	(0.0007)	(0.0007)
K 卫生和社会工作	7	2	28.57	0.08	(0.0044)	0.0000	(0.0044)	(0.0022)

行业分类及代码	该行业企业总数	其中涉及公允价值计量的企业数	占同行业企业数的比重(%)	占当年全部上市公司总数的比重(%)	公允价值计量实质性偏好度			
					总额	最大值	最小值	平均值
L 文化、体育和娱乐业	36	12	33.33	0.49	0.6230	0.3656	(0.1539)	0.0519
M 信息传输、软件和信息技术服务业	146	23	15.75	0.94	(0.8385)	0.2258	(1.3983)	(0.0365)
N 制造业	1 499	342	22.82	13.92	98.0570	80.0266	(1.1322)	0.2867
O 住宿和餐饮业	11	2	18.18	0.08	0.0001	0.0032	(0.0031)	0.0000
P 综合	23	7	30.43	0.28	0.0213	0.0551	(0.0530)	0.0009
Q 租赁和商务服务业	33	9	27.27	0.37	(0.2950)	0.1265	(0.2029)	(0.0105)
R 教育业	2	0	0	0				
合计	2 457	593		24.14	97.1069	80.0266	(2.6349)	0.1638

注:本数据来源于万德(wind)数据库并经手工整理获得。

《企业会计准则 39 号——公允价值计量》于 2014 年 7 月 1 日开始执行,取截止到 2014 年 12 月 31 日的数据进行分析,并对 2014 年的行业大类做了细分,得到表 5-2(d)。与 2013 年的数据相比,2014 年公允价值偏好度较高的几个行业分别是房地产业、金融业、批发和零售业、制造业,与 2013 年的各行业公允价值偏好度情况比较,2014 年的金融业公允价值偏好度上升,而且金融行业中使用公允价值的企业比例仍然远远地超过了其他行业。除此之外,房地产、批发和零售业的公允价值偏好度在 2014 年都有所上升,但制造业的公允价值偏好度下降并且是大幅度下降。两年的数据比较与分析可以看出,金融行业在使用公允价值计量方面具有行业特殊性,金融业上市公司使用公允价值计量的比例非常高,而且公允价值计量实质偏好度也越来越高。

表 5-2(d) 按行业(细)分类的偏好度分析表

(截至 2014 年 12 月 31 日)

行业分类及代码	该行业企业总数	其中涉及公允价值计量的企业数	占同行业企业数的比重(%)	占当年全部上市公司总数的比重(%)	公允价值计量实质性偏好度			
					总额	最大值	最小值	平均值
A 采矿业	70	19	27.14	0.74	(0.3897)	0.2065	(0.0849)	(0.0205)
B 电力、热力、燃气及水生产和供应业	94	17	18.09	0.66	0.2290	0.1556	(0.0216)	0.0135
C 房地产	123	29	23.58	1.12	3.9291	1.5302	(0.0144)	0.1355
D 建筑业	68	15	22.06	0.58	(0.8783)	1.0391	(1.9144)	(0.0586)
E 交通运输、仓储和邮政业	83	21	25.30	0.81	(0.1074)	0.0622	(0.1092)	(0.0051)
F 金融业	53	47	88.68	1.82	2.8206	0.3866	(0.3266)	0.0656
G 科学研究和技术服务业	18	2	11.11	0.08	(0.6299)	(0.0075)	(0.6224)	(0.3150)
H 农、林、牧、渔业	41	7	17.07	0.27	(1.3605)	0.3640	(1.7521)	(0.1944)
I 批发和零售业	141	50	35.46	1.94	48.6385	46.0328	(0.2504)	0.9728

行业分类及代码	该行业企业总数	其中涉及公允价值计量的企业数	占同行业企业数的比重（%）	占当年全部上市公司总数的比重(%)	公允价值计量实质性偏好度			
					总额	最大值	最小值	平均值
J 水利、环境和公共设施管理业	29	1	3.45	0.04	(0.0002)			
K 卫生和社会工作	7	2	28.57	0.08	(0.0036)	0.0007	(0.0044)	(0.0018)
L 文化、体育和娱乐业	36	16	44.44	0.62	(0.0831)	0.2021	(0.5178)	(0.0052)
M 信息传输、软件和信息技术服务业	159	27	16.98	1.05	0.2316	0.2138	(0.1086)	0.0086
N 制造业	1 589	391	24.61	15.14	20.7928	26.8168	(8.1133)	0.0532
O 住宿和餐饮业	11	2	18.18	0.08	0.1291	0.1169	0.0121	0.0645
P 综合	23	10	43.48	0.39	0.5330	0.4963	(0.0056)	0.0533
Q 租赁和商务服务业	35	10	28.57	0.39	0.8126	0.3291	0.0015	0.0813
R 教育业	2	0	0	0				
合计	2 582	666		25.79	75.4723	46.0328	(8.1133)	0.1133

注：本数据来源于万德(wind)数据库并经手工整理获得。

从 2007 年、2013 年、2014 年三个年度的行业数据分析可以看出，一方面，随着公允价值计量准则的不断完善与细化，以及我国市场体系的逐步完善，运用公允价值计量的条件也越来越成熟,越来越得到上市公司的认可。另一方面,随着时间的推移,越来越多的上市公司积累了执行公允价值计量的经验,也逐步从单一的历史成本法中走出来,大量地尝试运用公允价值计量。

(二)公司外部影响因素二:上市年限

为了从证券市场募集大量的资金,许多公司想通过上市发行股票的愿望十分强烈。但是根据我国证券法的规定,发行和股票上市的公司必须具备连续 3 年盈利的经营业绩。于是,许多企业为了股票发行和上市,通过选择平滑利润的会计政策来确保企业 3 年盈利。为了能达到这样的上市条件,许多公司采取盈余管理的方式,而公允价值计量就是一种很好的盈余管理手段。

上市公司并非公司股票一上市就万事大吉,经营业绩不好会受到各种处罚。首先,根据《中国证券监督管理委员会关于做好 1997 年股票发行工作的通知》:"凡年度报告的利润实现数低于预测数 20% 以上的,除公开做出解释和道歉外,将停止上市公司两年内的配股资格。"其次,当上市公司出现财务状况异常或者其他异常情况时,导致其股票存在被终止上市的风险,或者投资者难以判断公司前景,投资权益可能受到损害,证券交易所即可对该公司股票交易实行特别处理。当上市公司的条件不再符合持续挂牌的要求时,就必须退出公开交易市场,称之为退市制度。退市往往会给投资者带来巨大的资产损失,为了保证投资者利益,中国证券市场推出了一种特殊的市场退出和预警机制——特别处理制度。2003 年 5 月 12 日,证券交易所开始实施退市风险警示制度(special treatment,简称 ST)。ST 制度被当作改善中国上市公司的公司治理机制、约束公司高管人员及保护投资者尤其是中小投资者利益的一种手段。在现行的监管框架下,如果一个 ST 公司不能在两年内改善公司的业绩,就得面临特别转让(particular transfer,简称 PT)。PT 制度从 1999 年 7 月 9 日开始实施,2002 年 5 月 1 日废除,之后凡连续三年亏损的公司直接暂停上市)或者摘牌(所谓"摘牌",指终止股票的上市资格)退市的命运。上市公司被特别处理后,不仅股票名称要冠以"ST",而且公司的半年度报表需要出具审计报告,且股票报价的日涨跌幅限制为 5%。

基于这样一些特殊规定,许多上市公司只能以盈余管理来达到避免处罚、维持上市资格的目的。从表 5-3(a)、表 5-3(b)、表 5-3(c)可以看出,从公允价值计量实质性偏好度平均值的角度看,上市年限大于 10 年以上的上市公司偏好度的平均值相对于 10 年以下的上市公司会高一些,这说明上市年限对上市公司的公允价值计量有一定的影响。

表 5-3(a) 按上市年限分类的偏好度分析表

（截至 2007 年 12 月 31 日）

上市年限	该年限下的企业数	其中涉及公允价值计量的企业数	占同行业企业数的比重（%）	占当年全部上市公司总数的比重（%）	公允价值计量实质性偏好度			
					总额	最大值	最小值	平均值
0 年	696	165	23.71	10.51	2.9932	0.8962	(1.2805)	0.0181
1 年	55	12	21.82	0.76	0.1437	0.0585	(0.0027)	0.0120
2 年	13	2	15.38	0.13	0.0169	0.0217	(0.0048)	0.0084
3 年	46	8	17.39	0.51	0.7698	0.6615	(0.0377)	0.0962
4 年	16	6	37.50	0.38	0.5401	0.2530	(0.0239)	0.0900
5 年	6	3	50.00	0.19	(0.0202)	0.0214	(0.0610)	(0.0067)
6 年	23	7	30.43	0.45	0.0508	0.0866	(0.0562)	0.0073
7 年	123	38	30.89	2.42	0.7054	0.2437	(0.0355)	0.0186
8 年	92	29	31.52	1.85	7.3524	7.2565	(0.1086)	0.2535
9 年	98	28	28.57	1.78	1.2329	0.5802	(0.2257)	0.0440
10 年	189	47	24.87	2.99	2.0741	0.4133	(0.2139)	0.0441
11 年	92	20	21.74	1.27	(1.9217)	0.3707	(2.6692)	(0.0961)
12 年	12	5	41.67	0.32	1.7827	1.8058	(0.0275)	0.3565
13 年	40	11	27.50	0.70	0.5507	0.3174	(0.0687)	0.0501
14 年	48	13	27.08	0.83	1.4808	0.9853	(0.0423)	0.1139
15 年	16	6	37.50	0.38	0.9053	0.6421	(0.0460)	0.1509
16 年	4	3	75.00	0.19	0.0727	0.0459	(0.0042)	0.0242
17 年	1							
合计	1 570	403		25.67	18.7296	7.2565	(2.6692)	0.0465

注:本数据来源于万德（wind）数据库并经手工整理获得。

表 5-3(b)　按上市年限分类的偏好度分析表

（截至 2013 年 12 月 31 日）

上市年限	该年限下的企业数	其中涉及公允价值计量的企业数	占同行业企业数的比重（%）	占当年全部上市公司总数的比重(%)	公允价值计量实质性偏好度			
					总额	最大值	最小值	平均值
0 年	2	1	50.00	0.04	0.0658			0.0658
1 年	155	23	14.84	0.94	0.2497	0.0921	(0.0227)	0.0109
2 年	281	39	13.88	1.59	0.7977	0.2071	(0.0685)	0.0205
3 年	348	59	16.95	2.40	(0.6300)	0.3184	(0.6609)	(0.0107)
4 年	98	16	16.33	0.65	0.3227	0.4373	(0.5186)	0.0202
5 年	77	14	18.18	0.57	0.3542	0.6672	(0.2216)	0.0253
6 年	126	45	35.71	1.83	4.2367	5.2027	(0.4265)	0.0941
7 年	66	17	25.76	0.69	1.3284	1.0907	(0.0590)	0.0781
8 年	14	6	42.86	0.24	0.2475	0.2397	(0.0351)	0.0412
9 年	99	22	22.22	0.90	(0.5146)	0.7956	(1.1322)	(0.0234)
10 年	67	20	29.85	0.81	0.4082	0.3656	(0.1065)	0.0204
11 年	68	19	27.94	0.77	0.6292	0.6076	(0.0246)	0.0331
12 年	79	21	26.58	0.85	0.3441	0.4504	(0.2107)	0.0164
13 年	133	41	30.83	1.67	0.8247	3.0507	(2.6349)	0.0201
14 年	93	30	32.26	1.22	80.5027	80.0266	(0.1046)	2.6834
15 年	98	24	24.49	0.98	(0.5810)	0.5294	(0.9259)	(0.0242)
16 年	194	65	33.50	2.65	1.7223	1.7763	(0.3599)	0.0265
17 年	182	53	29.12	2.16	4.3503	3.5740	(1.4460)	0.0821
18 年	21	7	33.33	0.28	0.0134	0.0092	(0.0065)	0.0019
19 年	101	29	28.71	1.18	0.9569	0.4662	(0.3512)	0.0330
20 年	107	27	25.23	1.10	2.7522	2.9975	(0.2533)	0.1019
20 年以上	48	15	31.25	0.61	(1.2742)	0.0467	(1.3983)	(0.0849)
合计	2 457	593		24.14	97.1069	80.0266	(2.6349)	0.1638

注：本数据来源于万德（wind）数据库并经手工整理获得。

表 5-3(c)　按上市年限分类的偏好度分析表

（截至 2014 年 12 月 31 日）

上市年限	该年限下的企业数	其中涉及公允价值计量的企业数	占同行业企业数的比重(%)	占当年全部上市公司总数的比重(%)	公允价值计量实质性偏好度			
					总额	最大值	最小值	平均值
0 年	125	15	12.00	0.58	(1.2732)	0.1107	(0.7663)	(0.0102)
1 年	2	1	50.00	0.04	(0.0561)			
2 年	155	25	16.13	0.97	1.1575	0.7162	(0.0438)	0.0463
3 年	281	50	17.79	1.94	(1.7775)	0.2491	(1.7521)	(0.0356)
4 年	348	73	20.98	2.83	(0.8480)	0.2516	(0.8821)	(0.0116)
5 年	98	18	18.37	0.70	0.7343	0.3608	(0.0574)	0.0408
6 年	77	13	16.88	0.50	0.1689	0.2209	(0.0536)	0.0130
7 年	126	45	35.71	1.74	3.0409	1.8848	(0.5004)	0.0676
8 年	66	19	28.79	0.74	30.8343	26.8168	(0.3534)	1.6229
9 年	14	6	42.86	0.23	(0.5453)	0.0276	(0.4100)	(0.0909)
10 年	99	27	27.27	1.05	0.5606	0.3291	(0.1943)	0.0208
11 年	67	23	34.33	0.89	(0.4665)	0.1106	(0.5278)	(0.0203)
12 年	68	25	36.76	0.97	(1.2826)	0.1668	(1.3947)	(0.0513)
13 年	79	20	25.32	0.77	(0.0539)	0.5643	(0.9737)	(0.0027)
14 年	133	41	30.83	1.59	(0.3356)	1.5843	(1.8475)	(0.0082)
15 年	93	33	35.48	1.28	(0.1464)	1.5302	(1.9144)	(0.0044)
16 年	98	25	25.51	0.97	0.9445	0.9396	(0.1410)	0.0378
17 年	194	62	31.96	2.40	(5.0311)	1.9171	(8.1133)	(0.0811)
18 年	182	62	34.07	2.40	49.6769	46.0328	(0.3266)	0.8012
19 年	21	6	28.57	0.23	0.0727	0.0360	(0.0014)	0.0121
20 年	101	34	33.66	1.32	0.8019	0.4538	(1.0720)	0.0236
20 年以上	155	43	27.74	1.67	(0.7041)	0.1403	(0.7491)	(0.0164)
合计	2 582	666		25.79	75.4723	46.0328	(8.1133)	0.1133

注：本数据来源于万德（wind）数据库并经手工整理获得。

从表5-3(a)、表5-3(b)与表5-3(c)我们可以看出,在公允价值计量准则没有出台前,即从2007年到2013年,上市年限是一个较为显著的影响因素,就是上市年限越长的公司,越偏好公允价值计量。这种现象只能解释为可能上市年限长的公司在公允价值运用与计量方面的条件更为成熟,也积累了一些经验并做了各方面的准备,所以呈现出来的情况就是年限长的上市公司更偏好公允价值运用。但随着2014年公允价值计量准则的颁布,这种特别明显的现象被打破了。从表5-3(c)可以看出,上市年限较小(低于10年)的上市公司中采用公允价值计量的家数明显比2013年多。这个现象明显是公允价值计量准则的颁布与实际执行造成的后果。

(三)公司外部影响因素三:经济区域

根据我国统计局的划分标准,依据其经济发展水平与地理位置相结合的方法,可将我国大陆区域整体上划分为三大经济地区(地带),即东、中、西部三大经济地区。[①] 东部地区共有12个省(自治区、直辖市),东部地区背靠大陆,面临海洋,有良好的农业生产条件和地理位置,工农业基础雄厚。中部地区共有9个省(自治区),位于内陆,属粮食生产基地,资源也很丰富,重工业基础较好。西部地区共有10个省(自治区、直辖市),地形复杂,大部分地区高寒缺水,不利于农作物生长,经济发展和技术管理水平与东、中部差距较大。东部、中部、西部三大经济区域对上市公司公允价值计量实质性偏好度的影响如表5-4(a)、表5-4(b)与表5-4(c)所示。

表 5-4(a)　按经济区域(东部地区)分类的偏好度分析表

(截至 2007 年 12 月 31 日)

东部地区(省、自治区、直辖市)	该地区企业数	其中涉及公允价值计量的企业数	占同行业企业数的比重(%)	占当年全部上市公司总数的比重(%)	公允价值计量实质性偏好度			
					总额	最大值	最小值	平均值
北京	105	42	40.00	2.68	1.1448	0.5802	(0.2258)	0.0273
福建	54	12	22.22	0.76	0.5806	0.2846	(0.0108)	0.0484
广东	179	56	31.28	3.57	4.1584	1.8058	(1.2805)	0.0743

① http://www.stats.gov.cn/tjzs/t20030812_402369584.htm.

141

东部地区(省、自治区、直辖市)	该地区企业数	其中涉及公允价值计量的企业数	占同行业企业数的比重(%)	占当年全部上市公司总数的比重(%)	公允价值计量实质性偏好度			
					总额	最大值	最小值	平均值
广西	25	4	16.00	0.25	0.3859	0.3707	0.0002	0.0965
海南	23	6	26.09	0.38	0.2144	0.1909	(0.0449)	0.0357
河北	37	1	2.70	0.06	0.0771	0.0771	0.0000	0.0771
江苏	110	33	30.00	2.10	0.7320	0.3174	(0.1336)	0.0222
辽宁	61	12	19.67	0.76	0.2606	0.2463	(0.0314)	0.0217
山东	85	11	12.94	0.70	(2.2148)	0.4133	(2.6692)	(0.2013)
上海	145	56	38.62	3.57	1.4354	0.3113	(0.4367)	0.0256
天津	27	5	18.52	0.32	(0.2392)	0.1962	(0.5227)	(0.0478)
浙江	111	37	33.33	2.36	8.6656	7.2565	(0.2291)	0.2342
合计	962	275	28.59	17.52	15.2007	7.2565	(2.6692)	0.0553

注:本数据来源于万德(wind)数据库并经手工整理获得。

表 5-4(b)　按经济区域(中部地区)分类的偏好度分析表

(截至 2007 年 12 月 31 日)

中部地区(省、自治区、直辖市)	该地区企业数	其中涉及公允价值计量的企业数	占同行业企业数的比重(%)	占当年全部上市公司总数的比重(%)	公允价值计量实质性偏好度			
					总额	最大值	最小值	平均值
安徽	51	10	19.61	0.64	(0.1227)	0.1078	(0.2257)	(0.0123)
河南	37	3	8.11	0.19	0.2546	0.1215	0.0353	0.0849
湖北	62	16	25.81	1.02	0.2616	0.1162	(0.0537)	0.0163
湖南	47	16	34.04	1.02	0.5767	0.3979	(0.0375)	0.0360
江西	27	12	44.44	0.76	(0.2005)	0.0211	(0.2377)	(0.0167)

续表

中部地区(省、自治区、直辖市)	该地区企业数	其中涉及公允价值计量的企业数	占同行业企业数的比重(%)	占当年全部上市公司总数的比重(%)	公允价值计量实质性偏好度			
					总额	最大值	最小值	平均值
黑龙江	28	3	10.71	0.19	(0.0844)	0.0143	(0.1086)	(0.0281)
吉林	34	6	17.65	0.38	0.0725	0.0351	(0.0026)	0.0121
内蒙古	21	5	23.81	0.32	0.0247	0.0211	(0.0101)	0.0049
山西	26	4	15.38	0.25	0.2354	0.2043	0.0018	0.0589
合计	333	75	22.52	4.78	1.0178	0.3979	(0.2377)	0.0136

注:本数据来源于万德(wind)数据库并经手工整理获得。

表 5-4(c)　按经济区域(西部地区)分类的偏好度分析表
(截至 2007 年 12 月 31 日)

西部地区(省、自治区、直辖市)	该地区企业数	其中涉及公允价值计量的企业数	占同行业企业数的比重(%)	占当年全部上市公司总数的比重(%)	公允价值计量实质性偏好度			
					总额	最大值	最小值	平均值
甘肃	20	3	15.00	0.19	(0.0032)	0.0002	(0.0031)	(0.0011)
贵州	18	2	11.11	0.13	0.0384	0.0377	0.0007	0.0192
宁夏	11	1	9.09	0.06	0.0042	0.0042	0.0000	0.0042
青海	10	3	30.00	0.19	0.0529	0.0442	(0.0275)	0.0176
陕西	26	7	26.92	0.45	(0.0386)	0.0145	(0.0588)	(0.0055)
四川	66	15	22.73	0.96	1.7403	0.9853	(0.0309)	0.1160
西藏	8	3	37.50	0.19	0.0569	0.0525	(0.0005)	0.0190
新疆	62	6	9.68	0.38	0.4391	0.2565	(0.0109)	0.0732
云南	26	7	26.92	0.45	0.0775	0.0927	(0.0377)	0.0111
重庆	28	6	21.43	0.38	0.1430	0.1182	(0.0296)	0.0238

西部地区(省、自治区、直辖市)	该地区企业数	其中涉及公允价值计量的企业数	占同行业企业数的比重(%)	占当年全部上市公司总数的比重(%)	公允价值计量实质性偏好度			
					总额	最大值	最小值	平均值
合计	275	53	19.27	3.38	2.5104	0.9853	(0.0588)	0.0474
合计(不含四川省)	275	53	19.27	3.38	0.7701	0.2565	(0.0588)	0.0145

注:本数据来源于万德(wind)数据库并经手工整理获得。

根据上面这三个表格,笔者认为东部地区比中西部地区更偏好使用公允价值计量,这不但与我国经济发展水平相适应,也符合我国会计准则的要求。我国会计准则中对公允价值的应用是做了许多限定性规定的,其中有一条就是要求采用公允价值计量时,必须保证公允价值信息能持续可靠地获得,要满足这样的条件,其市场发达程度必须符合要求。我国东部地区基本上都是经济发达地区,资本市场和一些相关市场的发达程度也高,对于公允价值信息的获取既容易又可持续。在这种情况下,东部地区使用公允价值计量就有先天条件,而中、西部地区相关市场的发达程度就不如东部地区,对于公允价值信息的获取就不如东部那样容易,因而偏好度就低。如果我们将西部地区中包含的四川省(其公允价值计量偏好度为1.7403)因素去掉,那么公允价值计量偏好度的总体态势就是从东往西逐步降低,而且下降幅度很明显,从15.2007到1.0178再到0.7701。

基于2014年公允价值计量准则的颁布与执行,我们有必要分析一下2013年度与2014年度经济区域视角下公允价值运用的情况,如表5-5(a)、表5-5(b)、表5-5(c)、表5-5(d)所示。

表 5-5(a) 按经济区域(东部地区)分类的偏好度分析表

(截至 2013 年 12 月 31 日)

东部地区(省、自治区、直辖市)	该地区企业数	其中涉及公允价值计量的企业数	占同行业企业数的比重(%)	占当年全部上市公司总数的比重(%)	公允价值计量实质性偏好度			
					总额	最大值	最小值	平均值
北京	218	56	25.69	2.28	1.1448	0.2351	(0.0196)	0.0174
福建	87	25	28.74	1.02	4.8686	3.5740	(0.3377)	0.1947
广东	360	89	24.72	3.62	5.9636	2.9975	(0.3512)	0.0670
广西	30	6	20.00	0.24	(0.1332)	0.0324	(0.1189)	(0.0049)
海南	26	8	30.77	0.33	(1.7560)	0.6076	(1.3983)	(0.2195)
河北	46	6	13.04	0.24	(0.1435)	0.0062	(0.1142)	(0.0239)
江苏	234	64	27.35	2.60	1.9224	0.7956	(0.2611)	0.0300
辽宁	65	10	15.38	0.41	0.0373	0.0451	(0.0087)	0.0037
山东	147	27	18.37	1.10	(1.9245)	0.6672	(1.4460)	(0.0713)
上海	195	55	28.21	2.24	5.8821	5.2027	(0.5186)	0.1069
天津	37	7	18.92	0.28	0.1108	0.0800	(0.0017)	0.0158
浙江	249	83	33.33	3.38	81.6250	80.0266	(0.6609)	0.9834
合计	1 694	436	25.74	17.75	97.5974	80.0266	(1.4460)	0.2235

注:本数据来源于万德(wind)数据库并经手工整理获得。

表 5-5(b) 按经济区域(中部地区)分类的偏好度分析表

(截至 2013 年 12 月 31 日)

中部地区(省、自治区、直辖市)	该地区企业数	其中涉及公允价值计量的企业数	占同行业企业数的比重(%)	占当年全部上市公司总数的比重(%)	公允价值计量实质性偏好度			
					总额	最大值	最小值	平均值
安徽	77	18	23.38	0.74	(0.9546)	0.0048	(0.4265)	(0.0530)
河南	66	9	13.64	0.37	0.1689	0.1336	0.0291	0.0188

中部地区(省、自治区、直辖市)	该地区企业数	其中涉及公允价值计量的企业数	占同行业企业数的比重(%)	占当年全部上市公司总数的比重(%)	公允价值计量实质性偏好度			
					总额	最大值	最小值	平均值
湖北	81	18	22.22	0.74	(0.2211)	0.3480	(0.2685)	(0.0123)
湖南	70	17	24.29	0.69	(0.4882)	0.6211	(1.1322)	(0.0287)
江西	33	7	21.21	0.28	(0.0075)	0.0045	(0.0121)	(0.0011)
黑龙江	31	6	19.35	0.24	(0.0359)	0.0191	(0.0261)	(0.0060)
吉林	37	5	13.51	0.20	1.5259	1.7763	(0.2452)	0.3052
内蒙古	25	5	20.00	0.20	(0.1951)	0.0101	(0.1867)	(0.0390)
山西	36	8	22.22	0.33	2.9299	3.0507	(0.1223)	0.3662
合计	456	93	20.39	3.79	2.7223	3.0507	(1.1322)	0.0293

注:本数据来源于万德(wind)数据库并经手工整理获得。

表 5-5(c)　按经济区域(西部地区)分类的偏好度分析表

(截至 2013 年 12 月 31 日)

西部地区(省、自治区、直辖市)	该地区企业数	其中涉及公允价值计量的企业数	占同行业企业数的比重(%)	占当年全部上市公司总数的比重(%)	公允价值计量实质性偏好度			
					总额	最大值	最小值	平均值
甘肃	25	6	24.00	0.24	(0.1249)	0.0036	(0.1046)	(0.0208)
贵州	20	1	5.00	0.04	(0.0287)			(0.0287)
宁夏	12	2	16.67	0.08	(0.0004)	0.0003	(0.0007)	(0.0002)
青海	11	2	18.18	0.08	(0.1267)	(0.0065)	(0.1202)	(0.0634)
陕西	39	6	15.38	0.24	(0.0352)	0.0136	(0.0227)	(0.0059)
四川	86	17	19.77	0.69	0.0598	0.1165	(0.1447)	0.0035
西藏	10	1	10.00	0.04	(0.0195)			(0.0195)

西部地区(省、自治区、直辖市)	该地区企业数	其中涉及公允价值计量的企业数	占同行业企业数的比重(%)	占当年全部上市公司总数的比重(%)	公允价值计量实质性偏好度			
					总额	最大值	最小值	平均值
新疆	40	7	17.50	0.28	(2.4456)	0.3972	(2.6349)	(0.3494)
云南	28	10	35.71	0.41	(0.1189)	0.1821	(0.2875)	(0.0119)
重庆	36	12	33.33	0.49	(0.2036)	0.0505	(0.2107)	(0.0170)
合计	307	64	21.25	2.60	(3.0437)	0.3972	(2.6349)	(0.0476)

注:本数据来源于万德(wind)数据库并经手工整理获得。

表 5-5(d)　2014 年按经济区域(东部、中部、西部地区)分类的偏好度分析表

(截至 2014 年 12 月 31 日)

西部地区(省、自治区、直辖市)	该地区企业数	其中涉及公允价值计量的企业数	占同行业企业数的比重(%)	占当年全部上市公司总数的比重(%)	公允价值计量实质性偏好度			
					总额	最大值	最小值	平均值
东部地区	1 875	477	25.44	18.47	73.1237	46.0328	(8.1133)	0.1533
中部地区	414	115	27.78	4.45	2.6842	1.9171	(0.9737)	(0.0233)
西部地区	293	74	25.26	2.87	(0.3356)	0.9396	(1.3947)	(0.0045)
合计	2 582	666		25.79	75.4723	46.0328	(8.1133)	0.1133

注:本数据来源于万德(wind)数据库并经手工整理获得。

根据上面这四个表格可以看出,不管是在 2013 年还是 2014 年,东部地区企业的公允价值偏好度都明显高于中部地区和西部地区的企业,而就我国目前的国情来看,东部地区的经济也明显比中部地区和西部地区更发达,东部地区的资本市场和一些相关市场的发达程度更高,交易信息的公开度也更高,对于公允价值信息的获取既容易又可持续。我国会计准则中对公允价值应用是做了许多限定性规定的,其中有一条就是要求采用公允价值计量时,必须保证公允价值信息能够持续可靠地获得。要满足这样的条件,市场发达程度就必须符合要求。在这种情况下,东部地区使用公允价值计量非常符合我国会计准则的要求,而中、西部地区相关市场的发达程度就不如东部地区,对于公允价值信息的获取就不如东部那样容易,因而偏好度就低。2013 年表格的数据里,公允价值计量偏好度的总体态势是从东往西逐步降低,而且下降幅度很明显,从 97.5974 到 2.7223 再到－3.0437。2014 年的数据,公允价值计量偏好度从东往西,由 73.1237 到 2.6842,再到－0.3356。因此,笔者认为企业的公允价值计量偏好度与企业所在地区的经济发展水平有很大的关系,即企业所在的经济区域越发达,其公允价值计量的偏好程度越高。

(四)公司外部影响因素四:审计意见

从理论上讲,审计监督对上市公司公允价值计量的偏好有一定的影响,因为上市公司选择公允价值计量后,其经济结果要得到作为鉴证人员——注册会计师的审计。如果注册会计师不同意上市公司公允价值计量的经济后果,那么上市公司的公允价值计量偏好必受影响。表 5-6(a)中,2007 年被注册会计师出具标准无保留意见的上市公司共有 1 448 家,在这 1 448 家上市公司中,有 381家使用了公允价值计量,占当年使用公允价值计量的上市公司(403 家)的 95%。

表 5-6(a)　按审计意见分类的偏好度分析表

(截至 2007 年 12 月 31 日)

审计意见类型	该类型审计的企业数	其中涉及公允价值计量的企业数	占同类企业数的比重(%)	占当年全部上市公司总数(%)	公允价值计量实质性偏好度			
					总额	最大值	最小值	平均值
保留意见	13	7	53.85	0.45	0.0135	0.0144	(0.0142)	0.0019
保留意见加事项段	2							
无保留意见加事项段	90	14	15.56	0.89	0.0739	0.1065	(0.0460)	0.0053

续表

审计意见类型	该类型审计的企业数	其中涉及公允价值计量的企业数	占同类企业数的比重（%）	占当年全部上市公司总数（%）	公允价值计量实质性偏好度			
					总额	最大值	最小值	平均值
无法发表意见	17	1	5.88	0.06	0.0263	0.0263		0.0263
非标准意见小计	122	22	18.03	1.40	0.1137	0.1065	(0.0460)	0.0052
标准无保留意见	1 448	381	26.31	24.27	18.6159	7.2565	(2.6691)	0.0489
合计	1 570	403		25.67	18.7296	7.2565	(2.6691)	0.0465

注:本数据来源于万德(wind)数据库并经手工整理获得。

表 5-6(b)中,2013 年被注册会计师出具标准无保留意见的上市公司共有 2 376 家,在这 2 376 家上市公司中,有 583 家使用了公允价值计量,占当年使用公允价值计量的上市公司(593 家)的 98.31%。表 5-6(c)中,2014 年被注册会计师出具标准无保留意见的上市公司共有 2 497 家,在这 2 497 家上市公司中,有 657 家使用了公允价值计量,占当年使用公允价值计量的上市公司(666家)的 98.65%。

表 5-6(b)　按审计意见分类的偏好度分析表

（截至 2013 年 12 月 31 日）

审计意见类型	该类型审计的企业数	其中涉及公允价值计量的企业数	占同类企业数的比重（%）	占当年全部上市公司总数（%）	公允价值计量实质性偏好度			
					总额	最大值	最小值	平均值
保留意见	19	4	21.05	0.16	81.7328	80.0266	(0.0420)	20.4332
标准无保留意见	2 376	583	24.54	23.73	15.3849	5.2027	(2.6349)	0.0264
带强调事项段的无保留意见	58	6	10.34	0.24	(0.0108)	0.0065	(0.0156)	(0.0018)
无法发表意见	4	0	0	0				

审计意见类型	该类型审计的企业数	其中涉及公允价值计量的企业数	占同类企业数的比重（%）	占当年全部上市公司总数（%）	公允价值计量实质性偏好度			
					总额	最大值	最小值	平均值
合计	2 457	593		24.14	97.1069	80.0266	(2.6349)	0.1638

注：本数据来源于万德（wind）数据库并经手工整理获得。

表 5-6(c)　按审计意见分类的偏好度分析表

（截至 2014 年 12 月 31 日）

审计意见类型	该类型审计的企业数	其中涉及公允价值计量的企业数	占同类企业数的比重（%）	占当年全部上市公司总数（%）	公允价值计量实质性偏好度			
					总额	最大值	最小值	平均值
保留意见	13	2	15.38	0.08	0.2493	0.1763	0.0730	0.1246
标准无保留意见	2 497	657	26.31	25.45	75.2826	46.0328	(8.1133)	0.1146
带强调事项段的无保留意见	69	7	10.14	0.27	(0.0596)	0.0689	(0.1085)	(0.0085)
无法发表意见	3	0	0	0				
合计	2 582	666		25.79	75.4723	46.0328	(8.1133)	0.1133

注：本数据来源于万德（wind）数据库并经手工整理获得。

从 2013 年和 2014 年的实际数据来看，这两年使用公允价值计量的上市公司中，95％以上的企业是被注册会计师出具标准无保留意见的上市公司。因此，笔者认为上市公司公允价值计量的偏好度与其被注册会计师出具的审计意见有很大的关系。某种程度上讲，公允价值计量也逐步得到注册会计师的认可。

二、影响我国上市公司公允价值计量应用的内部因素分析

（一）公司内部影响因素一：股权结构

根据我国特殊制度背景,本书选择企业性质和第一大股东持股比例作为股权结构影响因素来分析其对公允价值计量实质性偏好的影响。我国全部上市公司中,国有性质的企业占多数,这种状况必然对资本市场有一定的影响。因此本书首先要考虑企业的性质,在此基础上再考虑股东集中度对公允价值计量偏好的影响。股东集中度(stock equity concentration degree,简称 SECD)一般是指前五大股东的持股比例。它可以分为三种情况:一是股权高度集中,公司拥有一个绝对控股的股东,该股东直接、间接或者直接和间接拥有公司50%的股权;二是股权高度分散,公司没有大股东,所有权与经营权完全分离,各股东所持比例在10%以下;三是股权适度集中,大股东持股比例介于上述两种情况之间,其中拥有相对控股股东,并且有其他大股东能够与之抗衡的股权集中度是比较完美的股权结构,这里称之为股权适度集中。股权集中度决定着控制权主体。①在股权高度集中下,绝对控股股东就成为控制权主体,他在行权时必定以自身利益为导向。②股权高度分散时,每个股东持股比例都很低,由于每个股东持股比例过低,缺乏对经营者进行监督的动力,因此企业的控制权就落入经营者手中,在决策时他也会以自身利益为出发点。③在股权适度集中时,经营者行使对企业的经营权,而那些能力相当的大股东则统一行使对经营者的监督权。这种情况大股东通常以监督经营者为重。因此在进行决策时,他们通常会考虑能否起到对经营者的监督和制约作用。本书将企业性质和股权集中度结合起来一起进行统计分析,首先对 2007 年情况进行了分析,结果如表 5-7(a)与表 5-7(b)所示。

表 5-7(a)　按股权集中度(国有企业)分类的偏好度分析表
（截至 2007 年 12 月 31 日）

企业性质	第一大股东持股比例	该类型的企业数	其中涉及公允价值计量的企业数	占同类企业数的比重(%)	占当年全部上市公司总数(%)	公允价值计量实质性偏好度			
						总额	最大值	最小值	平均值
国家股	50%及以上	63	20	31.75	1.27	0.3116	0.1375	(0.0562)	0.0156
	20%~49%	144	37	25.69	2.36	2.4715	0.8962	(0.2257)	0.0668
	19%及以下	32	14	43.75	0.89	0.0156	0.6615	(0.5227)	0.0011
	小计	239	71	29.71	4.52	2.7987	0.8962	(0.5227)	0.0394

企业性质	第一大股东持股比例	该类型的企业数	其中涉及公允价值计量的企业数	占同类企业数的比重（%）	占当年全部上市公司总数（%）	公允价值计量实质性偏好度			
						总额	最大值	最小值	平均值
国有法人股	50%及以上	172	39	22.67	2.48	7.8389	7.2565	(0.2257)	0.2010
	20%～49%	387	103	26.61	6.56	4.1701	0.9853	(0.2377)	0.0405
	19%及以下	53	15	28.30	0.96	0.5903	0.1909	(0.0687)	0.0394
	小计	612	157	25.65	10.00	12.5994	7.2565	(0.2377)	0.0803
国有股	50%及以上	6							
	20%～49%	18	5	27.78	0.32	0.6980	0.4132	(0.0062)	0.1396
	19%及以下	4	1	25.00	0.06	(0.0042)		(0.0042)	(0.0042)
	小计	28	6	21.43	0.38	0.6939	0.4132	(0.0062)	0.1156
合计	50%及以上	241	59	24.48	3.76	8.1506	7.2566	(0.2257)	0.1381
	20%～49%	549	145	26.41	9.24	7.3396	0.9853	(0.2377)	0.0506
	19%及以下	89	30	33.71	1.91	0.6018	0.6615	(0.5227)	0.0201
	小计	879	234	26.62	14.90	16.0920	7.2565	(0.5227)	0.0688

注：本数据来源于国泰安 CSMAR 数据库并经手工整理获得。

表 5-7(b)　按股权集中度(非国有企业)分类的偏好度分析表

（截至 2007 年 12 月 31 日）

企业性质	第一大股东持股比例	该类型的企业数	其中涉及公允价值计量的企业数	占同类企业数的比重（%）	占当年全部上市公司总数（%）	公允价值计量实质性偏好度			
						总额	最大值	最小值	平均值
境内法人持有股份	50%及以上	65	12	18.46	0.76	0.0819	0.0633	(0.0536)	0.0068
	20%～49%	356	92	25.84	5.86	(1.8853)	0.3177	(2.6691)	(0.0205)
	19%及以下	91	27	29.67	1.72	1.7663	1.8058	(0.4367)	0.0654
	小计	512	131	25.59	8.34	(0.0371)	1.8058	(2.6691)	(0.0003)

续表

企业性质	第一大股东持股比例	该类型的企业数	其中涉及公允价值计量的企业数	占同类企业数的比重(%)	占当年全部上市公司总数(%)	公允价值计量实质性偏好度			
						总额	最大值	最小值	平均值
境内自然人持有股份	50%及以上	3	1	33.33	0.06	(0.0028)	0.0000	(0.0028)	(0.0028)
	20%～49%	51	7	13.73	0.45	0.0525	0.0548	(0.0090)	0.0075
	19%及以下	15	2	13.33	0.13	0.0010	0.0109	(0.0099)	0.0005
	小计	69	10	14.49	0.64	0.0506	0.0548	(0.0099)	0.0051
境外法人持有股份	50%及以上	7	0	0.00	0.00				
	20%～49%	19	3	15.79	0.19	0.6545	0.3707	(0.0007)	0.2182
	19%及以下	5	5	100.00	0.32	0.1699	0.0826	(0.0087)	0.0340
	小计	31	8	25.81	0.51	0.8244	0.3707	(0.0087)	0.1031
其他	50%及以上	3	1	33.33	0.06	0.1137	0.1137		0.1137
	20%～49%	35	11	31.43	0.70	1.0398	0.6421	(0.0382)	0.0945
	19%及以下	41	8	19.51	0.51	0.6437	0.4419	(0.1336)	0.0805
	小计	79	20	25.32	1.27	1.7972	0.6421	(0.1336)	0.0899
合计	50%及以上	78	14	17.95	0.89	0.1928	0.1137	(0.0536)	0.0138
	20%～49%	461	113	24.51	7.20	(0.1385)	0.6421	(2.6691)	(0.0012)
	19%及以下	152	42	27.63	2.68	2.5809	1.8058	(0.4367)	0.0614
	小计	691	169	24.46	10.76	2.6352	1.8058	(2.6691)	0.0156

注:本数据来源于国泰安CSMAR数据库并经手工整理获得。

　　刘浩、孙铮(2008)在《公允价值的实证理论分析与中国的研究机遇》一文中提到,契约形式如何影响公允价值的计量将是未来研究的一个方向,为了满足不同契约形式的要求,契约的签订方可能会采用公允价值以满足契约中的条款;还提出了一些具体问题,其中就提到:不同的股权结构可能会影响到公允价值的计量。例如,以国有股为主要股权的公司是否偏好于公允价值计量以满足国资运作绩效的考核要求? 民营持股公司是否更愿意用历史成本以掩盖真实的财务盈利? 他们提到的问题正好被表5-7(a)和表5-7(b)描述到了。表5-7(a)显示,国有性质的企业偏向于公允价值计量,其偏好度为16.0920;表

5-7(b)中非国有企业(本书未详细分类到是否为民营企业)公允价值计量偏好度只为 2.6352。但以国有股为主要股权的公司更偏好于公允价值计量,这是否是因为公允价值计量满足国资运作绩效的考核要求,还有待进一步的研究。同样基于 2014 年度公允价值计量准则的执行,笔者接着分析了 2013 年与 2014 年的数据,并得到表 5-8(a)和表 5-8(b):

表 5-8(a)   按股权集中度分类的偏好度分析表

(截至 2013 年 12 月 31 日)

企业性质	第一大股东持股比例	该类型的企业数	其中涉及公允价值计量的企业数	占同类企业数的比重(%)	占当年全部上市公司总数(%)	公允价值计量实质性偏好度			
						总额	最大值	最小值	平均值
国有企业	50%及以上	328	91	27.74	3.66	(1.0365)	0.1983	(0.9259)	(0.0114)
	20%~50%(包含20%)	556	133	23.79	5.34	81.3643	80.0266	(1.1322)	0.6118
	20%以下	135	38	28.15	1.53	3.7935	3.5740	(0.3512)	0.0998
	小计	1 019	261	25.61	10.49	84.1076	80.0266	(1.1322)	0.3223
非国有企业	50%及以上	424	91	21.46	3.66	2.3112	0.4124	(0.1293)	0.0254
	20%~50%(包含20%)	877	196	22.35	7.87	3.9804	5.2027	(3.0410)	0.0203
	20%以下	169	39	23.08	1.57	1.8766	1.7763	(0.3599)	0.0481
	小计	1 470	326	22.18	13.10	8.1681	5.2027	(3.0410)	0.0251
合计	50%及以上	752	182	24.20	7.31	1.2747	0.4124	(0.9259)	0.0070
	20%~50%(包含20%)	1 433	329	22.96	13.22	85.3447	80.0266	(3.0410)	0.2594
	20%以下	304	77	25.33	3.09	5.6701	3.5740	(0.3599)	0.0736
	小计	2 489	588		23.62	92.2894	80.0266	(3.0410)	0.1570

注:本数据来源于国泰安 CSMAR 数据库并经手工整理获得。

表 5-8(b) 2014 年按股权集中度分类的偏好度分析表

（截至 2014 年 12 月 31 日）

企业性质	第一大股东持股比例	该类型的企业数	其中涉及公允价值计量的企业数	占同类企业数的比重（%）	占当年全部上市公司总数（%）	公允价值计量实质性偏好度			
						总额	最大值	最小值	平均值
国有企业	50%及以上	326	87	26.69	8.50	(1.6772)	1.2150	(1.7521)	(0.0193)
	20%~50%（包含20%）	562	156	27.76	15.23	(0.1622)	1.0391	(1.3947)	(0.0010)
	20%以下	136	45	33.09	4.39	48.2691	46.0328	(0.8345)	1.0726
	小计	1 024	288	28.13	28.13	46.4297	46.0328	(1.7521)	0.0453
非国有企业	50%及以上	415	110	26.51	6.98	(1.4018)	0.7162	(1.1685)	(0.0127)
	20%~50%（包含20%）	968	222	22.93	14.10	31.7176	26.8168	(1.9144)	0.1429
	20%以下	192	42	21.88	2.67	3.4749	4.2780	(1.8475)	0.0827
	小计	1 575	374	23.75	23.75	33.7908	26.8168	(1.9144)	0.0903
合计	50%及以上	741	197	26.59	7.58	(3.0790)	1.2150	(1.7521)	(0.0156)
	20%~50%（包含20%）	1 530	378	24.71	14.54	31.5555	26.8168	(1.9144)	0.0835
	20%以下	328	87	26.52	3.35	51.7440	46.0328	(1.8475)	0.5948
	小计	2 599	662	25.47	25.47	80.2205	46.0328	(1.9144)	0.1212

注：本数据来源于国泰安 CSMAR 数据库并经手工整理获得。

从表 5-8(a)和表 5-8(b)两张表格可以看出，2007 年度呈现的两点现象仍然存在：一是企业性质为国有企业的，其公允价值偏好度总体而言高于企业性质为非国有的企业；二是不管是国有企业还是非国有企业，企业的股权结构在适度集中时的公允价值计量偏好度普遍比股权结构在高度分散时或高度集中时要来得高。表 5-8(a)显示，2013 年国有性质的企业偏向于公允价值计量，其偏好度为 84.1076；表 5-8(a)中非国有企业公允价值计量偏好度只为 8.1681。表 5-8(b)显示，2014 年国有性质的企业偏向于公允价值计量，其偏好度为 46.4297；表 5-8(b)中非国有企业公允价值计量偏好度只有 33.7908。

（二）公司内部影响因素二：董事与独立董事规模

我国 2005 年修订之后的《中华人民共和国公司法》（以下简称《公司法》）中第 109 条规定："股份有限公司设董事会，其成员为五人至十九人。董事会成员中可以有公司职工代表。董事会中的职工代表由公司职工通过职工代表大会、职工大会或者其他形式民主选举产生。"董事会是现代公司管理结构中至关重要的一部分，因此董事会自然也就成为本书研究上市公司的公允价值计量偏好度的一个不容忽视的影响因素。本书认为，董事会的规模是决定公司公允价值计量偏好度的关键因素。目前上市公司中董事会的规模有大有小，理论上一家上市公司里的董事会成员人数越多，对管理者当局的监管越有效，因为规模较大的董事会可能会容纳更多拥有丰富企业管理经验和金融机构从业背景的董事成员。但与此同时，董事会成员多也会造成公司内部决策的不易通过，不容易达成一致意见，如公司是否选择使用公允价值计量，也许就会有更多不同的意见出现，从而影响一家公司对公允价值计量的偏好度。表 5-9(a)、表 5-9(b)、表 5-9(c)中的实际数据也显示，董事会的成员人数增加时，其公允价值计量偏好度总体呈下降的趋势。

表 5-9(a) 按董事规模分类的偏好度分析表

（截至 2007 年 12 月 31 日）

董事人数	该类型的企业数	其中涉及公允价值计量的企业数	占同类企业数的比重（%）	占当年全部上市公司总数（%）	公允价值计量实质性偏好度			
					总额	最大值	最小值	平均值
17 人及以上	19	13	68.42	0.83	0.9005	0.4419	(0.0387)	0.0693
15 人	45	16	35.56	1.02	0.0200	0.1378	(0.1336)	0.0012
14 人	16	8	50.00	0.51	0.4467	0.3306	(0.0156)	0.0558
13 人	37	5	13.51	0.32	(0.0228)	0.0636	(0.0507)	(0.0046)
12 人	63	22	34.92	1.40	0.8372	0.2800	(0.0536)	0.0381
11 人	206	59	28.64	3.76	0.9303	0.6615	(1.2805)	0.0158
10 人	54	17	31.48	1.08	0.0242	0.1375	(0.2257)	0.0014
9 人	756	162	21.43	10.32	11.1223	7.2565	(0.5227)	(0.0166)
8 人	110	37	33.64	2.36	0.7490	0.4132	(0.2291)	0.0202

续表

董事人数	该类型的企业数	其中涉及公允价值计量的企业数	占同类企业数的比重（%）	占当年全部上市公司总数（%）	公允价值计量实质性偏好度			
					总额	最大值	最小值	平均值
7 人	155	38	24.52	2.42	4.7936	1.8058	(0.0588)	0.1261
6 人	54	12	22.22	0.76	0.5776	0.2565	(0.0260)	0.0481
5 人	40	10	25.00	0.64	0.5881	0.2845	(0.0017)	0.0588
4 人	4	1	25.00	0.06	0.3113	0.3113		0.3113
3 人	5	2	40.00	0.13	(2.6867)		(2.6691)	(1.3433)
2 人	4	1	25.00	0.06	0.1378	0.1378		0.1378
1 人	2							
合计	1 570	403		25.67	18.7292	7.2565	(2.6691)	0.0465

注：本数据来源于国泰安 CSMAR 数据库并经手工整理获得。

表 5-9(b)　按董事规模分类的偏好度分析表

（截至 2013 年 12 月 31 日）

董事人数	该类型的企业数	其中涉及公允价值计量的企业数	占同类企业数的比重（%）	占当年全部上市公司总数（%）	公允价值计量实质性偏好度			
					总额	最大值	最小值	平均值
17 人及以上	15	12	80.00	0.47	(0.2426)	0.0467	(0.2202)	(0.0202)
16 人	2	1	50.00	0.04	(0.0062)			
15 人	39	12	30.77	0.47	(1.4434)	0.0304	(1.1322)	(0.1203)
14 人	18	11	61.11	0.43	0.2572	0.1423	(0.0227)	0.0234
13 人	23	9	39.13	0.35	79.7697	80.0266	(0.2452)	8.8633
12 人	66	17	25.76	0.67	1.0326	0.7049	(0.1077)	0.0607
11 人	239	74	30.96	2.92	2.6379	2.9975	(0.9259)	0.0356
10 人	45	14	31.11	0.55	(0.5913)	0.0661	(0.5186)	(0.0422)

董事人数	该类型的企业数	其中涉及公允价值计量的企业数	占同类企业数的比重（%）	占当年全部上市公司总数（%）	公允价值计量实质性偏好度			
					总额	最大值	最小值	平均值
9 人	1 262	290	22.98	11.44	1.8169	1.7763	(2.6349)	0.0063
8 人	238	52	21.85	2.05	8.0729	5.2027	(0.4265)	0.1552
7 人	440	82	18.64	3.23	3.5470	3.5740	(3.0410)	0.0433
6 人	75	14	18.67	0.55	0.0610	0.0551	(0.0209)	0.0044
5 人	72	19	26.39	0.75	0.9070	0.3480	(0.0033)	0.0477
4 人	2	0						
合计	2 536	607		23.94	95.8187	80.0266	(3.0410)	0.0378

注：本数据来源于国泰安 CSMAR 数据库并经手工整理获得。

表 5-9(c) 按董事规模分类的偏好度分析表

（截至 2014 年 12 月 31 日）

董事人数	该类型的企业数	其中涉及公允价值计量的企业数	占同类企业数的比重（%）	占当年全部上市公司总数（%）	公允价值计量实质性偏好度			
					总额	最大值	最小值	平均值
17 人及以上	12	9	75.00	0.34	0.1648	0.0615	(0.0270)	0.0183
16 人	2	1	50.00	0.04	0.0104			
15 人	25	9	36.00	0.34	0.9067	0.3194	(0.0400)	0.1007
14 人	20	14	70.00	0.53	0.4948	0.2491	(0.1092)	0.0353
13 人	29	11	37.93	0.41	0.7300	0.3866	(0.0561)	0.0664
12 人	61	13	21.31	0.49	(0.5809)	0.1556	(0.9737)	(0.0447)
11 人	212	82	38.68	3.09	1.5020	1.2150	(0.7491)	0.0183
10 人	57	14	24.56	0.53	(0.7400)	0.0881	(0.5186)	(0.0422)
9 人	1 272	295	23.19	11.12	31.5055	26.8168	(1.8475)	0.1068
8 人	261	75	28.74	2.83	(1.8723)	0.7162	(1.9144)	(0.0250)

续表

董事人数	该类型的企业数	其中涉及公允价值计量的企业数	占同类企业数的比重（%）	占当年全部上市公司总数(%)	公允价值计量实质性偏好度			
					总额	最大值	最小值	平均值
7 人	507	108	21.30	4.07	47.6160	46.0328	(0.5278)	0.4409
6 人	96	26	27.08	0.98	0.1693	0.1602	(0.1515)	0.0065
5 人	96	23	23.96	0.87	1.3796	0.6587	(0.0679)	0.0600
4 人	2	1	50.00	0.04	0.0048			
合计	2 652	681		25.68	81.2908	46.0328	(1.9144)	0.1194

注:本数据来源于国泰安 CSMAR 数据库并经手工整理获得。

　　独立董事(independent directors,INDIRECT),又称外部董事(outside directors,OUTDIRECT),本书对这两种概念不做区分。一般认为,独立董事起源于 20 世纪 60 年代的美国。现代企业中"经理革命"发生后,管理层的实际权力越来越大,形成了严重的"内部人控制",损害了投资者利益,导致 20 世纪六七十年代美国公司丑闻不断。为了实现对管理层的有效制约,美国建立了独立董事制度并逐渐发展成熟,这一制度引起了许多国家或地区的重视,包括我国在内。为了加强董事会的独立性和对管理层的监督,中国证监会于 2001 年发布了《关于在上市公司建立独立董事制度的指导意见》,指令上市公司引入独立董事制度,后来又在《上市公司治理准则》中做出了更为细致的规定。我国《公司法》第一百二十三条规定:"上市公司设立独立董事,具体办法由国务院规定。"独立董事制度主要有以下几个方面的好处:第一,解决目前我国国有股一股独大所导致的内部人控制、投资者利益普遍得不到尊重的问题。第二,解决我国董事会形式化、职能失灵的问题。期望通过它使董事会独立于控制股东、经理层,从而保证董事会独立判断公司事务,决策公司经营事务,独立监督和评判公司内部经理层,以克服董事会形式化的困境。第三,解决监事会有名无实、监督不力的问题。引进独立董事制度就是要借助外力加强对公司董事、管理层的监督,摆脱监事不监事、不能监事的困境,以重构我国公司内部监督机制和改善我国公司治理结构。另外,由于独立董事多为经济、法律等方面的专家,借助独立董事的专业知识,可以改善管理层的知识结构,专家们可以发挥咨询作用。简而言之,就是要利用独立董事的独立性、公正性和专业性的特点,改善公司的内部治理。因此独立董事也是对上市公司公允价值计量偏好产生影响不可忽视的因素。表 5-10(a)、表 5-10(b)、表 5-10(c)中,以偏好度总数为分析标准,独立董事人数以 3 人为分水岭,独立董事会人数在 3 人以下的企业公允价值计量的偏好度很低,而独立董事会人数在 3 人以上的企业公允价值计量偏好度骤升,其公允价值计量偏好度不但比独立董事会人数在 3 人以下的企业公允价值计量的偏好度高,而且高很多。除此之外,从表格中数据的平均数来看,独立董事会人数为 3 人时,公允价值计量的偏好度平均数也是最高的,这也进一步说明独立董事制度对上市公允价值计量产生了影响。

表 5-10(a)　按独立董事规模分类的偏好度分析表

(截至 2007 年 12 月 31 日)

独立董事人数	该类型的企业数	其中涉及公允价值计量的企业数	占同类企业数的比重(%)	占当年全部上市公司总数(%)	公允价值计量实质性偏好度			
					总额	最大值	最小值	平均值
5 人及以上	128	50	39.06	3.18	2.5137	0.6615	(0.2257)	0.0503
4 人	352	96	27.27	6.11	1.8003	0.6421	(1.2803)	0.0188
3 人	997	236	23.67	15.03	16.1326	7.2565	(0.5226)	0.0684
2 人	86	20	23.26	1.27	(1.8548)	0.2845	(2.6691)	(0.0927)
1 人	7	1	14.29	0.06	0.1378	0.1378		0.1378
合计	1570	403		25.67	18.7296	7.2565	(2.6691)	0.0465

注:本数据来源于国泰安 CSMAR 数据库并经手工整理获得。

表 5-10(b)　2013 年按独立董事规模分类的偏好度分析表

（截至 2013 年 12 月 31 日）

独立董事人数	该类型的企业数	其中涉及公允价值计量的企业数	占同类企业数的比重（％）	占当年全部上市公司总数（％）	公允价值计量实质性偏好度			
					总额	最大值	最小值	平均值
6 人及以上	29	19	65.52	0.75	(0.2124)	0.0467	(0.2202)	(0.0112)
5 人	124	51	41.13	2.01	79.7866	80.0266	(1.1322)	1.6283
4 人	433	119	27.48	4.69	2.0263	2.9975	(0.9259)	0.0170
3 人	1 852	393	21.22	15.50	13.3560	5.2027	(3.0410)	0.0340
2 人	98	25	25.51	0.99	0.8474	0.3480	(0.0209)	0.0339
合计	2 536	607		23.94	95.8187	80.0266	(3.0410)	0.0378

注：本数据来源于国泰安 CSMAR 数据库并经手工整理获得。

表 5-10(c)　2014 年按独立董事规模分类的偏好度分析表

（截至 2014 年 12 月 31 日）

独立董事人数	该类型的企业数	其中涉及公允价值计量的企业数	占同类企业数的比重（％）	占当年全部上市公司总数（％）	公允价值计量实质性偏好度			
					总额	最大值	最小值	平均值
6 人及以上	21	13	61.90	0.49	0.2313	0.0615	(0.0270)	0.0178
5 人	87	37	42.53	1.40	3.5348	1.2150	(0.1092)	0.0955
4 人	421	133	31.59	5.02	2.2475	1.8848	(0.9737)	0.0169
3 人	1 985	458	23.07	17.27	73.9291	46.0328	(1.9144)	0.1614
2 人	138	40	28.99	1.51	1.3481	0.6587	(0.1943)	0.0337
合计	2 652	681	25.68	25.68	81.2908	46.0328	(1.9144)	0.1194

注：本数据来源于国泰安 CSMAR 数据库并经手工整理获得。

（三）公司内部影响因素三：管理层薪酬与两职设立情况的分析

现代企业中所有权与经营权分离，所有者与管理者之间对于企业真实的盈余水平存在信息不对称,管理者拥有信息优势。上市公司的管理层可以在会计准则允许的范围内对盈余进行操控。管理层对盈余进行操控的动机有很多,使自身效用(财富)最大化就是重要的动机之一。公允价值计量在我国历史上曾被用作盈余管理的手段,那么这次再度引入公允价值计量模型,上市公司的高管们有没有再次利用它作为盈余管理的手段?这就是本书要探讨的一个问题。本书取公司当年报酬最高的前三名高管报酬总额平均数作为描述性统计的标准。刘浩、孙铮(2008)在《公允价值的实证理论分析与中国的研究机遇》一文中也提到一个应关注的问题,那就是"不同的薪酬契约可能会影响到公允价值的计量,例如当公司的利润指标包含公允价值变动损益时,经理人员可能更倾向于多做股票投资并及时将持有利得入账"。表5-11(a)显示:总经理的薪酬为 10 万元~49 万元区间的公允价值计量实质性偏好度较高。因此,本书以 49 万元的年薪为分水岭,可以看出人均 50 万元以上年薪的高管对公允价值的偏好度为 1.3503,远远小于年薪为 49 万元以下的偏好度 17.3838。表 5-11(b)、表 5-11(c)中,从 2013 年与 2014 年的数据均可以看出,前三名高管的年均收入为 50 万元的企业,其公允价值计量实质性偏好度为最高;企业高管的年薪在 50 万元以上的,随着年薪的继续增加,其公允价值计量实质性偏好度呈下降的趋势;企业高管年薪在 50 万元以下的,随着年薪的减少,其公允价值计量实质性偏好度也是呈下降的趋势。高管年薪人均 50 万元以上的对公允价值的偏好度远远小于年薪为 50 万元以下的偏好度。从两张表格中明显的数据变化规律我们可以知道,企业高管的薪酬与公允价值计量实质性偏好度有密切的关联。

表 5-11(a) 按前三名高管的平均薪酬情况分类的偏好度分析表

(截至 2007 年 12 月 31 日)

前三名高管人年均收入(万元)	该类型的企业数	其中涉及公允价值计量的企业数	占同类企业数的比重(%)	占当年全部上市公司总数(%)	公允价值计量实质性偏好度			
					总额	最大值	最小值	平均值
800 及以上	3	3	100.00	0.19	0.4799	0.4419	0.0070	0.1600
512~524	22	1	4.55	0.06	(0.0979)		(0.0979)	(0.0979)
100~471	68	43	63.24	2.74	2.8231	0.6615	(0.2257)	0.0657

续表

前三名高管人年均收入(万元)	该类型的企业数	其中涉及公允价值计量的企业数	占同类企业数的比重(%)	占当年全部上市公司总数(%)	公允价值计量实质性偏好度			
					总额	最大值	最小值	平均值
50～99	198	57	28.79	3.63	(1.8548)	0.3707	(2.6691)	(0.0325)
小计	291	104	35.74	6.62	1.3503	0.6615	(2.6691)	0.0130
10～49	1 045	261	24.98	16.62	16.6849	7.2569	(0.5227)	0.0639
0～9	234	38	16.24	2.42	0.6989	0.2530	(0.0275)	0.0184
小计	1 279	299	23.38	19.04	17.3838	7.2569	(0.5227)	0.0581
合计	1 570	403		25.67	18.7341	7.2569	(2.6691)	0.0465

注:本数据来源于国泰安 CSMAR 数据库并经手工整理获得。

表 5-11(b)　按前三名高管的平均薪酬情况分类的偏好度分析表

(截至 2013 年 12 月 31 日)

前三名高管人年均收入(万元)	该类型的企业数	其中涉及公允价值计量的企业数	占同类企业数的比重(%)	占当年全部上市公司总数(%)	公允价值计量实质性偏好度			
					总额	最大值	最小值	平均值
800 及以上	2	2	100.00	0.08	0.0170	0.0165	0.0005	0.0085
500～800 (不含 800)	9	9	100.00	0.35	0.1234	0.0721	(0.1066)	0.0137
200～500 (不含 500)	79	50	63.29	1.97	(0.0648)	0.4663	(0.3377)	(0.0015)
100～200 (不含 200)	213	79	37.09	3.12	3.8566	3.5740	(2.6349)	0.0488
50～100 (不含 100)	799	212	26.53	8.36	6.1393	5.2027	(1.4460)	0.0290
小计	1 102	352	31.94	13.88	9.3530	5.2027	(2.6349)	0.0266

续表

前三名高管人年均收入(万元)	该类型的企业数	其中涉及公允价值计量的企业数	占同类企业数的比重(%)	占当年全部上市公司总数(%)	公允价值计量实质性偏好度			
					总额	最大值	最小值	平均值
10～50 (不含50)	1 391	249	17.90	9.82	82.9116	80.0266	(3.0410)	0.3330
0～10 (不含10)	43	6	13.95	0.24	3.5541	3.0507	(0.2533)	0.5923
小计	1 434	255	17.78	10.06	86.4657	80.0266	(3.0410)	0.3391
合计	2 536	607		23.94	95.8187	80.0266	(3.0410)	0.0378

注:本数据来源于国泰安 CSMAR 数据库并经手工整理获得。

表 5-11(c)　按前三名高管的平均薪酬情况分类的偏好度分析表

(截至 2014 年 12 月 31 日)

前三名高管人年均收入(万元)	该类型的企业数	其中涉及公允价值计量的企业数	占同类企业数的比重(%)	占当年全部上市公司总数(%)	公允价值计量实质性偏好度			
					总额	最大值	最小值	平均值
800 及以上	1	1	100.00	0.08	0.0002			
500～800 (不含800)	8	8	100.00	0.64	(0.0417)	0.0544	(0.0970)	(0.0052)
200～500 (不含500)	95	62	65.26	4.94	48.0120	46.0328	(1.0720)	0.7744
100～200 (不含200)	259	102	39.38	8.13	4.3450	1.5843	(1.1616)	0.0426
50～100 (不含100)	891	250	28.06	19.94	(0.6051)	1.8848	(1.7521)	(0.0024)
小计	1 254	423	31.94	13.88	51.7104	46.0328	(1.7521)	0.1222

前三名高管人年均收入(万元)	该类型的企业数	其中涉及公允价值计量的企业数	占同类企业数的比重(%)	占当年全部上市公司总数(%)	公允价值计量实质性偏好度			
					总额	最大值	最小值	平均值
10～50(不含50)	1 366	252	18.45	18.03	25.3325	26.8168	(1.9144)	0.1005
0～10(不含10)	32	6	18.75	0.43	4.2479	4.2780	(0.2504)	0.7080
小计	1 398	258	18.45	18.45	29.5804	26.8168	(1.9144)	0.0212
合计	2 652	681		25.68	81.2908	46.0328	(1.9144)	0.1194

注:本数据来源于国泰安 CSMAR 数据库并经手工整理获得。

　　代理理论提倡董事长与总经理两职分离,因为作为代理人的总经理不一定总是从股东的利益出发披露信息,因此需要单独设立董事长以监督。如果二职合一,则总经理倾向于对外隐瞒不利的信息,从而导致信息不对称所带来的冲突。在两职设置对于治理效率具有何种影响的问题上,国外学者仍存在着广泛的争论。反对两职合一者认为:两职分设相对于两职合一可以避免公司发生大的危机,并且董事会能对经理人员进行更客观的评价;支持两职合一者认为,两职合一能使总经理具有更大的权力,可以更及时地应对飞速变化的环境,并且与其他内部董事一样,兼任总经理的董事长具有更多的关于企业及相关产业的知识,相对于外部董事而言,对公司具有更大的责任感。从表5-12(a)中可以看出,董事长与总经理两职分离的情况下,公允价值的偏好度为8.7070,小于两职兼任情况下的偏好度10.0226。总经理与董事长两职合一,上市公司内部监督就越弱,因而利用公允价值计量进行盈余管理的可能性也就越大,即公允价值计量的偏好就越高。笔者认为,两职分立与否对公允价值的偏好有很大的影响,值得关注。从表5-12(b)中2013年的数据来看,董事长与总经理两职分离的情况下,公允价值的偏好度为89.2629,远远高于两职兼任情况下的偏好度6.7573。但从表5-12(c)中2014年的数据来看,董事长与总经理两职分离的情况下,公允价值的偏好度为34.0135,低于两职兼任情况下的偏好度47.1791。这两张偏好度分析表,无法直接表现出两职分立与否对公允价值的偏好有产生的影响,因此笔者认为,两职分立与否对公允价值的偏好是否有关系,还需要进一步的实证研究。

表 5-12(a)　按董事长与总经理两职分立与否情况分类的偏好度分析表

(截至 2007 年 12 月 31 日)

董事长与总经理兼任情况	该类型的企业数	其中涉及公允价值计量的企业数	占同类企业数的比重(%)	占当年全部上市公司总数(%)	公允价值计量实质性偏好度			
					总额	最大值	最小值	平均值
两职分离	1 321	340	25.74	21.66	8.7070	0.9853	(2.6691)	0.0256
两职兼任	249	63	25.30	4.01	10.0226	7.2565	(1.2803)	0.1591
合计	1 570	403	25.67	25.67	18.7296	7.2565	(2.6691)	0.0465

注:本数据来源于国泰安 CSMAR 数据库并经手工整理获得。

表 5-12(b)　按董事长与总经理两职分立与否情况分类的偏好度分析表

(截至 2013 年 12 月 31 日)

董事长与总经理兼任情况	该类型的企业数	其中涉及公允价值计量的企业数	占同类企业数的比重(%)	占当年全部上市公司总数(%)	公允价值计量实质性偏好度			
					总额	最大值	最小值	平均值
两职分离	1 891	494	26.12	19.78	89.2629	80.0266	(3.0410)	0.1807
两职兼任	625	110	17.60	4.34	6.7573	5.2027	(0.7690)	0.0614
合计	2 516	604		24.01	96.0202	80.0266	(3.0410)	0.1590

注:本数据来源于国泰安 CSMAR 数据库并经手工整理获得。

表 5-12(c)　按董事长与总经理两职分立与否情况分类的偏好度分析表

(截至 2014 年 12 月 31 日)

董事长与总经理兼任情况	该类型的企业数	其中涉及公允价值计量的企业数	占同类企业数的比重(%)	占当年全部上市公司总数(%)	公允价值计量实质性偏好度			
					总额	最大值	最小值	平均值
两职分离	1 943	537	27.64	20.48	34.0135	26.8168	(1.9143)	0.0633
两职兼任	679	140	20.62	5.34	47.1791	46.0328	(0.8345)	0.3370
合计	2 622	677	25.82	25.82	81.1927	46.0328	(1.9143)	0.1199

注:本数据来源于国泰安 CSMAR 数据库并经手工整理获得。

综合前述相关分析与考虑,本书采用"公允价值变动收益"作为实质性偏好度的分子。

第二节　公允价值计量应用程度度量指标的由来及说明

根据西方经济学的原理,偏好度应是一个用于比较的相对数,既然是一个相对数,就必然涉及分子和分母的选择,基于这样一个思路,下面是本书实质性偏好度分子和分母的选择过程。

一、公允价值计量实质性偏好度分子的选择过程

上市公司如果执行了 2006 年的企业会计准则并采用公允价值计量的话,必然会引起资产或负债的公允价值变动。公允价值变动,在现行会计准则下既是表述某项资产或负债在两个财务杠杆表日之间公允价值增减变动的金额,又作为相关资产、负债的账面价值构成部分,成为交易性金融资产、交易性金融负债和以公允价值进行后续计量的可供出售金融资产、投资性房地产等资产、负债科目下的明细科目和调整账户(附加备抵账户)。公允价值变动是指期末与期初公允价值之间的差额。在 2006 年的企业会计准则体系中,公允价值变动有两种处理方法:一是先计入所有者权益,等以后处置该资产再转入当期损益;二是直接计入当期损益。根据现行会计准则规定,由于选择了公允价值计量而引起的计量后果"公允价值变动"的最终去向主要为以下几个:

公允价值变动去向一:"资本公积(其他资本公积)(2014 年以前)"或其他"综合收益(2014 年以后)"。可供出售金融资产、现金流量套期和境外经营净投资套期的有效套期部分,其公允价值变动形成的利得或损失直接计入资本公积(其他资本公积),待预设的条件满足时再转入损益或其他相关项目。利得或损失应计入"资本公积(其他资本公积)(2014 年以前)"或其他"综合收益(2014 年以后)"的情形有以下几种:

情形 1:财务杠杆表日的处理。对于资产类项目,应在财务杠杆表日按公允价值高于其账面价值的差额,记入"资本公积(其他资本公积)"贷方;公允价值低于其账面价值的,按其差额做相反的会计分录。对于负债类项目,应在财务杠杆表日按公允价值高于其账面价值的差额,记入"资本公积(其他资本公积)(2014 年以前)"或其他"综合收益(2014 年以后)"科目借方;公允价值低于其账面价值的,按其差额做相反的会计分录。

情形 2:涉及重分类的处理。投资性房地产转换计量模式及将持有至到期投资重分类为可供出售金融资产时公允价值变动的确认和计量。《企业会计准则第 3 号投资性房地产》规定:自用房地产或存货转换为采用公允价值计量的投资性房地产时,投资性房地产按照转换当日的公允价值计价,转换当日的公允价值小于原账面价值的,其差额计入当期损益;转换当日的公允价值大于原账面价值的,其差额计入所有者权益。另外,按规定将持有至到期投资重分类为可供出售金融资产时,其公允价值与原账面价值之间的差额也属于公允价值变动收益,但这一利得或损失不计入当期损益,而直接计入所有者权益。

情形 3:涉及资产减值的处理。《企业会计准则第 22 号金融工具确认和计量》规定,可供出售金融资产发生减值时,即使该金融资产没有终止确认,原直接计入所有者权益的公允价值下降形成的累计损失,应当予以转出,计入当期损益。确定可供出售金融资产发生减值的,记入"资本公积(其他资本公积)(2014 年以前)"或其他"综合收益(2014 年以后)"贷方。对于已确认减值损失的可供出售金融资产,在随后会计期间内公允价值已上升且客观上与确认原减值损失事项有关的,且可供出售金融资产为股票等权益工具投资且公允价值能够可靠计量的,则记入"资本公积(其他资本公积)(2014 年以前)"或其他"综合收益(2014 年以后)"贷方。

公允价值变动去向二:"公允价值变动收益"。公允价值变动收益,在现行会计准则中既是用以表述某项资产、负债的公允价值变动形成的利得或损失,又是一个计入当期损益的会计科目,在利润表中被列作"公允价值变动收益"

项目。但是，并不是所有的公允价值变动形成的利得或损失都记入"公允价值变动收益"科目。交易性金融资产、交易性金融负债、衍生工具、以公允价值计量的投资性房地产、其他直接指定为以公允价值计量且变动计入当期损益的金融资产或金融负债，以及现金流量套期、境外经营净投资套期的无效套期部分和公允价值套期，其公允价值变动形成的利得或损失均应记入"公允价值变动收益"科目。利得或损失应计入"公允价值变动收益"的情形有以下几种：

情形1：财务杠杆表日的处理。对于资产类项目，应在财务杠杆表日按资产公允价值高于其账面价值的差额，记入"公允价值变动收益"贷方；资产公允价值低于其账面价值的，按其差额做相反的会计分录。对于负债类项目，应在财务杠杆表日按公允价值高于其账面价值的差额，记入"公允价值变动收益"借方；公允价值低于其账面价值的，按其差额做相反的会计分录。

情形2：涉及重分类的处理。特殊情况下，因资产重分类等原因也需要确认公允价值变动收益并分别计入当期损益（公允价值变动收益）或所有者权益（资本公积），比如企业将原以公允价值计量的投资性房地产改为自用固定资产时，公允价值与其账面价值的差额应确认为"公允价值变动收益"。

情形3：终止确认。按照企业会计准则的要求，在出售交易性金融资产时，应将原计入该金融资产的公允价值变动由"公允价值变动收益"转到"投资收益"。

公允价值变动去向三："投资收益""其他业务收入""主营业务成本"。公允价值变动作为相关资产、负债的调整账户和明细科目，应在其对应的资产或负债终止确认的同时也终止确认。具体可分为以下几种情形：

情形1：相关资产处置或相关负债转让时转销其账面价值，同时转销其"公允价值变动"明细科目余额，比如交易性金融资产（负债）、可供出售金融资产、投资性房地产多属于此种情况。

情形2：对相关资产、负债进行重分类时，原计入公允价值变动的资产、负债价值应予以转销，比如将采用公允价值计量的投资性房地产转为自用时，其原确认并计入房地产价值的公允价值变动，应终止确认；企业将交易性金融资产、可供出售金融资产指定为被套期项目时，其"公允价值变动"明细科目余额也应终止确认（并入被套期项目的账面余额）。

情形3：根据相关资产、负债的公允价值变动确认资产、负债的增减值，并计入当期损益或所有者权益，多数情况下是一种过渡性安排，相当于衍生工具的"浮动盈亏"。按照会计准则的规定：计入当期损益的公允价值变动收益，除套期业务的"套期损益"外，均应在相关资产、负债处置时，将该项资产、负债存续期间公允价值变动净损益转出,合并计入相关资产、负债的处置损益,具体处理是在转销相关资产、负债并按其账面价值与处置收入的差额确认处置损益之后,再按处置前该资产、负债项目的"公允价值变动"明细科目的账面余额,将原记入"公允价值变动收益"中的转到"投资收益""其他业务收入""主营业务成本"等科目。

公允价值变动去向四:"套期损益"。《企业会计准则应用指南——会计科目和主要账务处理》指出:企业开展套期保值业务的,有效套期关系中套期工具或被套期项目的公允价值变动收益,还可以单独设置"套期损益"科目进行核算。

根据上述分析,得出公允价值计量后果流程图如图 5-1 所示。

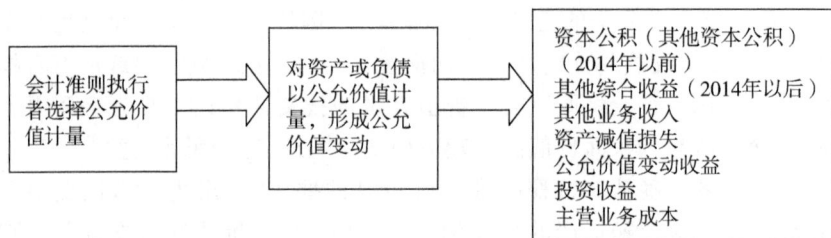

图 5-1 公允价值计量后果流程图

从理论上讲,应将资本公积(其他资本公积)(2014 年以前)、其他综合收益(2014 年以后)、公允价值变动收益、投资收益、其他业务收入、主营业务成本、套期损益这几项涉及公允价值变动的作为分子,但笔者只选择"公允价值变动收益"作为分子,其理由如下:

第一,2006 年会计准则第一次明确要求执行 2006 年会计准则的上市公司在损益表中应披露"公允价值变动收益",该科目不分行业,所有上市公司只要是涉及公允价值计量的都需要披露这个数值,而且这个数值不需要再调整,只要是计入"公允价值变动收益"一定代表该企业采用了公允价值计量模式,它具有唯一性。

第二,从数据是否可以获得的途径看,只有"公允价值变动收益"在CSMAR 数据库里可以直接获得,而其他几个没有办法获得数据。笔者也想通过逐一查看上市公司年度报表的方式来获得其他几个科目的数据,但是不同公司对同一科目的信息披露程度不同,特别是当上市公司年报没有该数据时,无法判断该公司是不涉及公允价值变动还是没有将其披露;加之有的要看报表,有的需要逐一调整,有的根本没有披露其构成,这就增加了数据采集的工作量,因为研究时间的限制,故笔者放弃了确定其他科目中公允价值计量变动影响数的工作。

第三,从准则要求讲,只有资产或负债被处置或终止确认时,其相关的公允价值变动才转入投资收益、其他业务收入、主营业务成本、套期损益这些科目中去。从理论上看,公允价值的选择过程已结束,从而判断其公允价值计量的偏好也没有意义了。

二、公允价值计量实质性偏好度分母的选择过程

利润表是反映企业在一定会计期间的经营成果的账务报表。利润表的列报必须充分反映企业经营业绩的主要来源和构成,有助于使用者判断净利润的质量和风险以及预测净利润的持续性,从而做出正确的决策。通过利润表,可以反映企业在一定会计期间的收入实现情况,如实现的营业收入有多少,实现的投资收益有多少,实现的营业外收入有多少等;可以反映一定会计期间的费用耗费情况,如耗费的营业成本有多少,营业税费有多少,销售费用、管理费用、财务费用各有多少等;可以反映企业生产经营活动的成果,即净利润的实现情况,据以判断资本保值、增值情况。因此,以净利润作为分母最具有代表性和综合性。

根据上述分析过程,本书用以评价上市公司对公允价值计量偏好的一个指标为:公允价值实质性偏好度 $=\dfrac{\text{公允价值变动收益}}{\text{净利润}}$。公式中的"公允价值变动收益"和"净利润"两个数据在利润表中的位置如表5-13所示。

表5-13　利　　润　　表(摘要)

编制单位:　　　　　　　　20××年　　　　　　　　　　　　单位:元

项　　目	本期金额	上期金额
一、营业收入		
减:营业成本		
资产减值损失		
加:公允价值变动收益(损失以"-"号填列)		
投资收益(损失以"-"号填列)		
四、净利润(净亏损以"-"号填列)		

6

公允价值在上市公司应用程度与影响因素的实证研究

　　上市公司对于公允价值计量的选择总是在内外部影响因素的约束下进行的,外部影响因素主要有行业特性、上市年限、经济区域、审计意见;内部影响因素主要有企业性质、第一大股东持股比例、董事会规模、独立董事规模、管理层薪酬、总经理与董事长是否合一等。笔者已将这些影响因素做了描述性统计分析,但是描述性统计的结果并不足以说明问题,因此,笔者利用回归模型对这些影响因素与公允价值计量实质性偏好度之间的关系进行检验,并对检验结果加以分析与总结。

第一节　研究假设

　　根据本书描述性统计结果,拟对第五章十个方面的影响因素与公允价值计量实质性偏好度的关系进行实证分析。为此,本书主要做如下几点假设:

一、公司外部影响因素的假设

　　假设 1A:行业特性对上市公司公允价值计量的偏好度有重要的影响。行业特性主要是指上市公司是否为应用公允价值计量方式比例较大的金融业。

　　假设 1B:上市年限对上市公司公允价值计量的偏好度有正的影响,即上市年限越长,越偏好公允价值计量;上市年限越短,越不偏好公允价值计量。

　　假设 1C:经济区域对上市公司公允价值计量的偏好度有正的影响,即经济越发达地区,越倾向于采用公允价值计量。

假设 1D:审计监督对上市公司采用公允价值计量有影响,即审计意见为标准意见的上市公司更倾向于公允价值计量,而被出具非标准审计意见的上市公司不偏好公允价值计量,即审计监督对上市公司公允价值计量的选择起到了很好的监督作用。

二、公司内部影响因素的假设

假设 2A$_1$:国有性质的上市公司比非国有性质的上市公司更偏好采用公允价值计量。

假设 2A$_2$:国有性质的上市公司公允价值计量的偏好度较高,且随着国有控股企业中控股比例的增加,对公允价值计量的偏好度就越高。

假设 2B$_1$:董事会规模越大,对公允价值计量的偏好度就越低;董事会人数规模越小,对公允价值计量的偏好度就越高。

假设 2B$_2$:独立董事人数与上市公司公允价值计量的偏好度为负相关,独立董事越多,对公允价值计量的偏好就越低。

假设 2C$_1$:管理层薪酬与公允价值计量的偏好度成反比,即管理层薪酬越高,该上市公司的公允价值计量偏好度就越低;管理层薪酬越低,该上市公司的公允价值计量偏好度就越高。

假设 2C$_2$:总经理与董事长两职兼任下的公允价值计量的偏好度要高于两职分离情况下的公允价值计量的偏好度。

第二节　样本选择、数据来源及变量解释

一、样本选择

本书在对公允价值计量实质性偏好度进行统计分析时,选取了 2007 年、2013 年和 2014 年沪深两市 A 股上市公司作为分析对象,根据万德(wind)数据库、国泰安 CSMAR 数据库中的各数据段进行分析并做了适当的筛选。由于《企业会计准则第 39 号——公允价值计量》是在 2014 年 7 月 1 日开始执行的,截至 2014 年 12 月 31 日,取得的数据只有 2014 年 7 月 1 日至 2014 年 12 月 31 日这半年的数据。考虑到年度数据的时效性与完整性,为力求数据的准确和可靠,在实证研究部分,本书在选择 2015 年和 2016 年沪深两市 A 股上市公司作为分

析对象的基础上,还做了以下筛选:(1)剔除了 B 股(证券代码为:900929、900935、900939、900948、900949、900950、900951、900953、900956、900957 等)共计 52 家上市公司,因为这些公司面临境内外双重监管。(2)只取上市公司母公司的年报数,没有取合并报表数。本书认为合并报表数是母公司将众多子公司和本身的会计政策统一后的数据,在会计政策调整过程中,母公司可能会根据自身情况对公允价值计量进行调整,这样就不能体现母子公司各自对公允价值计量的偏好了。(3)剔除了数据库里信息缺失遗漏的数据。最终,本书获得的样本为 2015 年和 2016 年沪深两市 A 股上市并提供 2015 年和 2016 年年报的上市公司,共 5 824 家,其中 2015 年 2 790 家,2016 年 3 034 家。

二、数据来源及统计分析软件

本书数据来源有:(1)财务数据和公司治理数据主要来自深圳国泰安数据库(CSMAR);(2)其他一些辅助数据从上海证券交易所的网站(http://www.sse.com.cn)和深圳证券交易所的网站(http://www.szse.cn)获得;(3)本书采用 Microsoft Excel 2010、Stata 12.0 作为数据处理与分析的统计软件。

三、变量定义与解释

(一)因变量

本书因变量是上市公司公允价值计量实质性偏好度,计算公式为:公允价值计量实质性偏好度(degree of fair value preference,Dfvp)$= \dfrac{公允价值变动收益}{净利润}$。经过计算,偏好度有负数、正数、零三种情况,笔者认为偏好度为负也证明了上市公司对公允价值计量的一种选择,故取绝对值进行分析。为了研究需要,本书设计了三个代理变量:(1)公允价值计量实质性偏好度的虚拟变量 dum degree of fair value preference(DumDfvp),当上市公司的 2007 年度损益表中"公允价值变动损益"有数额时(不管是正数还是负数),本书赋值 DumDfvp 为 1,否则赋值为 0;(2)公允价值计量实质性偏好度 degree of fair value preference(Dfvp);(3)为了进行稳健性测试,设计了排序变量 order degree of fair value preference(OrderDfvp)来进行稳健性测试。根据上市公司公允价值计量实质性偏好度 Dfvp(取绝对值数)数值大小进行分类排序,并将排序后的偏好度(OrderDfvp)分为完全偏好、相当偏好、偏好、不偏好四种,并分别赋值 OrderDfvp 为 4、3、2、1,赋值越高,说明该上市公司越偏好公允价值计量。OrderDfvp 赋值情况如表 6-1 所示。

表 6-1　排序变量 OrderDfvp 的赋值表

	完全偏好	相当偏好	偏好	不偏好	完全不偏好
偏好度（Dfvp）（取绝对值数）	0.2＜Dfvp	0.05＜Dfvp ≤0.2	0.01＜Dfvp ≤0.05	0.001＜Dfvp ≤0.01	Dfvp≤0.001
排序变量（Order Dfvp）的赋值	5	4	3	2	1

（二）解释变量

1.行业特性（specific of the industry，Ind）

本书采用虚拟变量 DumInd 来代表行业特性。为了能准确地分析行业对公允价值计量偏好的影响，本书将行业划分为金融业和非金融业，因为金融业使用公允价值的比例非常高，远远超过了其他任何行业。本书将上市公司所属行业是金融业的取值为1，其他行业取值为0。

2.上市年限（age of listed，LIST）

本书用 Year 来代表上市年限，取上市公司实际上市的年数。

3.经济区域（economic region，Econ）

本书采用哑变量 DumArea 来度量各个经济区域的特性对上市公司公允价值计量的偏好程度的影响。上市公司所在地（按上市公司的注册地址来划分）在经济发达地区的取值为1，否则取值为0。哑变量 DumArea 的赋值表如表6-2所示。

表 6-2　哑变量 DumArea 的赋值表

经济地区	上市公司所处的省、自治区、直辖市	赋值
东部地区	北京、天津、河北、辽宁、上海、江苏、浙江、福建、山东、广东、广西、海南	1
中部地区	山西、内蒙古、吉林、黑龙江、安徽、江西、河南、湖北、湖南	
西部地区	重庆、四川、贵州、云南、西藏、陕西、甘肃、宁夏、青海、新疆	0

4.审计意见类型（the type of audit opinion，Audit）

DumAudit 为哑变量，当上市公司的年报被出具标准审计意见时 DumAudit 取值为1，否则取值为0。

5.企业性质（the nature of an enterprise，Enter）

当最终控股人为国有性质时,即上市公司为国有企业时,DumEnter 取值为 1,否则取值为 0。

6.第一大控股股东持股比例(the country's largest controlling shareholder,Hold)

本书取 Hold 的值为第一大股东持股的比例。

7.董事会规模(board size,BSize)

本书取 BSize 的值为董事会人数。

8.独立董事规模(independent directors,Indir)

本书取 Indir 的值为独立董事人数。

9.管理层薪酬(management pay,LNcost)

本书取前三名高管薪酬加 1[①] 之和取自然对数。

10.总经理与董事长是否合一(chairman and general manager of the unity,Unity)

当上市公司总经理与董事长合一时,DumUnity 取值为 1,否则取值为 0。

(三)控制变量

为了控制其他因素对上市公司公允价值计量偏好的影响,本书加入 LNSize、ROE、LEV、GROWTII 四个变量,分别代表公司规模、盈利能力、财务杠杆、公司成长性。本书全部变量的具体定义如表 6-3 所示。

表 6-3　变量定义一览表

变量类型	变量名称	变量符号	变量描述
因变量	公允价值计量实质性偏好度	DumDfvp	上市公司 2015、2016 年年度损益表中"公允价值变动收益"有数额时(不管是正数还是负数),本书都给 DumDfvp 赋值为 1,否则赋值为 0。
		Dfvp	直接取:公允价值变动收益/净利润,并取其绝对值。
		OrderDfvp	按 Dfvp 绝对值的大小分别赋值为 5,4,3,2,1;5 表示完全偏好,4 表示相当偏好,3 表示偏好,2 表示不偏好,1 表示完全不偏好。

---

① 为防止高管薪酬为 0 时,不能取对数,本书在原数值上加 1。

变量类型		变量名称	变量符号	变量描述
解释变量	Pane 1：公司外部因素	行业特性	DumInd	为哑变量，当上市公司为金融行业时 DumInd 取值为 1，否则取值为 0。
		上市年限	Year	为上市公司的上市年限数。
		经济区域	DumArea	为哑变量，当上市公司所在地（按上市公司的注册地址来划分）在经济发达地区时，DumArea 取值为 1，否则取值为 0。
		审计意见	DumAudit	为哑变量，当上市公司的年报被出具标准审计意见时 DumAudit 取值为 1，否则取值为 0。
	Pane 2A：股权结构变量	企业性质	DumEnter	为哑变量，当最终控股人为国有性质时，即上市公司为国有企业时，DumEnter 取值为 1，否则取值为 0。
		第一大股东持股比例	Hold	国家作为第一大控股股东所占公司的股份比例。
	Pane 2B：公司治理变量	董事会规模	BSize	董事会全部董事的人数。
		独立董事规模	Indir	董事会里全部独立董事的人数。
	Pane 2C：公司治理变量	总经理与董事长是否合一	DumUnity	哑变量，如果董事长兼任总经理，DumUnity 取值为 1，否则取值为 0。
		管理层薪酬	LNcost	上市公司前三名管理者薪酬（元）自然对数。
控制变量		公司规模	LNSize	总资产（元）的自然对数。
		盈利能力	ROE	净资产收益率。
		财务杠杆	LEV	债务账面价值与总资产账面价值之比。
		成长性	GROWTH	样本年度前四年主营业务收入平均增长率。

（四）研究模型

由于本书因变量为二元变量 DumDfvp 和有序变量 OrderDfvp，但是对应的解释变量大多是哑变量，因此本书分别构建了有序二元 Logistic 和二元

Logistic 模型。

$$\text{Logist(DumDfvp)} = \beta_0 + \beta_1 \text{DumInd} + \beta_2 \text{DumArea} + \beta_3 \text{Year} + \beta_4 \text{DumAudit} + \beta_5 \text{DumEnter} + \beta_6 \text{Hold} + \beta_7 \text{BSize} + \beta_8 \text{Indir} + \beta_9 \text{DumUnity} + \beta_{10} \text{LNSize} + \beta_{11} \text{LNcost} + \beta_{12} \text{ROE} + \beta_{13} \text{LEV} + \beta_{14} \text{GROWTH} + \varepsilon \qquad (6\text{-}1)$$

$$\text{Logist(Dfvp)} = \beta_0 + \beta_1 \text{DumInd} + \beta_2 \text{DumArea} + \beta_3 \text{Year} + \beta_4 \text{DumAudit} + \beta_5 \text{DumEnter} + \beta_6 \text{Hold} + \beta_7 \text{BSize} + \beta_8 \text{Indir} + \beta_9 \text{DumUnity} + \beta_{10} \text{LNSize} + \beta_{11} \text{LNcost} + \beta_{12} \text{ROE} + \beta_{13} \text{LEV} + \beta_{14} \text{GROWTH} + \varepsilon \qquad (6\text{-}2)$$

$$\text{OLogist(OrderDfvp)} = \beta_0 + \beta_1 \text{DumInd} + \beta_2 \text{DumArea} + \beta_3 \text{Year} + \beta_4 \text{DumAudit} + \beta_5 \text{DumEnter} + \beta_6 \text{Hold} + \beta_7 \text{BSize} + \beta_8 \text{Indir} + \beta_9 \text{DumUnity} + \beta_{10} \text{LNSize} + \beta_{11} \text{LNcost} + \beta_{12} \text{ROE} + \beta_{13} \text{LEV} + \beta_{14} \text{GROWTH} + \varepsilon \qquad (6\text{-}3)$$

上式中 ε 是随机误差项。

第三节　检验结果和结论

一、实证检验结果及分析

(一)样本回归结果分析

本书对模型(6-1)用 stata 12.0 进行回归分析并得表 6-4(a)和表 6-4(b)。2015 年模型(6-1)的回归结果表明:金融行业、上市年限在 1% 水平上与公允价值计量实质性偏好(DumDfvp)显著正相关,这些支持了研究假设 1A 和 1B。但是经济区域、审计意见与公允价值计量实质性偏好度(DumDfvp)没有显著相关性,研究假设 1C、1D 没有得到支持。然而,2016 年模型(6-1)的回归结果表明:金融行业、上市年限在 1% 水平上与公允价值计量实质性偏好度(DumDfvp)显著正相关;同样,经济区域这个变量也与公允价值计量实质性偏好度(DumDfvp)显著正相关。这些支持了研究假设 1A、1B 和 1C。但是审计意见与公允价值计量实质性偏好度(DumDfvp)没有显著相关性,研究假设 1D 没有得到支持。

表 6-4(a)　2015 年 Logistic 回归结果表($N=2\,790$)

变量类型	变量名称	变量符号	系数	标准差	Z 值
解释变量	行业特性	DumInd	2.1581	0.5059	4.27***
解释变量	经济区域	DumArea	0.0663	0.1445	0.46
解释变量	上市年限	Year	0.3446	0.0076	4.52***
解释变量	审计意见	DumAudit	0.1976	0.2921	0.68
解释变量	企业性质	DumEnter	(0.6202)	0.1981	(3.13)***
解释变量	第一大股东持股比例	Hold	(0.0029)	0.0044	(0.67)
解释变量	董事会规模	BSize	(0.0714)	0.0409	(1.74)*
解释变量	独立董事规模	Indir	0.1733	0.1216	1.43
解释变量	两职是否合一	DumUnity	(0.0142)	0.1129	(0.13)
解释变量	管理层薪酬	LNcost	0.1011	0.0623	1.62
控制变量	公司规模	LNSize	0.5246	0.0448	11.72***
控制变量	盈利能力	ROE	0.0027	0.0661	0.04
控制变量	财务杠杆	LEV	0.0049	0.0090	0.54
控制变量	成长性	GROWTH	(0.0001)	0.0002	(0.27)

注：***、**、*分别表示均值差异在 1%、5%、10%水平下显著。

表 6-4(b)　2016 年 Logistic 回归结果表($N=3\,034$)

变量类型	变量名称	变量符号	系数	标准差	Z 值
解释变量	行业特性	DumInd	3.4101	0.7398	4.61***
解释变量	经济区域	DumArea	0.2527	0.1451	1.74*
解释变量	上市年限	Year	0.0395	0.0073	5.39***
解释变量	审计意见	DumAudit	0.1494	0.2781	0.54
解释变量	企业性质	DumEnter	(0.3583)	0.2007	(1.79)*
解释变量	第一大股东持股比例	Hold	(0.0111)	0.0046	(2.40)**
解释变量	董事会规模	BSize	(0.0577)	0.0405	(1.42)
解释变量	独立董事规模	Indir	0.1471	0.1207	1.22

续表

变量类型	变量名称	变量符号	系数	标准差	Z 值
解释变量	两职是否合一	DumUnity	(0.1147)	0.1096	(1.05)
解释变量	管理层薪酬	LNcost	0.0235	0.0586	0.40
控制变量	公司规模	LNSize	0.5483	0.0431	12.73 ***
控制变量	盈利能力	ROE	(0.0831)	0.1139	(0.73)
控制变量	财务杠杆	LEV	0.0052	0.0106	(0.50)
控制变量	成长性	GROWTH	(0.0032)	0.0041	(0.79)

注：***、**、*分别表示均值差异在1%、5%、10%水平下显著。

在公司内部六个假设变量中，2015年模型(6-1)的回归结果表明：企业性质在1%水平上与公允价值计量实质性偏好度(DumDfvp)显著负相关，这与假设 $2A_1$ 相悖，显然非国有企业更偏好于公允价值计量。产生这种现象的原因可能是，公允价值计量比历史成本更具有风险性，且国有企业不以追求高利润作为营业目的，所以经营理念相对保守，不愿意承担公允价值计量可能带来的风险，所以与非国有企业相比，国有企业公允价值计量实质性偏好度要低。除此之外，董事会规模在10%的水平上与公允价值计量实质性偏好度(Dum-Dfvp)显著负相关，这支持了假设 $2B_1$，其他几个解释变量都没有得到检验支持。

2016年模型(6-1)的回归结果表明：企业性质在10%水平上与公允价值计量实质性偏好度(DumDfvp)显著负相关，这与假设 $2A_1$ 相悖，非国有企业更偏好于公允价值计量。除此之外，国家持股比例在5%的水平上与公允价值计量实质性偏好度(DumDfvp)显著负相关，这与假设 $2A_2$ 相悖。随着国家作为第一大股东持股比例的上升，公允价值计量实质性偏好度是下降的。其他几个解释变量也都没有得到检验支持。

张瑞琛(2009)研究中采用2007年度数据得到的结果是：工业、公共事业、综合等行业在1%水平上与公允价值计量实质性偏好度(DumDfvp)显著正相关；同样，经济区域、上市年限这两个变量与公允价值计量实质性偏好度(DumDfvp)显著正相关；但是审计意见与公允价值计量实质性偏好度(Dum-Dfvp)没有显著相关性。具体如表6-4(c)所示。

表 6-4(c)　2007 **年** Logistic **回归结果表**($N=1\ 535$)

变量类型	变量名称	系数	标准差	显著性水平
解释变量	行业特性 （房地产行业）	0.262	0.335	0.609
解释变量	行业特性(工业)	20.291	0.218	0.000***
解释变量	行业特性(公共事业)	19.613	0.266	0.000***
解释变量	行业特性(商业)	0.056	0.310	0.813
解释变量	行业特性(综合)	5.887	0.172	0.015**
解释变量	经济区域	3.020	0.013	0.082*
解释变量	上市年限	4.406	0.427	0.036**
解释变量	审计意见	0.001	0.134	0.976
解释变量	企业性质	0.738	0.401	0.390
解释变量	第一大股东持股比例	0.001	0.049	0.976
解释变量	董事会规模	1.208	0.134	0.272
解释变量	独立董事规模	3.379	0.168	0.066*
解释变量	两职是否合一	0.029	0.001	0.864
解释变量	管理层薪酬	0.024	0.670	0.878
控制变量	公司规模	0.489	0.017	0.485
控制变量	盈利能力	3.081	0.209	0.079*
控制变量	财务杠杆	1.577	0.058	0.209
控制变量	成长性	44.727	0.335	0.000***

注:***、**、*分别表示均值差异在 1%、5%、10%水平下显著(双尾)。

数据来源:张瑞琛.中国公允价值计量偏好性研究[D].厦门:厦门大学,2009:116.

对比 2007 年、2015 年、2016 年的实证结果,可以发现,随着公允价值计量准则的出台,公允价值计量逐步得到更大范围的应用,因此影响其运用的相关因素也就更多,上述实证分析结果也证实了这点。为了确保研究结论的可靠性,本书进行了稳健性检验,具体做法是:根据模型(6-2),用 stata 12.0 进行 Logistic 回归,实证结果基本一致,其结果如表 6-5(a)、表 6-5(b)所示。

表 6-5(a)　2015 年 Logistic 稳健标准误回归结果表($N=2\,790$)

变量类型	变量名称	变量符号	系数	标准差	Z 值
解释变量	行业特性	DumInd	2.1581	0.4179	5.16 * * *
解释变量	经济区域	DumArea	0.0663	0.1455	0.46
解释变量	上市年限	Year	0.3446	0.0075	4.59 * * *
解释变量	审计意见	DumAudit	0.1976	0.2963	0.67
解释变量	企业性质	DumEnter	(0.6202)	0.1907	(3.25) * * *
解释变量	第一大股东持股比例	Hold	(0.0029)	0.0042	(0.70)
解释变量	董事会规模	BSize	(0.0714)	0.0402	(1.77) *
解释变量	独立董事规模	Indir	0.1733	0.1190	1.46
解释变量	两职是否合一	DumUnity	(0.0142)	0.1131	(0.13)
解释变量	管理层薪酬	LNcost	0.1011	0.0876	1.15
控制变量	公司规模	LNSize	0.5246	0.0487	10.77 * * *
控制变量	盈利能力	ROE	0.0027	0.0359	0.07
控制变量	财务杠杆	LEV	0.0049	0.0049	1.01
控制变量	成长性	GROWTH	(0.0001)	0.0000	(1.13)

注:* * *、* *、*分别表示均值差异在1%、5%、10%水平下显著。

表 6-5(a)显示,模型(6-2)采用2015年数据的回归结果表明:解释变量中行业特性、上市年限、企业性质等显著,通过检验,都在1%水平上与公允价值计量实质性偏好度(Dfvp)显著负相关,其他几个解释变量都没有得到检验支持;控制变量中公司规模也在1%水平上显著相关,说明公司规模对上市公司公允价值运用也起到了一定的作用。

表 6-5(b)　2016 年 Logistic 稳健标准误回归结果表($N=3\,034$)

变量类型	变量名称	变量符号	系数	标准差	Z 值
解释变量	行业特性	DumInd	3.4101	0.7819	4.36 * * *
解释变量	经济区域	DumArea	0.2527	0.1435	1.76 *
解释变量	上市年限	Year	0.0395	0.0072	5.45 * * *

续表

变量类型	变量名称	变量符号	系数	标准差	Z值
解释变量	审计意见	DumAudit	0.1494	0.2743	0.54
解释变量	企业性质	DumEnter	(0.3583)	0.1962	(1.83)*
解释变量	第一大股东持股比例	Hold	(0.0111)	0.0045	(2.48)**
解释变量	董事会规模	BSize	(0.0577)	0.0396	(1.46)
解释变量	独立董事规模	Indir	0.1471	0.1183	1.24
解释变量	两职是否合一	DumUnity	(0.1147)	0.1084	(1.06)
解释变量	管理层薪酬	LNcost	0.0235	0.0705	0.33
控制变量	公司规模	LNSize	0.5483	0.0451	12.16***
控制变量	盈利能力	ROE	(0.0831)	0.0940	(0.88)
控制变量	财务杠杆	LEV	0.0052	0.0085	(0.62)
控制变量	成长性	GROWTH	(0.0032)	0.0029	(1.11)

注：***、**、*分别表示均值差异在1%、5%、10%水平下显著。

表6-5(b)显示,模型(6-2)采用2016年数据的回归结果表明:行业特性、上市年限在1%水平上与被解释变量显著相关,第一大股东持股比例都在5%水平上与被解释变量显著相关,经济区域和企业性质在10%水平上与被解释变量相关。其他几个解释变量也都没有得到检验支持。张瑞琛(2009)在1 535个样本中抽取2007年度损益表中有"公允价值变动收益"的381家作为子样本,根据公式(6-2),用SPSS11.5进行回归分析,得到表6-5(c)。模型(6-2)的回归分析结果表明:企业性质在1%水平上与公允价值计量实质性偏好度(Dfvp)显著正相关,显示了国有企业更偏好于公允价值计量;同样,两职合一变量与公允价值计量实质性偏好度(Dfvp)显著正相关,显示了董事长与总经理两职合一比董事长与总经理两职分离情况下更偏好公允价值计量;但是管理当局薪酬的变量与公允价值计量实质性偏好度(Dfvp)显著负相关性,显示了管理层薪酬越低,越偏好公允价值计量。

表 6-5(c)　采用 2007 年公允价值计量的子样本 Logistic 回归结果表($N=381$)

变量类型	变量名称	系数	标准差	T 值	显著性水平
	常数项	0.186	0.405	0.459	0.646
解释变量	行业特性(房地产行业)	0.011	0.103	0.107	0.915
解释变量	行业特性(公共事业)	−0.057	0.062	−0.918	0.359
解释变量	行业特性(商业)	−0.049	0.091	−0.536	0.592
解释变量	行业特性(综合)	−0.032	0.076	−0.424	0.672
解释变量	经济区域	0.035	0.065	0.547	0.584
解释变量	上市年限	0.005	0.005	1.076	0.283
解释变量	审计意见	0.008	0.158	0.051	0.959
解释变量	企业性质	0.084	0.048	1.738	0.083*
解释变量	第一大股东持股比例	0.190	0.148	1.280	0.201
解释变量	董事会规模	−0.002	0.017	−0.135	0.893
解释变量	独立董事规模	0.027	0.047	0.579	0.563
解释变量	两职是否合一	0.147	0.061	2.406	0.017**
解释变量	管理层薪酬	−0.043	0.025	−1.696	0.091*
控制变量	公司规模	0.228	0.294	0.776	0.438
控制变量	盈利能力	−0.001	0.003	−0.552	0.581
控制变量	财务杠杆	0.079	0.088	0.895	0.371
控制变量	成长性	−0.014	0.019	−0.755	0.450

注:"***"、"**"、"*"分别表示均值差异在 1%、5%、10%水平下显著(双尾)。

数据来源:张瑞琛.中国公允价值计量偏好性研究[D].厦门:厦门大学,2009:117.

通过 2007 年、2015 年、2016 年三年的数据分析结果可以看出,2007 年企业会计准则刚执行期间,高管可能基于业绩目标的盈余管理而采用公允价值,但随着我国会计准则的规范化进程及《企业会计准则第 39 号——公允价值计量》的执行,以盈余管理为目的运用公允价值计量明显减少,更多的影响因素是较为合理、正常的,诸如上市年限、企业规模等影响因素。

(二)变量相关性分析结果

本书对变量之间的相关性做了回归分析,变量相关性分析见表 6-6。表 6-6 显示变量的相关系数都在 0.50 以下,不存在多重共线性问题,但因未控制其他变量的影响,故还需进行多元回归分析才能得到更稳健的实证证据。

表 6-6　变量相关性分析表

	Dumrfvp	Dumfdc	Dumgy	Dumggsy	Dumsy	Dumzh	List	Dumecon	Dumaudit	Dumenter	Hold	Bsize	Indir	Dumunity	LNcost	Size	ROA	LEV	GRO
Dumrfvp	1.0000																		
Dumfdc	0.0131	1.0000																	
Dumgy	0.1150	0.3563	1.0000																
Dumggsy	0.1131	(0.0828)	(0.5293)	1.0000															
Dumsy	0.0060	0.0640	0.4091	0.0951	1.0000														
Dumzh	0.0620	(0.0669)	(0.4276)	(0.0994)	(0.0768)	1.0000													
List	0.0536	0.0401	(0.0372)	(0.0217)	(0.0093)	0.0659	1.0000												
Dumecon	0.0444	0.0930	0.1175	0.0674	0.0087	0.0383	0.0809	1.0000											
Dumaudit	0.0008	0.0063	0.0123	(0.0072)	(0.0508)	0.0414	(0.0351)	0.0292	1.0000										
Dumenter	0.0219	0.0214	0.0002	0.0586	0.0115	(0.0993)	0.0488	(0.0640)	(0.0283)	1.0000									
Hold	0.0008	(0.0024)	0.0135	(0.0781)	(0.0029)	0.0741	(0.0782)	0.0342	0.0538	(0.0453)	1.0000								
Bsize	0.0281	(0.0033)	0.0255	(0.0051)	0.0068	(0.0425)	(0.0305)	(0.0396)	0.0371	0.2173	(0.0320)	1.0000							
Indir	0.0051	(0.0052)	0.0053	(0.0044)	(0.0347)	0.0337	0.0281	0.0294	(0.0387)	0.0013	(0.0241)	(0.0101)	1.0000						

续表

	Dumrfvp	Dumfdc	Dumgy	Dumggsy	Dumsy	Dumzh	List	Dumecon	Dumaudit	Dumenter	Hold	Bsize	Indir	Dumunity	LNcost	Size	ROA	LEV	GRO
Dumunity	0.0044	0.0317	0.0311	0.0003	(0.0270)	(0.0019)	(0.0024)	0.0038	(0.0108)	(0.1208)	0.0061	(0.1216)	(0.0141)	1.0000					
LNcost	0.0158	0.1121	(0.1323)	0.0131	(0.0183)	0.1386	(0.0384)	0.1088	0.1207	(0.0252)	0.0140	0.0028	(0.0636)	0.0198	1.0000				
Size	0.1708	0.1191	(0.0364)	0.0194	(0.0114)	(0.0499)	0.0019	(0.0066)	(0.0048)	0.3000	0.0121	0.3102	0.0166	(0.1371)	0.0413	1.0000			
ROA	0.0178	(0.0048)	0.0115	0.0005	(0.0087)	(0.0083)	0.0471	(0.0562)	0.0025	0.0120	0.0117	(0.0109)	(0.0222)	(0.0117)	0.0146	(0.1562)	1.0000		
LEV	0.0321	(0.0009)	(0.0228)	0.0478	0.0107	0.0058	0.0728	(0.0107)	0.0061	(0.0186)	0.0021	(0.0524)	(0.0217)	(0.0171)	(0.0164)	(0.2516)	0.5710	1.0000	
GROWTH	0.0448	0.0836	(0.0216)	(0.0034)	(0.0128)	(0.0170)	0.0017	(0.0253)	0.0043	(0.0014)	0.0108	(0.0220)	(0.0068)	0.0115	(0.0529)	(0.0064)	(0.0046)	0.0131	1.0

（三）稳健性检验

为了确保研究结论的可靠性，本书进行了稳健性检验，具体做法是：根据公式(6-3)用 stata 12.0 进行有序 Logistic 回归，实证结果基本一致，其结果如表 6-7(a)和表 6-7(b)所示。

表 6-7(a)　2015 年 Logistic 稳健标准误回归结果表($N=2\,790$)

变量类型	变量名称	变量符号	系数	标准差	Z 值
解释变量	行业特性	DumInd	0.9556	0.2538	3.77 ***
解释变量	经济区域	DumArea	(0.0121)	0.1440	(0.08)
解释变量	上市年限	Year	0.0402	0.0076	5.29 ***
解释变量	审计意见	DumAudit	0.3029	0.3067	0.99
解释变量	企业性质	DumEnter	(0.4851)	0.1948	(2.49)**
解释变量	第一大股东持股比例	Hold	(0.0075)	0.0042	(1.77)*
解释变量	董事会规模	BSize	(0.0868)	0.0397	(2.19)**
解释变量	独立董事规模	Indir	0.1326	0.1163	1.14
解释变量	两职是否合一	DumUnity	(0.0123)	0.1172	0.10
解释变量	管理层薪酬	LNcost	0.1501	0.1071	1.40
控制变量	公司规模	LNSize	0.3823	0.0467	8.19 ***
控制变量	盈利能力	ROE	0.0082	0.0348	0.24
控制变量	财务杠杆	LEV	0.0017	0.0001	16.80***
控制变量	成长性	GROWTH	(0.0000)	0.0000	(1.12)
		/cut1	12.1634	1.2917	
		/cut2	12.8258	1.29531	
		/cut3	13.7923	1.2995	
		/cut4	14.7521	1.3064	

注：***、**、*分别表示均值差异在 1%、5%、10%水平下显著。

表 6-7(b)　2016 年 Logistic 稳健标准误回归结果表($N=3034$)

变量类型	变量名称	变量符号	系数	标准差	Z 值
解释变量	行业特性	DumInd	1.9012	0.3007	6.32 * * *
解释变量	经济区域	DumArea	0.2207	0.1447	1.53
解释变量	上市年限	Year	0.0431	0.0070	6.15 * * *
解释变量	审计意见	DumAudit	(0.0158)	0.2909	(0.05)
解释变量	企业性质	DumEnter	(0.2724)	0.1878	(1.45)
解释变量	第一大股东持股比例	Hold	(0.0138)	0.0043	(3.20) * * *
解释变量	董事会规模	BSize	(0.0969)	0.0384	(2.52) * * *
解释变量	独立董事规模	Indir	0.1975	0.1170	1.69 *
解释变量	两职是否合一	DumUnity	(0.1536)	0.1104	(1.39)
解释变量	管理层薪酬	LNcost	0.0712	0.0879	0.81
控制变量	公司规模	LNSize	0.4025	0.0449	8.97 * * *
控制变量	盈利能力	ROE	0.0734	0.0869	(0.84)
控制变量	财务杠杆	LEV	0.0020	0.0051	(0.39)
控制变量	成长性	GROWTH	(0.0003)	0.0019	(0.17)
		/cut1	11.5625	1.1640	
		/cut2	12.1808	1.1674	
		/cut3	13.0069	1.1682	
		/cut4	13.9436	1.1699	

注:* * *、* *、* 分别表示均值差异在 1%、5%、10% 水平下显著。

二、结论

结论一:根据张瑞琛(2009)采用 2007 年数据分析得出的结果是:在公司外部影响公允价值计量偏好的四个因素中,模型(6-1)回归结果表明除审计意见没有得到检验外,其他三项都得到检验,这说明行业特征、上市年限、经济区域影响上市公司公允价值计量的实质性偏好。采用 2015 年数据的实证结果表明:金融行业、上市年限在 1% 水平上与公允价值计量实质性偏好度(Dum-Dfvp)显著正相关,这一结果支持了研究假设 1A 和 1B,但是经济区域、审计意见与公允价值计量实质性偏好度(DumDfvp)没有显著相关性,研究假设

1C、1D 没有得到支持。采用 2016 年数据实证结果回归结果表明：金融行业、上市年限在 1% 水平上与公允价值计量实质性偏好度（DumDfvp）显著正相关，同样，经济区域这个变量也与公允价值计量实质性偏好度（DumDfvp）显著正相关，这一结果支持了研究假设 1A、1B 和 1C。但是审计意见与公允价值计量实质性偏好度（DumDfvp）没有显著相关性，研究假设 1D 没有得到支持。

结论二：根据张瑞琛（2009）采用 2007 年数据分析得出的结果是：我国会计准则制定者公允价值计量的偏好已经完全传递给了会计准则执行者，使得会计准则执行者的实质性偏好不受上市公司内部一些主要因素的影响。在全样本回归分析中，六个公司内部影响因素，除了独立董事规模与公允价值计量实质性偏好正相关外，其他五个影响因素与公允价值计量实质性偏好都没有显著的相关性。这说明我国会计准则的谨慎使用已经完全得到落实，上市公司对公允价值计量的使用比较谨慎，尽管这种谨慎可能是非自愿的，但是对于准则制定者来说，达到了预期效果。2015 年与 2016 年数据实证结果也证明，高管利用公允价值进行盈余管理的动机与做法在我国上市公司整体中较之前少了，说明准则越来越得到规范的运用，上市年限、公司规模等是影响公允价值运用的主要因素。

结论三：根据张瑞琛（2009）的研究结果显示：股东、董事、高管这三者中，高管对公允价值的偏好明显比股东和董事都高，董事长与总经理两者合一与公允价值计量偏好度（Dfvp）显著正相关，管理层薪酬变量与公允价值计量的偏好度（Dfvp）显著负相关，这说明公允价值可能被用于管理层盈余管理的目的。另外，在子样本分析中，企业性质明显对公允价值计量的偏好产生显著影响。从结果来看，国有企业更偏好公允价值计量，而民营企业偏好历史成本计量。我国上市公司都处于同一个特殊的制度背景下，那就是我国是社会主义国家，大多数企业都是国有企业，且在上市公司中占多数。国有企业的所有权是由各级政府部门行使的。在我国，国务院受国有企业的最终所有者——全体人民的委托，代表全体人民管理全民财产，因此，国务院成为国有企业财产的实际委托人。但是国务院是一个非常庞大的机构，中国的国有企业也数以万计。在以前，国务院只能委托各地方、各部委代管，而各地方和各部委又要委托各专业局、专业公司代管，而在当前社会主义市场经济体制下，按照政企分开、政资分开的要求，国务院和各省市下属的国有资产管理委员会（国有资产管理局）是国有资产所有权的最高代表机构，代表国家行使所有者的权力。国有资产管理局、地方政府、主管部门或由主管部门"翻版"而成的公司成为我国上市公司国家股的主要持股主体。国有企业所有者的代表行政色彩浓厚。目前,国家对国有股权代表的委托采取了行政性的委托代理制度,由各级政府行政部门行使所有权,这往往导致所有者代表注重对上负责,缺少对下利益关注,它的最大效用不是来自企业的剩余,而是职位的升迁。所有者并不具有"经济人"的典型特性,而是行政色彩浓厚,表现出一切与行政组织、行政人员乃至官员的行为动机相联系的特性。在与企业经营者的委托代理关系中,这些政府官员名义上是委托者,但实际上也是代理人,是代理链中的一环,政府官员的行为和目标与真正意义上的企业所有者的目标之间存在着极大的差异。从信息相关角度来看,到底谁的会计信息更"公允"? 是国企公允价值的信息"公允",还是非国企的历史成本信息更"公允"? 这也是本书需要进一步研究的内容。

7

公允价值计量与契约
有用性的理论分析

　　随着中国经济不断的发展和法律体系的日益完善,高质量的会计信息已成为契约签订和履行中不可或缺的重要信息内容。换句话说,如果在契约签订和履行过程中,会计信息的质量越高,对契约双方的影响就越大。而会计信息的相关性与可靠性一直是会计信息质量高低的争论焦点,其背后引发的历史成本与公允价值之间的争论也一直没有停止过。这就说明公允价值计量已对契约环境产生了一定的影响。一方面,特别是在当前市场经济环境下,契约的签订和履行对以公允价值为计量基础的会计信息的需求也越来越高,正如刘浩等(2008)所指出的:"在中国转型经济的研究中,公允价值计量在契约有用性方面,将更有可能获得突破性的发现。"另一方面,目前中国的资本市场没有西方国家发达与完善,且目前中国法制建设正处于不断变革与完善的阶段,因此,对处于经济转型阶段的中国来说,研究"公允价值计量与契约有用性"就显得意义深远。对"公允价值计量与契约有用性"进行研究,首先要解决的问题是企业诸多契约中哪些契约与公允价值直接相关,或者说公允价值计量最先受到哪些契约的影响。为此,本章先对契约、财务契约、公允价值等相关概念进行释义,随后对财务契约集合进行分析,并从财务契约的角度探析公允价值研究的可能路径,最后提出本章的结论与未来展望。

第一节　相关概念释义

一、契约

契约的概念要从法律学和经济学两个角度进行阐释：从法律学的角度讲，契约原本是民事法律的基本制度，指平等主体之间为了达到某种目的，在追求各自利益的基础上签订的一种协议，是两人（或组织）以上相互间在法律上达成具有约束力的协议，是一种普遍存在的社会现象，这种协议有的称为契约，有的称为合同；从经济学的角度，契约是交易当事人之间在自由、平等、公正等原则基础上签订的转让权利的规则，即两个或多个人愿意交换产权的主体所达成的合意。由此可见，契约定义的核心概念是"平等主体的合意""权利义务的交换""合同或协议"。

二、财务契约

目前对财务契约尚没有统一的定义。张正国（2004）认为，财务契约是指在财务活动中，用来规划财务行为当事人之间未来交易过程的各种关系的契约。财务契约是关于资本要素（主要指财务资本）在其交易过程（资本取得、资本应用和资本收益分配）中所形成的各种契约关系。张正国从财务活动的过程对财务契约进行了定义并将财务契约集合看成企业一系列契约集合中的一个子集合。尚洪涛（2005）认为，财务契约是指企业在理财过程中，为达到合理预期，在平等互利的基础上与各个权利主体确立的一种权利流转关系。尚洪涛（2005）的定义中明确了财务契约中的缔约人、缔约对象和缔约目标三个基本要素，他从权利与义务的角度对财务契约进行了定义。笔者认为，财务契约是平等主体之间为实现各自的经济利益，在组织企业财务活动、处理财务关系的过程中，就企业筹资、投资、生产经营、资金分配等财务管理活动引起的权利和义务的交换所达成的合约或协议。

三、公允价值

《企业会计准则（2006）》将公允价值定义为"在公允价值计量下，资产和负债按照公平交易中，熟悉情况的交易双方自愿进行资产交换或负债清偿的金额计量"，并将历史成本（实际成本）、重置成本（现行成本）、可变现净值、现值和公允价值作为五种可供选择的计量属性确定下来。从理论上讲,公允价值会计(包含公允价值确认、公允价值计量、公允价值披露三个部分)的内涵比公允价值计量大得多。为了研究的需要,本书对"公允价值计量"与"公允价值"不做区分,目的是不把公允价值确认与公允价值披露这两部分内容纳入本书的研究范围。

第二节　财务契约视角下的契约集合分析

契约理论认为企业是各种要素投入者为了各自目的联合起来组成的一个有效率的"契约联合体"。通过这些契约关系或"契约关系的集合",企业将不同的生产要素和利益集团组织在一起,进行生产经营等各种活动。要想研究公允价值计量与契约有用性的关系,首先要了解企业"契约关系集合"中哪些契约最先与公允价值计量发生关系,或者说哪些是影响公允价值计量最首要、最直接、最核心的契约。我们知道,大多数企业最初都是由股东或者债权人投入资金,企业用这些资金购买各种形式资产来满足企业日常生产经营的需要。企业要生存、发展,首先进行的活动就是货币资金的筹资、使用、分配等财务管理活动。而在现代企业制度下,企业财务管理活动是一项综合性强的价值管理活动,它包括筹资管理、投资管理、权益分配管理、成本管理等主要内容。财务管理渗透在全部经营活动之中,涉及生产、供应、销售每个环节和人、财、物各个要素,企业内部各个部门与资金不发生联系的现象是不存在的。在市场经济条件下,企业在进行财务管理活动的过程中必然与其内外部各种利益主体(股东、债权人、政府、金融机构、供应商、客户、内部职工等)之间存在着各种利益关系。因此,财务管理活动是企业各种利益关系的焦点,更是企业生存、发展的生命之源。通过企业的财务管理活动,便能发现企业若干契约形式中属于财务契约的那些契约是最先与公允价值计量发生关系的,它们也是对公允价值计量有着最首要、最直接、最核心影响的契约形式。我们借助财务契约理论演进路径的分析方法,可以从财务学和经济学两个视角并依据"理论基础→理论来源→存在问题→主要模型→契约形式"的思路来寻找出财务契约集合中的契约形式。

一、财务学的视角

从财务学的视角来看,财务契约的理论基础是 MM 定理。MM 定理是由美国学者莫迪格利尼和米勒(Modigliani and Miller)提出的,其基本内涵是当市场有效且不存在税收和激励问题时,企业的资本结构和股利支付政策不会影响企业价值。MM 理论的理论来源是基于完全契约的不对称信息代理理论。完全契约理论是指缔约双方都能完全预见契约期内可能发生的重要事件,愿意遵守双方所签订的契约条款,当缔约方对契约条款产生争议时,第三方(比如说法院等)能够强制其执行。完全契约理论有四个基础的前提假设,即:"完全理性""信息不对称""第三方(尤其是法院)的存在""不存在共谋现象"。但"完全理性""信息不对称"等假设在现实生活中是很难存在的,这就使得完全契约的签订与履行往往很难落实。为了有效地解决信息不对称和信息不对称情况下的激励问题,人们采用了"财务约束模型"和"重新协商模型"。为了防止管理者采取操纵盈余、转移诸如现金之类的资产或进行不当的职务消费等行为,财务约束模型将债务(包括是债务中的固定利息支出和到期还本支出)作为一种对管理者施加的固定性较强的财务约束,迫使管理者减少利用自身信息优势侵占股东或债权人利益的各种行为,从而有效地降低代理成本。当财务约束模型失效或企业内部的债务契约存在违约情况时,重新协商模型主要是围绕企业违约后人们面临的可能损失和补救机会对契约(主要是债务契约)条款进行重新协商并力争达成新的契约形式。应用重新协商模型时,不仅要考虑对财务约束有效性可能会产生的影响,还需要考虑采取补救措施的机会成本(诸如:终止融资的成本、资产清算的代价、撤换管理者需要的时间与成本、优秀员工流失的经济损失)等方面的因素。"财务约束模型"和"重新协商模型"通过债务契约的约束来设计合适的债务结构以充分发挥债权人对债务资金的清算权与控制权,加强对管理者的财务约束,从而突显了债务契约的重要性。

二、经济学的视角

从经济学的视角来看,财务契约的理论基础是由罗纳德·科斯(Ronald H. Coase)提出的"科斯定理",科斯定理认为只要财产权关系明确且交易成本为零或者很小,那么,无论将财产权赋予谁,市场最终都会实现资源配置的帕雷托最优。科斯定理的理论来源是基于不完全契约的产权理论。不完全契约理论又分"第一代"与"第二代"。第一代不完全契约理论认为,由于签订契约的双方当事人不可能在事前完全预见到未来的或然状况,或者难以向第三方证实这些或然状况,因此事前签署的契约是不完全的。第二代不完全契约理论将重心放在如何改进事后效率上并且假设事后无效率。在无法签订完全契约的情况下,人们采取"控制权配置模型"和"索取权多样化模型"并通过产权和剩余控制权的配置来提高经济效率。控制权配置模型认为企业的最终控制权是可以在固定索取人(债权人)和剩余索取人(股东)之间重新进行配置或转移,但这种重新配置或转移的根本目的是要将企业的控制权交给那些追求自身利益最大化与提高企业内外部经济效率具有高度一致性的经济主体(可能是股东,也可能是债权人),从而实现科斯定理中的资源配置的帕雷托最优,即市场均衡的最终结果都是最有效率的。索取权多样化模型认为管理者在多种索取权下承受的压力总比在单一索取权下承受的压力要大得多。当存在索取权多样化的情况下,股东(优先股、普通股)或债权人(短期债权人、长期债权人)能够综合应用控制权、收益权、清算权等多种权力对管理者进行有效的监督和控制,从而实现有效的公司治理,降低公司治理成本,维护股东或债权人的合法权益。由此可以看出,"控制权配置模型"和"索取权多样化模型"主要解决股东、债权人、管理者之间产权及控制权的配置问题,也就相应涉及到股权契约、管理者报酬契约。

　　综上所述,人们从 MM 定理出发分析信息不对称下的激励问题,导致了债务契约下对管理者约束的重视;人们从科斯定理出发,分析不完全契约下的产权和剩余控制权的配置问题,导致了对股权契约、管理者报酬契约的重视。可以用图 7-1 来表示财务契约集合的归集路径:

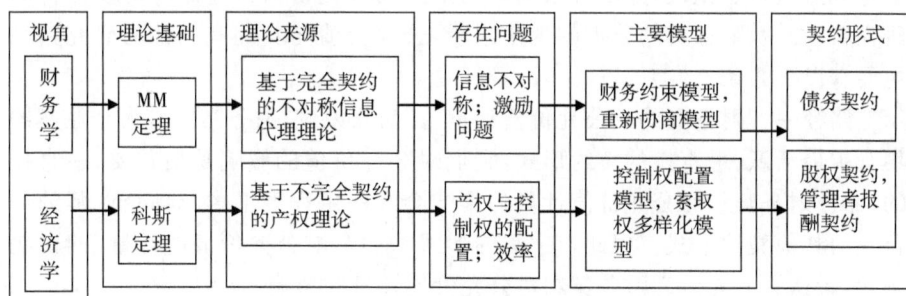

图 7-1　财务契约集合的归集路径图

　　由图 7-1 可见,财务契约集合中至少应包括股权契约、债务契约和管理者报酬契约。股权契约规定了企业股东的权利义务和利益分配机制;债务契约规定了债权人与债务人的权利义务和财务约束机制;管理者报酬契约规定了管理者的权利义务和激励机制。此外,根据 Watts(2003)的观点,影响公司的契约主要有公司契约(包括股权、薪酬、债权)、税收契约、政府管制契约、诉讼类契约等四种形式。根据上述财务契约集合归集路径的分析，我们知道公司契约中的股权契约、薪酬契约、债权契约是属于财务契约集合中的契约。因此，我们将税收契约、政府管制契约、诉讼类契约视为非财务契约。

第三节　财务契约与非财务契约分类视角下的公允价值研究路径

我们知道，会计信息的最高目标是决策有用性，那么，公允价值信息的最高目标也应是决策有用性。这种决策有用性表现在两个方面：一是估值有用性，即公允价值信息有利于投资者的估值决策。当存在估值有用性时，公允价值在价值计量方面应比历史成本计量更能提供有利于投资者做出正确投资决策的计量数据，从而更能公允地反映生产要素的实际价值。二是契约有用性，即所提供的公允价值信息在契约的签订、监督和执行过程中能更有利于保护签订双方各自的权利，有利于减少在契约订立与履行过程中发生信息不对称情况所导致的一些问题，以保证企业契约集合中所有契约行为的顺利进行。目前国内比较认同的公允价值与契约有用性的研究路径，一是契约形式如何影响公允价值的计量，二是公允价值的计量如何影响契约形式。但笔者认为上述观点太过于笼统，并没有指明契约形式与公允价值计量之间切实可行的研究路径。从财务契约分类的视角来看，公允价值与契约有用性的研究路径主要有以下几条：

路径一："财务契约→公允价值计量"。前面说过，财务契约作为企业契约集合中最活跃、最直接的契约形式，它们对公允价值的影响是最首要、最直接的，而且财务契约对公允价值计量的影响会在一定程度上影响到企业契约集合中的其他契约形式。因此，在"契约形式如何影响公允价值的计量"的命题下，笔者认为应先研究财务契约对公允价值计量的影响。

路径二："财务契约→公允价值计量→非财务契约"。非财务契约主要包括税收契约、政府管制契约、诉讼类契约等形式。这些契约的签订与履行在很大程度上要受到"财务契约→公允价值计量"的影响，比如说，税收契约的履行在很大程度上要依赖公允价值计量的结果，特别是当企业大规模采用公允价值计量引发对企业利润较大程度的影响时，公允价值计量对税收契约的影响也就越大。因此，非财务契约受公允价值计量的影响是经过一个过程后的影响，即财务契约影响下的公允价值计量产生的经济后果会对非财务契约的签订与履行产生一定程度的影响。因此,在"公允价值的计量如何影响契约形式"的命题下,笔者认为应先研究公允价值计量对非财务契约的影响。

路径三:"公允价值计量→财务契约"。根据会计准则规定,公允价值计量引起的计量后果"公允价值变动"的最终去向有"资本公积(其他资本公积)"和"公允价值变动收益"两个方面。当对于资产类或负债类项目采用公允价值计量引起财务杠杆表日资产或负债的公允价值与其账面价值产生差额,这些差额一方面通过"公允价值变动收益"影响利润表,另一方面也直接影响财务杠杆表的金额,从而引起流动比率、财务杠杆等银行或其他债权人关心的财务比率的变动,最终对债务契约产生影响;当可供出售金融资产等资产或负债的公允价值变动形成的利得或损失直接计入资本公积(其他资本公积)引起财务杠杆表所有者权益的变化时,这种变化会对原先的股权结构产生影响,进而最终影响股权契约;当公允价值计量的资产或负债的利得或损失计入"公允价值变动收益"并体现在利润表上时,利润表上损益的大小对管理者的经营业绩会产生直接而明显的影响,进而影响管理者契约的签订与履行。因此,在"公允价值的计量如何影响契约形式"的命题下,本书认为应从公允价值计量对债务契约、股权契约、管理者报酬契约等三个方面研究公允价值计量对财务契约的影响。

路径四:"非财务契约→公允价值计量"。非财务契约对公允价值计量的影响可以从非财务契约主要的三种形式来分析:在税收契约方面,税收契约的履行与否在很大程度上取决于公司提供的财务会计信息,特别是当企业采用公允价值计量下的应税数额或应纳税所得额大于历史成本或其他计量属性下的应税数额或应纳税所得额时,作为正常"经济人"的企业为了避税会回避采用公允价值计量;同理,如果企业采用公允价值计量下的应税数额或应纳税所得额大大小于历史成本或其他计量属性下的应税数额或应纳税所得额时,企业可能倾向于采用公允价值计量从而有效地降低税收负担。在政府管制契约方面,当受管制企业(诸如石油、电力、通讯等行业的企业)采用公允价值计量增大企业的资产规模或暴露企业更多的盈余从而引发了政府更严格的管制或约束时,受管制企业可能会抵制公允价值计量的使用而改用其他计量属性;同理,当受管制的企业采用公允价值计量降低企业的资产规模或减少企业的利润从而引起政府减少对其管制时,受管制企业可能会积极采用公允价值计量。在诉讼契约方面,如果企业提供的公允价值计量的财务会计信息因缺乏可验证性而在诉讼过程中遭到诉讼当事人的质疑或拒绝时,企业可能会采用保守的历史成本;如果企业提供的公允价值计量的信息在诉讼过程中能支持企业的诉讼请求时,企业可能会倾向于以后采用公允价值计量。

第四节　本章研究小结与未来的研究展望

一、结论

通过上述分析,可以得出以下几点结论:(1)企业中存在若干契约,这些契约组成了企业契约的集合,而财务契约是这个集合中的一个子集合,其主要包括股权契约、债务契约和管理者报酬契约。财务契约的缔约人主要是企业的股东、管理者、债权人,契约对象主要是在财务管理活动中的权利义务;相对财务契约而言,税收契约、政府管制契约和诉讼类契约等属于非财务契约,主要涉及企业与政府、供应商、客户等利益相关者之间的利益关系。(2)财务管理活动是企业生存发展过程中极具重要意义的基本活动,这就决定了财务契约是企业契约集合中最基本、最重要、最活跃的子集合,它不仅直接对公允价值计量产生影响,而且通过公允价值计量产生的经济后果对非财务契约产生间接影响。财务契约对公允价值计量的影响是直接的、主动的,非财务契约对公允价值计量的影响是间接的、被动的。(3)公允价值计量受企业契约的影响,但是在一定程度上也会反过来对各种契约产生影响,可能会改变契约的形式或引发契约内容的重大变化。

二、研究展望

根据上述分析,笔者认为未来的研究方向包括:(1)实证研究财务契约(股权契约、债务契约和管理者报酬契约)对公允价值计量的影响,探析财务契约是如何影响公允价值计量的。具体来说可以从股权契约对公允价值计量的影响、债务契约对公允价值计量的影响和管理者报酬契约对公允价值计量的影响这三个方面展开实证研究。(2)实证研究非财务契约(税收契约、政府管制契约和诉讼类契约)对公允价值计量的影响,探析非财务契约是如何影响公允价值计量,具体来说可以从税收契约对公允价值计量的影响、政府管制契约对公允价值计量的影响和诉讼类契约对公允价值计量的影响这三个方面展开实证研究,找出非财务契约中每一个契约形式对公允价值计量影响的具体内容。(3)验证公允价值计量引起的经济后果是否产生一定的契约有用性,公允价值信息要有利于投资者、经理人、债权人缔结保护各自权利的契约并根据公允价值计量提供的信息进行正确的经济决策。同时也要验证公允价值计量是否会对各种契约形式产生影响,以及是如何影响的。

8

公允价值计量应用与契约
有用性的实证研究

从某种程度上讲,企业是若干契约的集合体,这些契约主要包括:股权、管理者薪酬(以下简称"薪酬契约")、债务、税收、政府管制、诉讼类等契约。股权资本与债权资本是任何公司制企业组织资本构成中的基本成分,不可避免地就会产生两类基本契约:股权契约和债务契约。而现代企业制度下,所有权与经营权、债权与经营权都是分离的。在所有权与经营权的分离下形成了股东与管理者之间的委托代理关系;在债权与经营权的分离下,本应形成债权人与股东之间债权债务的委托代理关系,但由于管理者处于股权代理人的位置,导致形成了债权人与管理者之间的委托代理关系。因此,无论股东还是债权人都需要对管理者进行监督与激励。由此,薪酬契约就在企业内部形成。这些契约的核心内容就是解决企业内部各种权责利的约定与分配。相对而言,税收、政府管制、诉讼类等契约主要是约束企业与外部税务机关、政府行业主管部门、法院等之间的权利义务关系。因此,本书以企业这个经济组织为界,将股权契约、薪酬契约、债务契约归为企业内部契约,而将税收契约、政府管制契约、诉讼类契约归为企业外部契约。相关研究内容如图 8-1 所示。

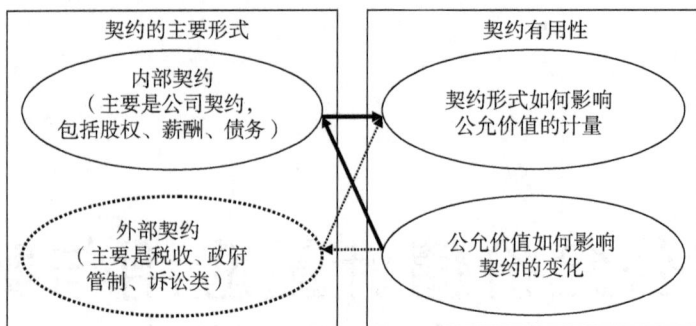

图 8-1　本书的研究思路图

说明:实线部分代表本书涉及的研究内容,虚线部分代表本书未涉及的研究内容。

第一节　股权契约与公允价值计量相关性的实证研究

　　股权资本是任何公司制企业组织资本构成中的基本成分之一,不可避免地就会产生股权契约。按企业形成的过程来分,股权契约可分为"设立时的股权契约"(如公司法、证券法、破产法等法律法规)和"设立后的股权契约"(如招股说明书、公司章程等)。前者主要是指企业和股东达成的股权融资契约,包括股东和企业在股权融资中享有的权利和需要承担的义务;后者主要是指管理者以企业代理人的身份和股东签订的约束管理层与股东之间在股权融资契约关系中权利义务的约定,这些约定主要包括股东享有经营控制权和收益分配权,承担足额缴付股权资金的义务;管理层承担向股东披露相关信息和支付股利的义务等具体内容。一般情况下,企业能否找到与企业签订股权契约的缔约人,主要取决于企业的经营前景以及企业披露的会计信息等因素。即使在证券市场相当发达的国家,如果投资者不认同企业对外披露的会计信息,投资者就不会投资入股企业,也就无法达成具体的股权契约。在我国,发行股票有着相当高的隐性收益,同时,缺乏对大股东等发行股票的受益者进行有效约束惩戒的法律法规,这就可能促使企业采取包括选择会计计量属性在内的会计政策变更等措施对企业的会计信息进行"粉饰、操纵甚至于财务造假"以达到满足发行股票的条件,从而促成股权契约的签订。面对中国特有的制度背景,资本市场上的投资者对"公允"财务会计信息的需求更加强烈,研究股权契约对公允价值计量的影响也就显得意义深远。为此,本书从股权结构与股权集中度两个方面对股权契约与公允价值计量相关性进行实证分析。

一、股权契约与公允价值计量相关性的理论分析与研究假设

为了研究股权契约与公允价值计量的影响,我们需要从股权结构(实际控制人性质)、股权集中度(第1名大股东持股比例)两个方面进行分析。

（一）股权结构对公允价值计量的影响

对于股权结构对公允价值计量的影响,本书主要是从实际控制人性质这个方面考虑的。理论上讲,国有经济(国有企业)是我国经济体制中重要的组成部分,由于国有股股东除了追求经济目标外,也关心其作为国有企业应承担的政治目标,因而国家股权会受到来自政府的行政干预较多,特别是地方政府,有时为了地区的稳定,往往更偏向于利用其行政力量对企业进行干预。从目前现有的研究成果来看,股权性质对公允价值计量的影响是客观存在的,因为最终控制人性质的不同,必将造成其对股权契约,特别是具体股权契约(公司章程)的具体内容的差异化,也就是说国有控股(中央政府控股公司和地方政府控股公司)和非国有控股(民营控股公司、外资控股公司及其他)的上市公司对于具体股权契约的要求不尽相同,因此,他们对契约签订基础的会计信息(包括公允价值计量产生的会计信息)要求也就不相同,对公允价值计量的选择也会不尽相同,这些都是股权性质对公允价值计量产生的必然影响。张瑞琛(2009)指出:"国有性质的企业偏向于公允价值计量,其偏好度为 16.092;非国有企业公允价值计量偏好度只为 2.6352。"为此,我们提出假设 1:非国有性质的企业与公允价值计量呈负相关,即非国有企业不倾向于使用公允价值计量。

（二）股权集中程度对公允价值计量的影响

股权集中度是指股东所持公司股份的比例及其相互关系,是衡量股东因持股比例不同而表现出来的股权集中或分散的量化指标。股权契约是一种契约的具体形式,那么契约签订双方或多方都是理性的经济人,作为股权契约的任何一方都会集中所有权使公司的专有信息(包括公允价值计量的会计信息)隐藏在公司内部,避免泄露,规避竞争和监管,从而导致信息不透明,降低盈余的信息含量。这种对信息的利用程度关键是看股东的股权集中程度:当股权契约的任何一方所持有的股权集中度都没有超过最低限度的控制权时,股权越发散,则股东的利益越趋于一致,股东就会按照所有股东的共同利益行事,应用公允价值计量从而提高会计盈余的价值相关性;但当股东持股比例达到足以有效控制公司时,大股东会利用控制权大于所有权的地位为自己谋利,利用表决权控制公司的会计政策选择和财务报告方式,侵占外部股东利益,降低会计信息可信度,达到对公允价值计量产生足够影响力的效果。股东集中度

可以分为三种情况：一是股权高度集中，公司拥有一个绝对控股的股东，该股东直接、间接或者直接和间接拥有公司 50% 的股权；二是股权高度分散，公司没有大股东，所有权与经营权完全分离，各股东所持比例在 10% 以下；三是股权适度集中，大股东持股比例介于上述两种情况之间，其中拥有相对控股股东，并且有其他大股东能够与之抗衡的股权集中度是比较完美的股权结构，这里称之为股权适度集中。股权高度集中时，绝对控股股东就成为控制权主体，他在行权时必定以自身利益为导向，控股股东监控积极性很高，但很难受到来自其他股东的制衡，因而可利用其绝对控制地位牺牲其他小股东的利益而为自己谋利；股权高度分散时，每个股东持股比例都很低，每个股东由于持股比例过低，缺乏对经营者进行监督的动力。因此企业的控制权就落入经营者手中，在决策时他也会以自身利益为出发点；而单个股东缺乏监督公司经营管理的积极性，都有"搭便车"的动机，对公司的监控难以发挥作用。股权适度集中时，经营者行使对企业的经营权，而那些能力相当的大股东则统一行使对经营者的监督权。这种情况大股东通常以监督经营者为重，因此在进行决策时他们通常会考虑能否起到对经营者的监督和制约作用。由于其他大股东持有相当数量的股份故具有监督动力，解决了股权高度分散下的"搭便车"问题，同时又摆脱了股权高度集中下的"一股独大"局面，形成了有效的内部监控制衡机制。因此，我们一般认为在股权适度集中的情形下，代理问题最弱。为了进一步研究股权集中度与公允价值计量的影响，本书引用第 1 名大股东持股比例这个指标，提出假设 2：上市公司第 1 名大股东持股比例与公允价值计量呈反向关系，即第 1 名大股东持股比例越高，上市公司采用公允价值计量的相关利益就越小。

二、股权契约与公允价值计量相关性的样本选取、变量解释与研究模型

(一)样本选取与数据来源

本书选取 2015 至 2016 年沪深两市所有 A 股上市公司作为研究样本，为力求数据的准确性和可靠性，我们执行了以下筛选程序：(1)剔除一些数据缺失的公司；(2)为了控制极端值对回归结果的影响，我们对数据进行了部分筛选。本书实际控制人性质数据来源于国泰安(CSMAR)数据库。

(二)变量解释

1.因变量

公允价值变动收益率："公允价值变动净收益"包括投资净收益、公允价值变动净收益、汇兑净收益,反映企业投资获利水平。"公允价值变动净收益"的发生额取决于被投资公司的收益质量、证券资产的质量、国内外金融市场的变化等因素影响。在会计准则下的算法为:(公允价值变动净收益+投资净收益+汇兑净收益)/利润总额×100%。

2.解释变量

我们需要从股权结构(实际控制人性质)、股权集中度(第1名大股东持股比例)两个方面进行分析:(1)实际控制人性质:本研究中的实际控制人是按国泰安(CSMAR)数据库中提到的《上市公司收购管理办法》标准界定,如果收购人有下列情形之一的,构成对一个上市公司的实际控制:在一个上市公司股东名册中持股数量最多的,但是有相反证据的除外;能够行使、控制一个上市公司的表决权超过该公司股东名册中持股数量最多的股东的;持有、控制一个上市公司股份、表决权的比例达到或者超过百分之三十的,但是有相反证据的除外;通过行使表决权能够决定一个上市公司董事会半数以上成员当选的;中国证监会认定的其他情形。国泰安(CSMAR)数据库结合学术界对实际控制人分类的基础上,对股东库的实际控制人性质、上市公司关系人性质进行了分类。本书将民营企业(国泰安数据库中一级代码1200)、外国政府(国泰安数据库中一级代码2400)、自然人(国泰安数据库中一级代码3000)、无法分类(国泰安数据库中一级代码9999)都视为非国有性质企业,赋值为1,其他为国有性质企业,赋值为0。(2)股权集中度:本书对股权集中度使用第1名大股东持股比例这个指标来研究。

3.控制变量

为了控制其他因素对上市公司公允价值计量的影响,本书加入公司规模(LNSize)、盈利能力(ROE)、财务杠杆(LEV)、公司成长性(GROWTH),同时还对年份(Year)与行业(DumInd)进行了控制。表8-1是变量定义一览表。

表 8-1　变量定义一览表

变量类型	变量名称	变量符号	变量描述
因变量	公允价值变动收益率	Fvtoearn	(公允价值变动净收益+投资净收益+汇兑净收益)/利润总额×100%
解释变量(股本结构)	实际控制人性质	DumCon	为哑变量,当上市公司实际控制人为非国有时 Dumcon 取1;否则取0

变量类型	变量名称	变量符号	变量描述
解释变量(股权集中程度)	第1名大股东持股比例	H1	第1名大股东持股比例
控制变量	公司规模	LNSize	取总资产(元)的自然对数
	盈利能力	ROE	净资产收益率
	财务杠杆	LEV	债务账面价值与总资产账面价值之比
	成长性	GROWTH	样本年度前四年资产总额平均增长率
	年份	Year	A股上市公司的上市年限数
	行业	DumInd	为哑变量,当上市公司所在行业为金融业时,DumInd取值为1,否则为0

(三)研究模型

根据研究假设及因变量和解释变量的性质,考虑到因变量公允价值变动收益率(Fvtoearn)是处于0～1之间的,且解释变量的数值也都是0～1之间,所以选用二元 Logistic 模型的稳健标准误进行研究。具体公式如下:

$$Logist(Fvtoearn) = A_0 + A_1 DumCon + A_2 H1 + A_3 LNSize + A_4 ROE + A_5 LEV + A_6 GROWTH + A_7 Year + A_8 DumInd + \varepsilon \quad (8-1)$$

上式中,ε 是随机误差项。

三、实证研究结果及分析

(一)主要变量的描述性统计

表 8-2(a)、表 8-2(b)报告了回归模型(8-1)样本描述性统计分析的结果:2015 年、2016 年期间的样本显示"第 1 名大股东持股比例"的标准方差较大,都超过了10,偏差程度较大。2015 年"公允价值变动收益率"的标准方差为0.9168,偏差程度相对较大。从这个指标的均值来看,同期公允价值计量的收益占利润的比例约为32.28%,这表明上市公司应用公允价值进行计量的损益对利润的影响较大。2016 年"公允价值变动收益率"的标准方差为 1.1638,偏差程度相对较大。从这个指标的均值来看,同期公允价值计量的收益占利润

的比例约为 24.42%,这表明上市公司应用公允价值进行计量的损益对利润的
影响较大。

表 8-2(a)　2015 年回归模型(8-1)主要变量的描述性统计

变量	Obs	Mean	Std.Dev.	Min	Max
Fvtoearn	2 779	0.3228	0.9168	−0.4403	6.2420
DumCon	2 779	0.6333	0.4932	0	1
H1	2 779	34.3143	14.9640	0.29	89.99
LNSize	2 779	22.1839	1.4689	15.9792	30.7316
ROE	2 779	0.0494	0.7341	−31.0623	17.1989
LEV	2 779	1.3880	2.8679	−16.2872	79.0866
GROWTH	2 779	0.3319	1.9058	−0.6560	43.7802

表 8-2(b)　2016 年回归模型(8-1)主要变量的描述性统计

变量	Obs	Mean	Std.Dev.	Min	Max
Fvtoearn	3 013	0.2442	1.1638	−12.2166	19.0869
DumCon	3 013	0.6518	0.4765	0	1
H1	3 013	34.4211	17.1221	0	89.51
LNSize	3 013	22.2834	1.4729	17.7785	30.8148
ROE	3 013	0.0720	0.5299	−14.8186	19.0255
LEV	3 013	1.2539	1.3560	−19.8479	18.2646
GROWTH	3 013	0.2539	1.2354	−0.5700	27.2603

(二)回归结果与分析

本书对模型(8-1)进行回归分析并得表 8-3(a)、表 8-3(b):

表 8-3(a)　2015 年 Logistic 稳健标准误回归结果表($N=2\,779$)

变量类型	变量名称	变量符号	系数	标准差	Z 值
解释变量	实际控制人性质	DumCon	0.4952	0.1783	2.66***
解释变量	第1名大股东持股比例	H1	(0.0128)	0.0046	(2.78)***
控制变量	公司规模	LNSize	0.7725	0.0634	12.18***
控制变量	盈利能力	ROE	0.0472	0.0557	0.85
控制变量	财务杠杆	LEV	(0.0285)	0.0127	(2.25)**
控制变量	成长性	GROWTH	(0.0523)	0.0327	(1.60)
控制变量	上市年限	Year	0.0534	0.0119	4.48***

表 8-3(b)　2016 年 Logistic 稳健标准误回归结果表($N=2\,779$)

变量类型	变量名称	变量符号	系数	标准差	Z 值
解释变量	实际控制人性质	DumCon	0.6176	0.1807	3.42***
解释变量	第1名大股东持股比例	H1	(0.0049)	0.0042	(1.15)
控制变量	公司规模	LNSize	0.8233	0.0690	11.94***
控制变量	盈利能力	ROE	(0.1849)	0.0748	(2.47)**
控制变量	财务杠杆	LEV	(0.025)	0.0551	(0.05)
控制变量	成长性	GROWTH	(0.0781)	0.0284	(2.75)***
控制变量	上市年限	Year	0.0515	0.0124	4.13***

2015 年模型(8-1)的回归结果表明：Dumcon 在 1‰水平上与 Fvtoearn 显著正相关,模型(8-1)的回归结果与假设 1 相悖,相对于国有上市公司,非国有上市公司更多地采用了公允价值计量;2016 年模型(8-1)的回归结果也表明 Dumcon 在 1‰水平上与 Fvtoearn 显著正相关;2015 年模型(8-1)的回归结果显示:H1 在 1‰水平上与 Fvtoearn 显著负相关,有力地支持了假设 3,股权集中度对上市公司公允价值计量存在显著影响,且持股比例越大的股东所在的上市公司越少采用公允价值计量;然而,2016 年模型(8-1)的回归结果显示:H1 与 Fvtoearn 没有显著相关性。同时我们关注到,从两个模型的回归结果来看,在公司规模(LNSize)、盈利能力(ROE)、财务杠杆(LEV)、公司成长性(GROWTH)、上市年限(Year)等 5 个控制量中,公司规

模(LNSize)在 2015 年和 2016 年的回归模型(8-1)中都在 1%水平上与
Fvtoearn显著正相关;财务杠杆(LEV)在 2015 年的回归模型(8-1)中在 5%
水平上与 Fvtoearn 显著负相关;盈利能力(ROE)、成长性(GROWTH)在
2016 年的回归模型(8-1)中分别在 5%、1%水平上与 Fvtoearn 呈显著相
关;上市年限(Year)在 2015 年、2016 年的回归模型(8-1)中均在 1%水平与
Fvtoearn 上显著正相关。控制变量所反映出来的情况也是值得我们关
注的。

四、研究小结及研究展望

（一）研究小结

本书的实证研究表明:我国上市公司股权契约对公允价值计量的影响
是客观存在的,股权结构、股权集中度等因为股权契约而产生的实际后果与
公允价值计量都存在明显的相关关系,股权契约的经济后果对公允价值计
量的影响是明显的,这也说明了公允价值计量正确表达了契约信息。

（二）研究展望

本书研究中没有考虑到股权性质与持股比例对公允价值计量的交叉影
响,为此,这也是本书的未来研究方向。为了研究完整性的需要,本书未来
还需就"公允价值计量对股权契约形式的影响"进行实证研究。

第二节　管理者薪酬契约与公允价值计量相关性的
实证研究

为了完成对企业管理人员的经营业绩考核和对经济责任的履行情况、企
业内部管理责任的执行情况等进行客观评价,就必须通过会计活动来提供真
实、公允的财务会计信息。财务会计信息可以向财务报告使用者提供与企业
财务状况、经营成果和现金流量等有关的会计信息,反映企业管理层受托责任
履行情况,有助于财务报告使用者作出经济决策。而契约理论又认为企业是
各种契约的"集合体",特别是在所有权与经营权的分离下形成了股东与管理
者之间的委托代理关系,并以管理者薪酬契约(以下简称"薪酬契约")的形式
约定下来。因此,高质量的会计信息又成为薪酬契约双方在契约履行过程中
的共同需求。然而会计信息的生成、加工、输出等信息管理活动是以一定的公
司治理结构存在为前提,而大多数股东都置身于投资企业的日常经营管理活

动之外,因此董事、管理层往往是公司治理结构中的主要参与者,他们通过法律或公司章程赋予的权力对会计信息的生成、加工、传递进行影响,而在此基础上生成的财务会计信息作为契约签订与履行的参考依据,其是否真实公允就成为薪酬契约双方共同关心的焦点。在此背景下,管理者薪酬契约与公允价值计量的相关性就成为当前研究的热点话题。本书以"年度报酬总额""前三名董事报酬总额""前三名高管报酬总额"三个变量对管理者薪酬契约与公允价值计量的相关性进行了实证分析,并提出研究结论和下一步的研究方向。

一、管理者薪酬契约与公允价值计量相关性的理论分析与研究假设

薪酬契约是在所有权与经营权分离的情况下,为了调和所有者与管理者的利益冲突而签订的一种以激励管理者为主要目标的契约。一般来说,薪酬契约的激励对象主要有企业的董事会成员、总经理(总裁)、副总经理(副总裁)、财务总监等高层管理人员。订立薪酬契约的目的在于赋予经营管理人员一定的剩余索取权,在一定程度上调和管理者与股东之间的利益冲突,从而实现股东与管理者的双赢。基于"剩余索取权"分配机制下的薪酬契约的签订与履行,一定离不开财务会计信息,因而有理由相信,薪酬契约与公允价值计量的会计信息之间一定存在着相关性。企业的会计数字是薪酬契约制定和执行的一个重要依据。但是以会计收益为依据的薪酬契约使得管理者对会计政策的选择具有投机性。特别是在信息不对称及契约监督成本同时存在的情况下,管理者通过公允价值计量属性的选择等会计政策的选择行为来增加对自身利益有用的"会计信息",这就使得管理人员有采用公允价值计量粉饰、操纵会计信息,甚至修改会计信息的可能。由于信息不对称,以及经营者(代理人)的有限理性和机会主义行为,拥有剩余控制权的企业经营者,其效用函数与企业所有者(委托人)的效用函数并不一致,因而产生了对经营者进行监督的需求。刘浩、孙铮(2008)认为,如果能对管理层进行充分的薪酬激励,便可达到"高薪养廉"的效果,使得管理层利用公允价值计量操纵利润的动机减弱,从而有利于公司会计信息的"公允";反之,如果对管理层的薪酬激励不足,管理层就有可能为了自己的薪酬待遇而操纵公允价值计量,以达到公司设定的业绩考核指标,从而影响会计信息质量。张瑞琛(2009)的研究结论也从某种程度上证实了这种情况:"总经理的薪酬为 10 万~49 万元区间的公允价值计量实质性偏好度较高。"高管的薪酬与公允价值计量实质性偏好度有密切关联。结合前期研究成果,我们可以从以下几个方面就管理层薪酬契约对公允价值计量的影响进行假设:

假设 1：上市公司年度报酬总额与企业公允价值计量呈正相关关系；

假设 2：上市公司前三名董事报酬总额与企业公允价值计量呈正相关关系；

假设 3：上市公司前三名高管报酬总额与企业公允价值计量呈正相关关系。

二、样本选取、变量解释与研究模型

（一）样本选取与数据来源

本书选取 2015 至 2016 年沪深两市所有 A 股上市公司作为研究样本，为力求数据的准确性和可靠性，我们执行了以下筛选程序：（1）剔除一些数据缺失的公司；（2）为了控制极端值对回归结果的影响，我们对数据进行了筛选。本书财务数据都来源于国泰安 CSMAR 数据库。

（二）变量解释

1.因变量

公允价值变动收益率："公允价值变动净收益"包括投资净收益、公允价值变动净收益、汇兑净收益，反映企业投资获利水平。"公允价值变动净收益"的发生额取决于被投资公司的收益质量、证券资产的质量、国内外金融市场的变化，一定程度上具有不确定性，可持续性较差。在会计准则下的算法为：公允价值变动收益率＝（公允价值变动净收益＋投资净收益＋汇兑净收益）/利润总额×100％。

2.解释变量

我们需要从股权结构（实际控制人性质）、股权集中度（第 1 名大股东持股比例）两个方面进行分析。

3.控制变量

为了控制其他因素对上市公司公允价值计量的影响，本书加入公司规模（LNSize）、盈利能力（ROE）、财务杠杆（LEV）、公司成长性（GROWTH）、股权集中度（H1），同时还对年份（Year）与行业（DumInd）进行了控制。本书全部变量的具体定义见表 8-4。

表 8-4　变量定义一览表

变量类型	变量名称	变量符号	变量描述
因变量	公允价值变动收益率	Fvtoearn	(公允价值变动净收益＋投资净收益＋汇兑净收益)/利润总额×100％
解释变量	年度报酬总额	LNAllpay	取上市公司年度报酬总额(元)的自然对数
	前三名董事报酬总额	LNIndpay	取上市公司前三名董事报酬总额(元)的自然对数
	前三名高管报酬总额	LNManpay	取上市公司前三名高管报酬总额(元)的自然对数
控制变量	公司规模	LNSize	取上市公司总资产(元)的自然对数
	盈利能力	ROE	净资产收益率
	财务杠杆	LEV	债务账面价值与总资产账面价值之比
	成长性	GROWTH	营业收入(4年,增长率),即:(本期营业总收入－4年前同期营业总收入)/ABS(4年前同期营业总收入)×100％
	股权集中度	H1	第一大股东持股比例
	年份	Year	上市年限
	行业	DumInd	为哑变量,上市公司为金融业,赋值为1,否则为0

（三）研究模型

根据研究假设及因变量和解释变量的性质,本书就"上市公司年度报酬总额(万元)"与"公允价值变动收益率"的相关性构建了 Logit 回归模型(8-2);就"上市公司前三名董事报酬总额(万元)"与"公允价值变动收益率"的相关性构建了 Logit 回归模型(8-3);就"上市公司前三名高管报酬总额(万元)"与"公允价值变动收益率"的相关性构建了 Logit 回归模型(8-4);具体公式如下:

$$Fvtoearn = A_0 + A_1 LNAllpay + A_2 LNSize + A_3 ROE + A_4 LEV + A_5 GROWTH + A_6 H1 + A_7 Year + A_8 DumInd + \chi \tag{8-2}$$

$$Fvtoearn = B_0 + B_1 LNIndpay + B_2 LNSize + B_3 ROE + B_4 LEV + B_5 GROWTH + B_6 H1 + B_7 Year + B_8 DumInd + \chi \tag{8-3}$$

$$Fvtoearn = C_0 + C_1 LNManpay + C_2 LNSize + C_3 ROE + C_4 LEV +$$
$$C_5 GROWTH + C_6 H1 + C_7 Year + C_8 DumInd + \chi \qquad (8\text{-}4)$$

上式中 χ 是随机误差项。

三、实证研究结果及分析

（一）主要变量的描述性统计

表 8-5(a)、表 8-5(b)报告了 2015 年、2016 年回归模型(8-2)、(8-3)、(8-4)样本描述性统计分析的结果:2015 年、2016 年的样本显示"Fvtoearn"的标准方差很大;2015 年"LNAllpay"的标准方差为 1.7922,最小值为 7.0901,最大值为 24.4094;2016 年"LNAllpay"的标准方差为 1.7416,最小值为 4.7826,最大值为 24.4097;2015 年"LNIndpay"的标准方差为 0.7937,最小值为 8.9359,最大值为 17.1881;2016 年"LNIndpay"的标准方差为 0.7709,最小值为 9.4255,最大值为 17.5691;2015 年"LNManpay"的标准方差为 0.7215,最小值为 9.0384,最大值为 17.3525;2016 年"LNManpay"的标准方差为 0.7159,最小值为 11.6953,最大值为 17.4064。

表 8-5(a)　2015 年回归模型主要变量的描述性统计

变量	Obs	Mean	Std.Dev.	Min	Max
Fvtoearn	2 720	0.3208	3.9691	−110.3094	136.2471
LNAllpay	2 720	16.942	1.7922	7.0901	24.4094
LNIndpay	2 720	14.1311	0.7937	8.9359	17.1881
LNManpay	2 720	14.2789	0.7215	9.0384	17.3525
LNSize	2 720	22.1794	1.4635	15.9792	30.7316
ROE	2 720	0.0495	0.7418	−31.0623	17.1989
LEV	2 720	1.3889	2.8914	−16.2872	79.0866
GROWTH	2 720	0.3314	1.9168	−0.6560	43.7802
H1	2 720	34.2207	14.8537	0.2900	89.9900
Year	2 720	10.0224	7.1025	0	25
DumInd	2 720	0.0210	0.1433	0	1

211

表 8-5(b)　2016 年回归模型主要变量的描述性统计

变量	Obs	Mean	Std.Dev.	Min	Max
Fvtoearn	2 987	1.1043	44.0707	−50.7489	2404.667
LNAllpay	2 987	17.1395	1.7416	4.7826	24.4097
LNIndpay	2 987	14.2118	0.7709	9.4255	17.5691
LNManpay	2 987	14.3617	0.7159	11.6953	17.4064
LNSize	2 987	22.2901	1.4720	17.7785	30.8148
ROE	2 987	0.0716	0.5321	−14.8186	19.8148
LEV	2 987	1.4756	10.5621	−134.7172	547.8892
GROWTH	2 987	11.8446	615.7939	−0.5700	33651.73
H1	2 987	34.3489	17.0779	0	89.51
Year	2 987	10.2303	7.4363	0	26
DumInd	2 987	0.0221	0.1470	0	1

（二）回归结果与分析

本书对模型(8-2)、(8-3)、(8-4)用 Stata 12.0 进行回归分析并得表 8-6(a) 和表 8-6(b)。

表 8-6(a)　2015 年回归模型(8-2)、(8-3)、(8-4)的回归结果(N＝2 720)

自变量	因变量(Fvtoearn)					
	模型(8-2)		模型(8-3)		模型(8-4)	
	系数	Z 值	系数	Z 值	系数	Z 值
LNAllpay	0.1493	3.10***				
LNIndpay			0.4505	4.66***		
LNManpay					0.5010	4.48***
LNSize	0.6063	8.00***	0.6181	9.15***	0.6147	9.00***
ROE	0.0491	0.88	0.0356	0.63	0.0358	0.62
LEV	−0.0289	−2.26**	−0.0291	−2.35**	−0.0284	−2.27**
GROWTH	−0.0471	−1.66*	−0.0413	−1.20	−0.0518	−1.57
H1	−0.0158	−3.42***	−0.0140	−3.01***	−0.0156	−3.33***

自变量	因变量（Fvtoearn）					
Constant	−13.2426	−9.99***	−17.4802	−10.90***	−18.0819	−10.72***
年度与行业	已控制					

注：***、**、*分别表示显著性水平为1％、5％、10％。

表 8-6(b)　2016 年回归模型(8-2)、(8-3)、(8-4)的回归结果(N＝2 987)

自变量	因变量（Fvtoearn）					
	模型（1）		模型（2）		模型（3）	
	系数	Z 值	系数	Z 值	系数	Z 值
LNAllpay	0.0978	1.76*				
LNIndpay			0.3212	3.04***		
LNManpay					0.2879	2.50**
LNSize	0.7078	8.14***	0.7141	9.17***	0.7242	9.13***
ROE	−0.1707	−2.46**	−0.1943	−2.50**	−0.1918	−2.57***
LEV	0.0059	1.21	0.0077	1.07	0.0068	0.95
GROWTH	0.0001	3.08***	0.0001	3.35***	0.0001	3.31***
H1	−0.0074	−1.76*	−0.0070	−1.66*	−0.0072	−1.71*
Constant	−14.6708	−9.73***	−17.7578	−10.73***	−17.5052	−10.31***
年度与行业	已控制					

注：***、**、*分别表示显著性水平为1％、5％、10％。

2015 年的模型(8-2)的回归结果表明：LNAllpay 在 1％水平上与 Fvtoearn 显著正相关，2016 年的模型(8-2)的回归结果表明：LNAllpay 在 10％水平上与 Fvtoearn 显著正相关，模型(8-2)的回归结果有力地支持了假设 1，即上市公司年度报酬总额与企业公允价值计量呈正相关关系；2015 年的模型(8-3)的回归结果表明：LNIndpay 在 1％水平上与 Fvtoearn 显著正相关，2016 年的模型(8-3)的回归结果表明：LNIndpay 在 1％水平上与 Fvtoearn 显著正相关，模型(8-3)的回归结果有力地支持了假设 2，即上市公司前三名董事报酬总额与企业公允价值计量呈正相关关系；2015 年模型(8-4)的回归结果表明：LNManpay 在 1％水平上与 Fvtoearn 显著正相关，2016 年模型(8-4)的回归结果表明：LNManpay 在 5％水平上与 Fvtoearn 显著正相关，模型（8-4）的回归结果有力地支持了假设 3，即上市公司前三名高管报酬总额与企业公允价值计量呈正相关关系。同时我们关注到，从三个模型的回归结果来看，在公司规模（LNSize）、盈利能力（ROE）、财务杠杆（LEV）、公司成长性（GROWTH）、上市年限（Year）等 5 个控制量中，公司规模（LNSize）在 2015年和 2016 年的回归模型（8-2）、（8-3）、（8-4）中与 Fvtoearn 都显著正相关，这说明公司的规模与公允价值计量有明显的相关性，公司规模越大，更偏向于采用公允价值计量；财务杠杆（LEV）在 2015 年的回归模型（8-2）、（8-3）、（8-4）中与 Fvtoearn 显著负相关，说明负债比例低的企业倾向于采用公允价值计量；盈利能力（ROE）在 2016 年的归回模型（8-2）、（8-3）、（8-4）中与 Fvtoearn显著负相关，说明盈利更高的企业更不倾向于使用公允价值计量；公司成长性（GROWTH）、股权集中度（H1）这两个控制变量在 2015 年和 2016 年的回归模型（8-2）、（8-3）、（8-4）中都与 Fvtoearn 显著负相关，说明成长性越好的企业、股权越集中的企业不偏向于采用公允价值计量。控制变量所反映出来的回归结果也是值得我们关注的。

四、研究结论、研究不足与研究展望

（一）研究小结

从模型（8-2）、（8-3）、（8-4）的回归结果来看，上市公司年度报酬总额、前三名董事报酬总额、前三名高管报酬总额与企业公允价值计量呈正相关关系，这也证明了前期的一些研究结论，正如刘浩、孙铮（2008）所认为这是一种"高薪养廉"的效果，就是高管薪酬越高的上市公市越偏向于使用公允价值计量。这也说明了管理者薪酬对公允价值计量的影响也如实地反映出来，减少在薪酬契约订立、监督和履行过程中由于信息不对称导致的一些问题，为契约双方提供有利于维护各自权利的"公允"信息，从而有效地保证薪酬契约的顺利进行。另外我国上市公司中国有企业的公司占的比重较大，而国有企业治理结构是一个多重委托代理关系，在这个复杂的关系中存在着委托代理链过于冗长、受托责任难以落实等现象。此外，国企的高层管理人员大多是行政任命或变相行政任命，这往往导致管理者不太关注薪酬契约中已约定好的激励利益，而更多地关注在职消费、职位升迁、社会地位和隐性收入等非薪酬契约的相关利益。所以这些企业的高管可能更希望采用公允价值计量将企业的利润或真实的资产价值表现出来，业绩越好的上市公司的高管越倾向于使用公允价值计量。低薪酬体系下的管理者为了实现业绩或获得激励报酬，往往不太会通过选择包括公允价值计量等在内的会计政策来达到其目的。目前我国通行的薪酬契约形式主要有：经济性报酬（主要有岗位工资、绩效工资、股票期权、福利计划）与非经济性报酬（主要有晋升与发展、学习与培训等）。由于契约形式不同，对管理者的影响也不同，因而他们在不同预期下对公允价值计量在内的会计信息处理与加工的影响程度也不同。另外，管理者面临的压力不同也可能导致薪酬契约与公允价值计量成反向变动关系，如果企业没有亏损，盈利能力较强，那么管理者面临的压力就小，企业的管理者享受的薪酬较高，因此他们利用公允价值计量在内的会计政策选择进行盈余管理的动机显然要比亏损企业的管理者小得多，他们更倾向于采用公允价值表达真实的财务会计信息。

（二）研究展望

本次研究还存在一些不足，主要是：（1）没有考虑上市公司实际控制人性质可能对薪酬契约的影响，国企管理者在缔约人、缔约对象、缔约内容、缔约性质等方面都受到国企特殊行政体制和经营模式的影响，与建立在欧美等发达经济体制上的薪酬契约有很大的差异。（2）没有考虑薪酬水平与契约形式的因素。目前我国通行的薪酬契约形式主要有：经济性报酬（主要有岗位工资、绩效工资、股票期权、福利计划）与非经济性报酬（主要有晋升与发展、学习与培训等）。契约形式的不同，对管理者的影响不同，因而他们在不同预期下对公允价值计量在内的会计信息处理与加工的影响程度也不同。（3）没有考虑契约期间长短的影响。短期契约往往导致管理者经营管理行为的短期化倾向，有时为了达到短期契约规定的目标，管理者在会计政策选择方面会倾向于短期行为：如资本市场行业看好，管理者往往会大量进行金融资产等能引起公允价值变动损益的交易行为，依靠公允价值计量带来的公允价值变动收益迅速拉升企业业绩，实现管理者个人业绩指标，从而完成契约约定；反之，契约时间较长，管理者明白这种依靠短期公允价值变动损益拉升的业绩不能长久，所以会降低对公允价值计量导致的变动损益的偏好程度。因此，薪酬契约的期间长短与公允价值计量的偏好程度可能存在着反向变动关系。（4）未考虑管理者面临的压力。管理者面临的压力主要指两个方面：一方面，企业经营亏损与否的压力，亏损企业的管理者面临利用公允价值计量在内的会计政策的选择，进行盈余管理的动机显然要比非亏损企业的管理者大得多；另一方面，市场竞争激励程度对企业管理者的压力，市场竞争激励程度越高，对管理者完成考核业绩及实现个人契约约定的压力就越大；反之也是。这些压力可能会改变管理者对公允价值计量在内的会计政策选择的真实意图，从而影响公允价值计量的选择。（5）未考虑行业薪酬总体水平对公允价值计量的影响。行业间的薪酬总体水平的差距也会使不同行业管理者对公允价值计量的选择产生不同的影响,本次研究没有考虑行业因素。(6)薪酬业绩对公允价值变动损益的敏感性也没有考虑到。有时,薪酬的下降不但直接导致经济利益的损失,通常还意味着个人实际地位的下降以及社会影响力的削弱。显然,公司业绩出现下滑时对拥有较高权力的高管进行减薪可能遭遇更大的阻碍和抵制。也就是说,有较高权力的高管更容易通过降低薪酬业绩敏感性在一定程度上抵消业绩下降带来的降薪压力。因此,我们认为在未来的研究中,除了考虑上述因素外,从研究课题完整性角度考虑,"公允价值计量对薪酬契约形式的影响"可能是本书未来的研究方向。

第三节 债务契约与公允价值计量相关性的实证研究

一、债务契约对公允价值计量影响的理论分析

债务契约是指企业(以下称"债务人")通过对外举债筹集资金时与债权人签订的契约。债务契约对公允价值计量的影响,需要考虑以下几个方面:(1)企业偿债能力的评价。在签订债务契约前,债权人需要企业管理当局提供公允的财务信息来客观正确地评价债务人的偿债能力等综合情况,为债务契约的签订提供充分、有效的信息。但是无论什么样的财务信息,公允价值计量的财务信息对于债务契约双方的作用永胜于历史成本等计量属性。(2)债务契约治理效应的发挥。即由于债权人实施债务契约治理的需要加大了对公允价值计量的依赖程度,譬如银行、其他金融机构等主要债权人对用公允价值计量会计信息的偏好肯定要比历史成本等计量属性大。由于银行、其他金融机构等债权人对债务人具有固定索取权,进而能对企业的管理者进行有效的监督和控制,从而帮助债务人实现有效的公司治理,保证债权人的自身利益。因此,负债融资实际上也是一种治理机制,它能够对财务信息质量的改进产生积极作用。(3)企业面临的债务违约风险。企业面临的债务契约违约风险主要有两种:主动违约风险和被动违约风险。本书这里指的是被动违约风险,即企业经营失败无法全额进行偿付而为的不得已的违约风险。企业面临违约风险大小评价与分析的主要依据就是财务信息,"公允"的财务信息是债务契约双方正确判断可能存在的债务违约风险的内在需要。

二、公允价值计量对债务契约影响的理论分析

  财务会计信息的一个重要作用就是为包括债务契约在内的企业各类契约的订立、履行及解除提供相应的决策依据。而这些财务会计信息是以历史成本计量还是公允价值计量势必影响债权人与债务人的经济决策,也有可能影响或改变债务契约形式。公允价值计量对债务契约的影响可从以下几个方面进行分析:(1)公允价值计量对债务契约签订的影响。财务会计信息能够综合反映债务人的财务状况和经营成果以及现金流量情况,通过对相关财务会计信息的分析又可评价债务人的偿债能力、盈利能力、营运能力分析、发展能力;对于上市公司还可以分析出每股收益、市盈率等相关的市场表现能力。这些财务会计信息所反映出来的债务人的相关能力是银行等金融机构债权人在与债务人签订、履行、解除债务契约过程中必不可少的。如果上述财务会计信息及财务会计信息所反映出的相关能力主要是以公允价值计量为基础的,且提供了比其他计量属性更相关、更真实的信息,这不仅能真实反映企业现有资产的实际价值,而且能正确反映企业的偿债能力,有助于银行等债权人正确评价企业的实力并决定是否提供贷款,也为企业争取到资金,赢得潜在的投资和盈利的机会。另外,银行等债权人在签订债务契约前还会对债务人未来现金流的情况进行估计,以降低贷款风险程度。而无论是对现有状况的分析还是对未来现金流量的预测,公允价值计量的影响都是不可避免的,特别是对未来现金流量的预测,历史成本等相关计量属性显得无能为力。从某种程度上讲,公允价值计量提供的财务会计信息更能得到债权人的认可与接受。(2)公允价值计量对已有债务契约监督的影响。当债权人将资金借给债务人之后,在一定程度上就失去了对资金的控制权。债权人为了保护自身的利益会采取一系列的措施来限制企业(债务人)股东和管理者的行为。但无论债权人在债务契约中采取什么样的限制性条款,对财务会计信息的依赖是不可避免的,同样也不可能回避公允价值计量的问题。因为限制性条款是应用历史成本计量还是公允价值计量势必影响债权人与债务人的不同决策,造成债务契约形式的改变。公允价值计量会引起资产、负债以及利润的变化,直接影响着债务人的偿债能力、盈利能力等指标,而这些指标往往是银行等债权人对债务契约进行监督的重要依据,这些指标的变化会影响债权人对于债务人未来前景的判断。在契约履行过程中,债权人会依据其对该企业未来前景的判断做出是否要求提前还贷或者按照原始契约继续执行现行债务合约的决策。(3)公允价值计量对解除债务契约时清偿定价的影响。当债务人违约,债权人最关心的就是

债务人的资产清偿能力,这就需要对违约债务人所拥有的可以用于清偿的资产进行评估定价。面对资产清偿价值的评估,历史成本所提供的信息显得苍白无力,而公允价值计量可能是银行等债权人较佳的选择。

第四节 税收契约与公允价值计量相关性的实证研究

我们知道,会计信息的最高目标是决策有用性,那么公允价值计量信息的最高目标也应是决策有用性且应表现在两个方面:一是估值有用性,即公允价值信息有利于投资者的估值决策。当存在估值有用性时,公允价值在价值计量方面应比历史成本计量更能提供有利于投资者做出正确投资决策的计量数据,从而更能公允地反映生产要素的实际价值。二是契约有用性,即公允价值信息在契约签订、监督和执行过程中能为契约签订的双方提供有利于保护各自权利的公允价值信息,有利于减少在契约订立与履行过程中由于信息不对称导致的一些问题,保证企业契约集合中所有契约行为的顺利进行。目前国内比较认同的公允价值与契约有用性的研究路径是:一是契约形式如何影响公允价值的计量,二是公允价值的计量如何影响契约形式。基于这个研究思路,本书拟对公允价值计量与税收契约相关性进行研究。为此,本书首先对税收契约的概念与特点进行了阐述,然后探析了公允价值计量与税收契约相关性的研究路径,最后得出了本书的结论与研究展望。

一、税收契约的概念与特点

(一)税收契约的概念

税收契约可以从法律学和经济学两个角度进行解释:从法律学上讲,税收契约即税法,是政府与纳税人间的一种公共契约关系,约定纳税人通过向国家提供规定的税收,获得享受公共产权的资格,如国家安全、基础设施等;从经济学上讲,税收契约是企业作为纳税人与代表国家的政府部门(主要是税务机关)之间在自由、平等、公正等原则基础上,通过一定的方式(主要是单项强制性规定或博弈)而缔结的旨在规范经济交易中所形成、维护并履行有关财产权利流转的权利义务的协议或约定。

(二)税收契约的特点

税收契约具有一般契约的基本要素,但税收契约中的这些基本要素有其自身的特点:

　　(1)在缔约人方面,税收契约中权利主体一方是代表国家行使征税职责的国家税务机关,另一方是履行纳税义务的企业。国家税务机关是行政管理者的角色,而履行纳税义务的企业是被管理者的角色,虽然双方的法律地位平等,但双方的权利与义务不对等。作为行政管理者的国家税务机关,凭借政治权力,按照法律规定,强制、无偿地参与社会产品分配,从而取得财政收入的权益,为国家机器实现其职能提供必须的财政经费。与此同时,国家税务机关的这种强制性管理行为也正是通过税收契约这种有效的社会契约形式保证了所有纳税人的合法权益,在一定程度上保证了对所有纳税人的公平、公正。履行纳税义务的企业愿意遵循"税收契约"的约定,最终目的还是为了维护自身的合法权益,即纳税人交纳税费是为了能够更好地享有国家提供的其他社会公共产品或福利。因此,税收契约的根本目的也在于维护纳税人双方的经济利益,税收契约将征纳双方都视为平等的法律当事人进行约束,在确定税务机关征税权利和纳税人履行纳税义务的同时,相应规定了税务机关必尽的义务和纳税人享有的权利。这与一般民事法律关系中主体双方权利与义务平等是不一样的,这是税收契约关系的一个重要特点。

　　(2)在缔约对象方面,税收契约中的对象即税收契约关系主体的权利、义务所共同指向的对象,主要有企业的生产经营所得和其他所得,财产、货物销售收入或劳务收入,商品或劳务在生产和流通过程中的增值额等,而这些缔约对象通常不可能在一般民事法律关系中出现。因此在缔约方式方面,税收契约中的缔约双方如果采取像民事法律关系中的双方那样进行一对一的协商或谈判,显然双方协商或谈判的成本太高而且不容易达成协议。因此,国家税务机关通过特定的方式(单向强制规定税收法律等契约条款)来与所有纳税人一次性地签订了法定税收契约,但同时也赋予了各个企业根据税收法律法规或相关规章制度对自身行为或交易事项进行调整或改变的权利。在强制规定的税收法律等契约条款中,对税收契约关系的内容也做了详细规定。它规定了权利主体可以有什么行为,不可以有什么行为,若违反了这些规定,须承担相应的法律责任,这种法律责任往往是刑事责任、行政责任,而在民事法律关系中的法律责任主要是民事责任,很少涉及刑事责任、行政责任。

　　(3)在缔约信息方面,信息是一种稀缺资源,生成、加工、传递信息都会发生成本,获取信息也同样要付出努力与代价。税收契约中由于税务机关与企业之间在信息生成过程中的分工、职责和权限不同,造成税收契约双方在不同信息的生成、加工、传递过程中必然存在一方处于信息优势,而另一方处于信息劣势的不对称境况。这种税收契约信息不对称主要表现在以下两方面:

①从会计信息方面来看,高质量的会计信息是税收契约中一个重要的信息资源,它必须相关而可靠地满足税收契约双方的需要。会计信息只能是由企业按照会计准则或其他相关规定的要求通过会计确认、计量、报告、某些原则和方法的披露、会计估计、会计政策的选择来加工生成,而税务机关在税收契约过程中又得承认由企业加工生成的符合会计准则和相关规定的会计信息。显而易见,这种由企业加工生成的会计信息使企业在税收契约中对会计信息占有绝对优势,而税务机关在会计信息中处于劣势。税务机关虽然可以通过对企业进行税收监管或对违规行为进行处罚来改变其在会计信息方面的劣势,但是加强税收监督、进行税务处罚等行为也会增加税务机关的税收管理成本,往往使税务机关处于两难境地。②从税收法规政策信息方面来看,高质量的税收信息是一种稀缺资源,它必须具有准确性和及时性才能满足高质量的税务契约的签订与履行的需求。政府出于契约成本因素的考虑,通过税收相关法律法规的颁布,强制所有纳税人一次性地签订了法定税收契约,且由于国家税务机关的职责所在,税务机关对税收契约中的相关税法条款的制定、修改和解释拥有不可替代的行政权力,这就使得在税收法规政策信息方面,税务机关处于绝对的强势地位。由于企业不可能是税收法规政策信息的生成者或加工者,企业无法准确预见未来税收法规政策的变动情况。一旦税收政策法规发生变动,企业只能被动地接受与适应。因此,企业在税收法规政策信息方面处于明显的劣势。虽然国家努力完善法律环境,加强执政透明度来改善企业作为纳税人的这种不利地位,但由于税收契约特点所带来的外部环境的复杂性和不确定性等因素,这就注定税收契约不可能是完全契约,税收法规政策信息不对称的情况是必然存在的。

二、公允价值计量与税收契约的研究路径分析

契约理论认为,企业是各种要素投入者为了各自的目的联合起来组成的一个有效率的"契约联合体"。通过这些契约关系或"契约关系的集合",企业将不同的生产要素和利益集团组织在一起,进行生产经营等各种活动。根据Watts(2003)的观点,影响公司的契约主要有公司契约(包括股权、薪酬、债权)、税收契约、政府管制契约、诉讼类契约等四种形式。我们知道,企业生存发展首先进行的活动就是货币资金的筹资、使用、分配等财务管理活动。财务管理活动是企业各种利益关系的焦点,更是企业的中枢神经系统,是企业生存发展的生命之源。财务契约理论从财务学和经济学两个演进路径对财务契约进行了分析并得出:从 MM 定理出发分析信息不对称下的激励问题,导致了债务契约下对管理者约束的重视;从科斯定理出发分析不完全契约下的产权和剩余控制权的配置问题,导致了人们对股权契约、管理者报酬契约的重视。由此可见,财务契约集合中至少应包括股权契约、债务契约和管理者报酬契约。企业若干契约形式中属于财务契约的那些契约是最重要最核心的,也是对公允价值影响最大的契约形式。因此,我们将股权契约、薪酬契约、债权契约归为财务契约,将税收契约、政府管制契约、诉讼类契约视为非财务契约。本书以税收契约作为非财务契约的落脚点,来分析公允价值计量与非财务契约(税收契约)相关性的可能研究路径:

路径一:"财务契约→公允价值计量→非财务契约(税收契约)"。高质量的会计信息是企业所有利益相关者在签订、履行各种契约时不可缺少的重要因素。在企业诸多利益相关者中,对会计信息能直接产生影响的有股东、管理者及企业的主要债权人。因为会计信息的生成与加工等信息管理活动必须以一定的公司治理结构存在为前提,而股东、管理者、企业的主要债权人往往是公司治理结构中的主要参与者。他们通过法律或公司章程赋予的权力对会计信息的生成、加工、传递进行管理,并将这些会计信息作为契约签订与履行的参考依据。而税收契约等非财务契约的信息基础大多是建立在企业的会计信息基础之上的。因此股东、管理者、债权人出于对财务契约签订与履行的考虑,会对公允价值计量的会计信息产生影响,而这种影响又会通过公允价值计量产生的经济后果传递给非财务契约的利益相关者(如税收契约中的税务机关等)。因此,财务契约首先影响公允价值计量,再通过这种公允价值计量的会计信息对非财务契约产生契约有用性。税收契约的签订与履行在很大程度上要受"财务契约→公允价值计量"的影响,特别是当企业大规模采用公允价值计量引发对企业利润较大程度的影响时,公允价值计量对税收契约的影响也就越大。因此,税收契约受公允价值计量的影响是经过一个过程后的影响,即财务契约影响下的公允价值计量产生的经济后果会对税收契约的签订与履行产生一定程度的影响。在"公允价值的计量如何影响契约形式"的命题下,从税收契约的角度出发,本书认为可能的研究路径是"财务契约→公允价值计量→非财务契约(税收契约)"。

路径二:"非财务契约(税收契约)→公允价值计量"。信息作为一种资源,直接关系到不同利益相关者的经济利益。在税收契约中,国家税务机关要求企业提供可靠、可核实的会计信息并利用这些可靠、可核实的会计信息对企业是否及时足额地缴纳各种税费进行核查,从而保证国家财政收入。但是企业的股东、管理者出于"经济人"的天性,他们总会利用在会计信息方面的绝对优势,对企业的会计信息进行操纵以谋求自身利益最大化。而具有不同相关性和可靠性的公允价值计量的信息会直接导致对企业收入、费用、损益产生不同的影响,进而引起对企业所得税费用等税费的影响。这就造成契约不同利益相关者对会计信息需求的矛盾。这种矛盾表现在两个方面:一是在同一契约形式中不同利益相关者对会计信息的要求不同;二是同一利益相关者在不同的契约形式中对会计信息的要求也不尽相同,如在股东—经理管理契约和股东—债权人借贷契约中,股东在前者中倾向于相关性高的会计信息,而在后者中倾向于可靠性高的会计信息,这就要求相关契约主体进行权衡取舍,以使自身综合效用最大化。上述两种矛盾就会导致股东、管理者、债权人在税收契约中会因税务机关对公允价值计量信息的不同态度而采取不同的权衡方式,一种是被动的,一种是主动的。被动的权衡方式是:当国家税务机关为了维护税收秩序,保障国家财政收入的安全,加大对企业采取公允价值计量的会计信息的监督检查力度或者在税收政策方面更倾向采纳历史成本等其他计量属性产生的会计信息时,企业的股东、管理者、债权人可能出于对国家税务机关监督检查的威慑而缩小资产或负债的公允价值计量范围;当国家税务机关为了鼓励某些行业或加大对企业政策支持,对企业公允价值计量的会计信息采取较为支持的税收政策时,只要对企业涉税的交易或事宜采用公允价值计量对企业自身更有利,企业就会扩大资产、负债公允价值计量的范围。主动的权衡方式是:当企业采用公允价值计量下的税费负担大于历史成本或其他计量属性下的税费负担时,作为正常"经济人"的企业为了避税,会回避采用公允价值计量;同理,如果企业采用公允价值计量下的税费负担小于历史成本或其他计量属性下的税费负担时,企业可能倾向于采用公允价值计量从而有效地降低整体税费负担。因此,在"契约形式如何影响公允价值的计量"的命题下,从税收契约的角度出发,本书认为可能的研究路径是"非财务契约(税收契约)→公允价值计量"。

三、公允价值计量、盈余管理与税收契约的实证分析

"估值有用性"与"契约有用性"作为会计信息最高目标——决策有用性的两种具体表现形式,也应是公允价值计量的会计信息最高目标的具体表现形式。契约有用性要求以公允价值计量的会计信息能为签订契约的双方在契约签订、监督和执行过程中提供有利于保护各自权利的公允价值信息,这样有利于减少在契约订立与履行过程中由于信息不对称而导致的一些问题,保证企业契约集合中所有契约行为的顺利进行。由于税收契约在缔约人、缔约对象、

缔约信息等方面有其特殊性,再加上我国自2006年起先后进行了企业会计准则、企业所得税等一系列的改革,使得人们开始关注公允价值计量与税收契约有用性的关系。税收契约中税务机关与企业之间在相关信息生成、加工、输出等过程中的分工、职责和权限不同,造成税收契约双方在不同信息方面具有不同的优势与劣势。因此,高质量的会计信息就成为税收契约双方在契约履行过程中的共同需求,并且人们有理由怀疑企业的股东、管理者出于"经济人"的天性,会利用在会计信息方面的绝对优势,对会计信息进行盈余管理以谋求自身利益最大化。而本书的盈余管理是指企业(管理者)为了实现某种目的或使企业(管理者自身)利益最大化,在现有法律法规、会计准则和会计制度允许的范围内,通过对会计政策或者会计估计的变更等会计手段增加或者减少收入、成本与费用等会计要素来人为调节企业财务会计结果的合法会计行为或过程。当公允价值计量被作为调节税费的一种盈余管理工具时,公允价值计量的会计信息对税收契约的"公允"性就会被质疑。因此,只有在公允价值计量没有被当作盈余管理的工具(手段)的前提下,公允价值计量对税收契约才能起到真实的会计信息的作用,对"公允价值计量与税收契约有用性"的研究才有意义。

（一）公允价值计量与盈余管理关系的实证分析

1.理论分析与研究假设

如上所述,会计信息的生成、加工、输出等信息管理活动必须以一定的公司治理结构存在为前提,而股东、董事、管理层往往是公司治理结构中的主要参与者,因此,人们有理由怀疑企业的股东、管理者出于"经济人"的天性,会利用在会计信息方面的绝对优势,对企业公允价值计量的会计信息进行盈余管理,从而导致对企业收入、费用、损益产生不同的影响,进而对企业所得税费用等相关税费进行人为操纵。公允价值计量属性的引入使管理层的盈余管理方式有了更多的选择。但是无论其动因如何,归根结底都是出于对企业利润的影响。因此,本书选择公允价值计量引起的经济后果对利润的影响程度来观察公允价值计量与盈余管理的关系。如果公允价值计量的经济后果与利润的波动成明显的相关性,那么我们就有理由认为公允价值计量是作为盈余管理的工具,在这种情况下研究公允价值计量与税收契约有用性的关系就失去意义。为此,本书首先提出假设A:上市公司应用公允价值计量进行盈余管理,即公允价值计量经济后果的变动与利润波动具有相关性。

2.样本选取、变量解释与研究模型

(1)样本选取与数据来源

本书选取 2015 年沪深两市所有 A 股上市公司作为研究样本,为力求数据的准确性和可靠性,我们执行了以下筛选程序:①剔除一些数据不全的公司样本。②为了检验假设 A,我们选择那些很有可能从事盈余管理的上市公司作为研究样本。通常来说,企业盈余管理的行为最终都会影响企业利润的波动。当然,偶尔的利润波动并不能说明一定与盈余管理行为有关,但是利润的连续大幅度波动至少说明存在盈余管理行为的可能性很大。因此,本书借鉴盛琐岩等(2012)的研究方法,选取《会计准则第 39 号——公允价值计量》自2014 年 7 月 1 日开始执行起的三年净利润连续波动率绝对值大于 50% 的上市公司作为研究对象(因 2014 年 7 月 1 日至 12 月 31 日是半年期数据,为了保持统计口径一致性,2014 年谎报数据暂不采纳)。本书最终共获得了 2 390个有效样本,其中 2015 年、2016 年的样本数量分别为 553 个和 1 837 个。本书所有财务数据都来源于国泰安 CSMAR 数据库。

(2)变量解释

本书将选取"净利润变动率"作为因变量,即净利润变动率(Earn)=(本期净利润−上年同期净利润)/上年同期净利润×100%。如果企业通过公允价值来进行盈余管理,那么理论上可以推断,公允价值变动率越高的公司,其净利润变动率也将越大。上市公司采用公允价值计量属性对资产或负债进行计量就会产生公允价值变动,公允价值变动是指期末与期初公允价值之间的差额。根据现行会计准则规定,由于选择了公允价值计量而引起的计量后果"公允价值变动"的最终去向主要有:资本公积(其他资本公积)、其他业务收入、资产减值损失、公允价值变动收益、投资收益、主营业务成本。为了研究的需要,本书只选择了公允价值变动收益、资本公积、资产减值损失这三项,并将这三项的变动率作为解释变量,其中公允价值变动收益变动率(Fv)=(本期公允价值变动收益−上年同期公允价值变动收益)/上年同期公允价值变动收益×100%;资本公积变动率(Acct)=(本期资本公积−上年同期资本公积)/上年同期资本公积×100%;资产减值损失变动率(Lost)=(本期资产减值损失−上年同期资产减值损失)/上年同期资产减值损失×100%。

(3)研究模型

根据假设 A 及因变量和解释变量的性质,构建如下 Logistic 回归模型:

$$Earn_i = A_0 + A_1 Fv_i + A_2 Acct_i + A_3 Lost_i + \chi \qquad (8\text{-}5)$$

公式中 χ 是随机误差项。

3.实证研究结果及分析

本书对模型(8-5)进行回归分析并得表 8-7(a)、表 8-7(b)：

表 8-7(a)　2015 年模型(8-5)的回归结果

自变量	因变量(Earn)	
	系数	T 值
Fv	−0.0001	−0.06
Acct	−0.0001	−0.09
Lost	0.0870	2.70***
Constant	2.9787	1.50
F 值	2.44*	
Adj−R²	0.0132	
N	553	

注：***、**、*分别表示显著性水平为 1％、5％、10％。

表 8-7(b)　2016 年模型(8-5)的回归结果

自变量	因变量(Earn)	
	系数	T 值
Fv	0.0041	0.19
Acct	0.0065	0.47
Lost	−0.0260	−1.35
Constant	−0.0644	−0.35
F 值	0.71	
Adj−R²	0.0012	
N	1 837	

注：***、**、*分别表示显著性水平为 1％、5％、10％。

从表 8-7(a)、8-7(b)可以看出：2015 年 Fv 的回归系数为−0.0001，T 值为−0.06，2016 年 Fv 的回归系数是 0.0041，T 值为 0.19，都没有通过显著性检验，即公允价值波动率并不会显著影响上市公司的净利润波动率。因此，假设 A 没得到实证结果的支持，这说明在目前情况下，国内的上市公司并没有利用公允价值计量进行盈余管理。当然不排除个别上市公司利用公允价值计量进行盈余管理的可能,但至少没有出现我国上市公司大规模地应用公允价值计量进行盈余管理的现象。因此,本书可以进一步研究分析公允价值计量与税收契约的关系。

同样,张瑞琛(2013)也曾借鉴盛琇岩等(2012)的研究方法,选取自2007年《企业会计准则(2006)》开始执行起的三年净利润连续波动率绝对值大于50%的上市公司作为研究对象。选取2007年至2011年沪深两市所有A股上市公司作为研究样本,为力求数据的准确性和可靠性,我们执行了以下筛选程序:(1)剔除金融行业上市公司,因为这些公司存在行业特殊性。(2)剔除一些数据不全的公司样本。(3)为了检验假设A,我们选择那些很有可能从事盈余管理的上市公司作为研究样本。最终共获得了2 034个有效样本,其中2009年至2011年的样本数量分别为541个、555个和938个(财务数据都来源于Wind资讯金融终端系统)。同时,也对模型(8-5)进行回归分析并得表8-7(c):

表 8-7(c) 2007—2011 年期间模型(8-5)的回归结果

自变量	因变量(Earn)	
	系数	T 值
Fv	−0.0166	−0.56
Acct	0.5273	2.67***
Lost	−0.0686	−2.94***
Constant	0.3398	0.94
F 值	5.24***	
Adj−R²	0.0259	
N	480	

注:***、**、*分别表示显著性水平为1%、5%、10%(双尾)。

从表8-7(c)可以看出:Fv的回归系数为−0.0166,T 值为−0.56,没有通过显著性检验,即公允价值波动率并不会显著影响上市公司的净利润波动率。这个结果也验证了前面的实证结果。

(二)公允价值计量与税收契约有用性的实证分析

1.理论分析与研究假设

税收契约的履行情况在很大程度上取决于上市公司提供的财务会计信

息,而税务机关在税收契约的履行过程中又得承认由企业加工生成的符合会计准则和相关规定的会计信息。因此,在排除公允价值计量被用作盈余管理工具的前提下,我们有理由相信,公允价值计量如果对税收契约具有信息相关性,那么公允价值计量引发的变动率一定与实际税率(上市公司的当期所得税费用/当期净利润)变动相关,或者上市公司实际税率与法定税率之间的差异可能受到公允价值计量的影响。为此,本书假设 B1:实际税率与公允价值计量引起的变动率呈正相关关系。假设 B2:实际税率与名义税率的波动与公允价值计量引起的变动率呈正相关关系。

2.样本选取、变量解释与研究模型

(1)样本选取和数据来源

本书拟选取 2012 年至 2016 年沪深两市所有 A 股上市公司作为研究样本,但近几年数据缺失严重,无法进行有效实证。笔者选取 2007 年至 2011 年沪深两市所有 A 股上市公司作为研究样本,为力求数据的准确性和可靠性,采用以下筛选程序:①剔除金融行业上市公司,因为这些公司存在行业特殊性;②剔除一些数据缺失的公司;③为了控制极端值对回归结果的影响,我们对连续变量 1% 以下和 99% 以上分位数进行了缩尾处理(Winsorize)。同时考虑到 2007 年是《企业会计准则(2006)》开始执行的第一年,2008 年又遇到金融危机,本书对样本检验的时间做了区分,即第一次检验的样本区间为 2007—2011 年,第二次检验的样本区间为 2009—2011 年。本书的财务数据来源于 Wind 资讯金融终端系统。

(2)变量定义与解释

本书针对假设 B1 采用实际税率(Taxratio=所得税费用/净利润)作为因变量;针对假设 B2 采用实际税率与法定税率差(Taxtap=实际税率-法定税率)作为因变量;选取公允价值率(Fvtoasst=公允价值变动收益/平均总资产或总资产)作为解释变量。为了控制其他因素对公允价值计量的影响,本书加入公司规模(LNSize)、盈利能力(ROE)、财务杠杆(LEV)、公司成长性(GROWTH)、股权集中度(H1)五个控制变量,同时还对年份(Year)与行业(DumInd)进行了控制。

(3)研究模型

根据研究假设 B1、B2 及因变量和解释变量的性质,本书就"实际税率"与"公允价值率"的相关性构建了 OLS 回归模型(8-6);就"实际税率与法定税率的差异率"与"公允价值率"的相关性构建了 OLS 回归模型(8-7),具体模型如下:

$$Taxratio_i = B_0 + B_1 Fvtoasst_i + B_2 LNSize_i + B_3 ROE_i + B_4 LEV_i + B_5 GROWTH_i$$
$$+ B_6 H1_i + \sum_{t=1}^{4} Year_t + \sum_{r=1}^{11} DunInd_r + \chi \qquad (8\text{-}6)$$

$$Taxtap_i = B_0 + B_1 Fvtoasst_i + B_2 LNSize_i + B_3 ROE_i + B_4 LEV_i + B_5 GROWTH_i$$
$$+ B_6 H1_i + \sum_{t=1}^{4} Year_t + \sum_{r=1}^{11} DunInd_r + \chi \qquad (8\text{-}7)$$

公式中 χ 是随机误差项。

3.实证研究结果及分析

(1)主要变量的描述性统计

回归模型(8-6)、(8-7)样本描述性统计显示:2007—2011 年期间的样本显示"实际税率"和"实际税率与法定税率差"的标准方差都在 0.14 左右,偏差程度较小,表明此期间"实际税率"和"实际税率与法定税率差异率"的变化相对稳定,并未出现两者加大或缩小的过分波动情况。同期公允价值占总资产的比例约为 0.01%,这表明上市公司应用公允价值进行计量的资产还是相对较少。为了排除 2007 年准则执行第一年的特殊性以及 2008 年金融危机的影响,使研究结果更为稳健,本书剔除了 2007 年与 2008 年的数据,用 2009—2011 年期间的样本对模型(8-6)、(8-7)进行再次回归分析,回归结果显示"实际税率"和"实际税率与法定税率差"的标准方差在 0.13 左右,较 2007—2011 年期间样本的回归结果有所下降,偏差程度较小,表明此期间"实际税率"和"实际税率与法定税率差"的变化更加稳定,波动更小。其他控制变量的描述性统计结果与同类研究基本一致。

(2)回归结果与分析

本书对模型(8-6)、(8-7)进行回归分析并得到表 8-8:

表 8-8　模型(8-6)、(8-7)的回归结果

自变量	模型(8-6)因变量(Taxratio)				模型(8-7)因变量(Taxtap)			
	2007—2011 年		2009—2011 年		2007—2011 年		2009—2011 年	
	系数	T 值	系数	T 值	系数	T 值	系数	T 值
Fvtoasst	1.2396	1.81*	2.5106	2.74**	1.2691	1.80*	2.4846	2.58**
LNSize	−0.0049	−1.72*	−0.0013	−0.4100	−0.0051	−1.73*	−0.0040	−1.1800
ROE	−0.2825	−8.35***	−0.3075	−7.74***	−0.2548	−7.36***	−0.2890	−7.10***
LEV	0.0990	5.47***	0.0826	3.95***	0.0597	3.21***	0.0508	2.34**

续表

自变量	模型(8-6)因变量(Taxratio)				模型(8-7)因变量(Taxtap)			
	2007—2011 年		2009—2011 年		2007—2011 年		2009—2011 年	
	系数	T 值	系数	T 值	系数	T 值	系数	T 值
GRPWTH	0.0008	0.5100	0.0022	1.1900	0.0014	0.8500	0.0026	1.3700
H_1	−0.0262	−1.2700	−0.0103	−0.4400	−0.0323	−1.5200	−0.0127	−0.5200
Constant	0.1871	3.1300	0.0746	1.0800	−0.0052	−0.0800	−0.0341	−0.4700
年度与行业	已控制				已控制			
F 值	0.1433***		13.56***		0.0659		6.25***	
Adj R−squared	0.1347		0.1459		0.0563		0.0687	
样本量	2 129		1 398		2 072		1 353	

注:***、**、*分别表示显著性水平为 1%、5%、10%(双尾)。

　　模型(8-6)的回归结果表明:Fvtoasst 与 Taxratio 显著正相关。用 2007—2011 年期间和 2009—2011 年期间的样本进行回归分析后,Fvtoasst 的系数都是正值,分别是 1.2396 与 2.5106。在 2007—2011 年期间,Fvtoasst 在 10% 水平上与 Taxratio 显著正相关,在 2009—2011 年期间,Fvtoasst 在 5% 水平上与 Taxratio 显著正相关。模型(8-6)的回归结果有力地支持了 B1 的假设,即实际税率与公允价值计量引起的变动率呈正相关关系;模型(8-3)的回归结果表明:Fvtoasst 与 Taxtap 显著正相关。用 2007—2011 年期间和 2009—2011 年期间的样本进行回归分析后,Fvtoasst 的系数都是正值,分别是 1.2691 与 2.4846。在 2007—2011 年期间,Fvtoasst 在 10% 水平上与 Taxtap 显著正相关,在 2009—2011 年期间,Fvtoasst 在 5% 水平上与 Taxtap 显著正相关。模型(8-3)的回归结果有力地支持了 B2 的假设,即实际税率与名义税率的波动与公允价值计量引起的变动率呈正相关关系。模型(8-6)、(8-7)的回归结果之间也能提供相互验证,这两个模型回归结果所表现出来的结论是趋于一致的,即用 2009—2011 年期间的样本进行回归分析 Fvtoasst 的显著性水平都要比用 2007—2011 年期间样本进行回归分析 Fvtoasst 的显著性水平要高。这说明 2007 年度新准则开始执行与 2008 年的全球金融危机对公允价值计量产生了一定的影响,公允价值计量的会计信息没有提供真正"公允"的信息,与税收契约的相关性不大。从 2009 年度后,公允价值计量的会计信息与税收契约的相关性显著,即公允价值计量发挥了对税收契约的有用性。

四、研究结论

本书的实证研究表明：(1)从《企业会计准则(2006)》对公允价值计量具体应用的限定条件来看，我国会计准则制定者对公允价值计量的再度应用是持谨慎态度的，这种谨慎态度也通过各种方式传递给了会计准则执行者，使得我国上市公司对公允价值计量的使用也比较谨慎。从总体上讲，我国上市公司并没有大规模采用公允价值计量进行盈余管理，且本书的实证结果也证明了目前公允价值计量与盈余管理之间不存在必然的联系，即我国上市公司并没有利用公允价值计量进行盈余管理。(2)税收契约的履行在很大程度上要依赖公允价值计量的结果，特别当企业大规模采用公允价值计量引发对企业利润较大程度的影响时，公允价值计量对税收契约的影响也就越大。税收契约有用性要求公允价值计量的会计信息能减少在税收契约订立、监督和履行过程中由于信息不对称而导致的一些问题，为契约双方提供有利于维护各自权利的"公允"信息，从而有效地保证税收契约的顺利进行。本书实证研究结果表明，公允价值计量的会计信息对税收契约的有效运行提供了正相关的信息含量，有效地发挥了税收契约的有用性。

第五节　政府管制契约与公允价值计量的实证研究

政府作为市场经济体系中的重要参与者之一，除了作为提供社会公共品的供给者外，政府在市场中的另外一个主要职能是对市场经济生活中的企业和消费者提供保护或进行必要的管制行为。从经济学的角度来说，政府管制行为主要是为防止市场失灵现象的发生。更具体地说，政府对垄断行业实施管制的主要目的是为了消除其垄断利润，并且利用规模经济优势和范围经济优势，有效率地利用社会资源，增强国家的经济实力以及社会福利。这时如果从契约角度来观察政府管制行为，可以从某种程度上将政府与被管制企业之间形成的经济博弈关系看成是一种政府管制契约关系。而契约有用性的原则强调公允价值计量的财务会计信息能在契约签订、监督和执行过程中保护契约双方各自的权利并能减少在契约订立与履行过程中由于信息不对称而导致的一些问题，从而保证政府管制契约及政府管制行为的顺利进行。因此，研究公允价值计量与政府管制契约的关系，不仅有利于政府等投资者的估值决策，而且有利于保护受政府管制企业的自身权益，从而解决契约双方信息不对称问题。

政府管制(政府规制)包含在政府干预的范围内,是一种特殊的政府干预。政府管制是在以市场机制为基础的经济体制下,以矫正或改善市场机制内在问题为目的的政府干预和干涉经济主体(尤其是企业)活动的行为。按政府管制干预市场配置机制和改变企业及消费者的供需决策层次的不同,政府管制有广义与狭义之分:广义的政府管制是在所有微观领域的政府干预,既包含以行政手段直接介入经济主体的行为(称为直接管制),也包含通过民法、商法、反垄断法等法律对不公平竞争行为的制约(间接管制);狭义的政府管制仅指微观行政干预中的经济性直接管制。与广义的政府管制相比,狭义的政府管制对象主要局限于企业、私人或其他经济组织等微观经济主体,不包括财政、税收、金融政策等宏观经济行为。本书的政府管制主要是指狭义的政府管制。政府管制契约作为外部契约关系的一种,是指政府对企业、个人以及其他经济主体就相关利益进行约束、分配与干预而形成的一种契约关系。政府管制契约签订于企业与工商部门、证监会、财政部之间,它是企业自觉遵守各项法律以及会计准则的一种承诺。

一、政府管理契约与公允价值计量实证研究的理论分析与研究假设

经济的进步和繁荣有赖于对效率和公平的权衡,市场经济要解决的基本问题就是效率和公平。毋庸置疑,效率和公平的实现都离不开以会计信息为基础对经济结果的衡量。由于政府管制行为本身也会产生一定的经济后果,这种经济后果是否对政府管制契约产生影响是研究"公允价值计量与政府管制契约的相关问题"的首要问题。我们必须厘清政府管制行为的存在是否对被管制对象的公允价值计量产生影响,或相对于不存在政府管制行为的情况下,公允价值计量是否存在不同的表现。刘浩等(2008)认为在政府管制较严的情况下,例如石油、电力等垄断性行业,采用公允价值计量将可能进一步暴露利润,如果政府对高利润行业进行严格管制,这些行业可能拒绝采用公允价值计量。因此,只有证明公允价值计量不受政府管制行为影响的前提下,研究公允价值计量与政府管制契约的相关问题才有理论基础与现实意义。为此,我们做出以下假设:H1:公允价值计量与政府管制行为存在一定的相关性,且公允价值计量与行业垄断程度呈反向相关性,即行业垄断较强的行业或企业,其公允价值计量越少被采用。

二、样本选取、变量解释与研究模型

(一)样本选取与数据来源

本书选取 2015 至 2016 年沪深两市所有 A 股上市公司作为研究样本,为力求数据的准确性和可靠性,我们执行了以下筛选程序:①剔除一些数据缺失的公司;②为了控制极端值对回归结果的影响,我们对数据进行了筛选剔除。本书全部数据都来源于国泰安 CSMAR 数据库。

(二)变量解释

1.因变量

公允价值变动收益率:"公允价值变动净收益"包括投资净收益、公允价值变动净收益、汇兑净收益,反映企业投资获利水平。"公允价值变动净收益"的发生额取决于被投资公司的收益质量、证券资产的质量、国内外金融市场的变化等因素影响。公允价值变动收益率在新准则下的算法为:(公允价值变动净收益+投资净收益+汇兑净收益)/利润总额×100%。

2.解释变量

一般来讲,垄断程度越高的,政府管制行为就较为强势。因此,我们根据上市公司所处行业的垄断程度来衡量上市公司受政府管制的程度。目前垄断主要有三种形式:自然垄断、市场垄断、行政垄断。市场垄断在我国少见,故本书不研究市场垄断。在自然垄断情况下,政府如果采取强制性的管理,则有可能会导致该市场的积极性降低,最终导致市场扭曲。因此,政府给予自然垄断的管制大多数为监督,政府管制程度就相对较低,从而垄断程度的赋值也就较低一些。根据上述分析,本书对竞争性行业赋值为 1、自然垄断行业赋值为 2、行政垄断行业赋值为 3,具体赋值如表 8-9 所示:

表 8-9　我国上市公司行业管制分类赋值表

证监会的行业分类	行业类型	政府管制程度
A　农、林、牧、渔业	竞争	1
B　采掘业	自然垄断	2
C　制造业		
C0—C3、C48—C99	竞争	1
C4、C41、C43、C47★	自然垄断	2
D　电力、煤气及水的生产和供应业	自然垄断	2

续表

证监会的行业分类	行业类型	政府管制程度
E　建筑业	竞争	1
F　交通运输、仓储业	行政垄断	3
G　信息技术业	行政垄断	3
H　批发和零售贸易	竞争	1
I　金融、保险业	行政垄断	3
J　房地产业	竞争	1
K　社会服务业	竞争	1
L　传播与文化产业	行政垄断	3
M　综合类	竞争	1

★C4、C41、C43、C47等虽均为制造业中金属、机械等轻工业部门,但由于国资委出于在今后国有经济保持绝对控制力的军工行业的需要,这些制造业中的金属和机械等行业部门为军工企业的垄断企业,而在统计上无法将这些军工企业分离出来的情况下,本书不将它们作为竞争行业来处理,而是看作自然垄断行业。

3.控制变量

为了控制其他因素对上市公司公允价值计量的影响,本书加入公司规模(LNSize)、盈利能力(ROE)、财务杠杆(LEV)、公司成长性(GROWTH),同时还对年份(Year)进行了控制。本书全部变量的具体定义见表8-10。

表8-10　变量定义一览表

变量类型	变量名称	变量符号	变量描述
因变量	公允价值变动收益率	Fvtoearn	(公允价值变动净收益＋投资净收益＋汇兑净收益)/利润总额×100%
解释变量	政府管制程度	Gcle	对于竞争性行业,赋值为1;自然垄断行业赋值为2,行政垄断行业,赋值为3

续表

变量类型	变量名称	变量符号	变量描述
控制变量	公司规模	LNSize	取总资产(元)的自然对数
	盈利能力	ROE	净资产收益率
	财务杠杆	LEV	债务账面价值与总资产账面价值之比
	成长性	GROWTH	样本年度前四年营业收入平均增长率,本期营业总收入相对 $N(N=4)$ 年前同期营业总收入增长百分比
	年份	Year	上市公司上市年限

（三）研究模型

根据研究假设及因变量和解释变量的性质,本书就"公允价值变动收益率"与"政府管制程度"的相关性构建了 OLS 回归模型(8-8),具体模型如下：

$$Fvtoearn = A_0 + A_1 Gcle + B_2 LNSize + A_3 ROE + A_4 LEV + A_5 GROWTH + A_6 Year + \chi \tag{8-8}$$

公式中 χ 是随机误差项。

三、实证研究结果及分析

（一）主要变量的描述性统计

表 8-11(a)　2015 年回归模型主要变量的描述性统计

变量	Obs	Mean	Std.Dev.	Min	Max
Fvtoearn	2 720	0.3208	3.9691	−110.3094	136.2471
Gcle	2 720	1.4551	0.7517	1	3
LNSize	2 720	22.1794	1.4635	15.9792	30.7316
ROE	2 720	0.0495	0.7418	−31.0623	17.1989
LEV	2 720	1.3889	2.8914	−16.2872	79.0866
GROWTH	2 720	0.3314	1.9168	−0.6560	43.7802

表 8-11(b)　2016 年回归模型主要变量的描述性统计

变量	Obs	Mean	Std.Dev.	Min	Max
Fvtoearn	2 976	0.2931	2.0625	−40.1915	45.7459
Gcle	2 976	1.4634	0.7582	1	3
LNSize	2 976	22.2871	1.4665	17.7785	30.8148
ROE	2 976	0.0703	0.2980	−3.8726	9.4980
LEV	2 976	1.4532	10.5027	−134.7172	547.8892
GROWTH	2 976	0.2845	1.6617	−0.5700	43.8658

表 8-11(a)、表 8-11（b）报告了回归模型样本描述性统计分析的结果：2015 年和 2016 年的样本显示"公允价值变动收益率""公司规模""财务杠杆""公司成长性"等的标准方差较大,偏差程度较大;"政府管制程度""盈利能力"的标准方差较小,偏差程度较小。从"公允价值变动收益率"这个指标的均值来看,2015 年公允价值计量的收益占利润的比例约为 32.08%,2016 年公允价值计量的收益占利润的比例约为 29.31%,这表明上市公司应用公允价值进行计量的损益对利润的影响较大。

（二）回归结果与分析

本书对模型进行回归分析并得到表 8-12(a)、表 8-12(b)：

表 8-12(a)　2015 年模型回归结果

自变量	因变量(Fvtoearn)	
	系数	T 值
Gcle	0.0696	0.75
LNSize	0.0554	1.12
ROE	−0.0364	−0.39
LEV	0.5869	24.55***
GROWTH	−0.0098	−0.27
Constant	−1.7858	−1.68*
年度	已控制	
F 值	101.70***	

续表

自变量	因变量（Fvtoearn）	
	系数	T 值
Adj R－squared	0.1818	
样本量	2 720	

注：***、**、*分别表示显著性水平为 1％、5％、10％。

表 8-12(b)　2016 年模型回归结果

自变量	因变量（Fvtoearn）	
	系数	T 值
Gcle	0.0422	0.84
LNSize	－0.0160	－0.59
ROE	－0.0449	0.35
LEV	0.0031	0.86
GROWTH	－0.0289	－1.26
Constant	0.3908	0.66
年度	已控制	
F 值	2.55**	
Adj R－squared	0.0031	
样本量	2 976	

注：***、**、*分别表示显著性水平为 1％、5％、10％ 。

模型回归结果表明：政府管制程度（Gcle）没有通过显著性检验，本书先前提出的假设没有得到检验通过。这说明政府管制行为并没有对上市公司的公允价值计量产生实质性的影响，这也在一定程度上说明了公允价值计量较为公允地得到了应用，政府管制行为的存在并没有影响财务会计信息的公允应用。

四、研究结论与研究不足

(一)研究小结

在市场中,政府一般以直接参与、行政手段或经济手段等多种方式参与经济管理。当政府介入市场经济,对一些企业进行管制时,从某种程度上就形成了一种契约机制。在这种政府管制契约下,政府要面临一定的管制风险。因为,政府与企业之间必然存在着信息不对称问题,而这种信息不对称可能造成政府的管制完全不发挥效果,甚至会引起反向效果,即政府管制存在干预失当的可能。由于信息不对称的存在,政府对信息,特别是高质量的"公允"的财务会计信息需求就更加强烈。但是政府管制作为一种复杂的具有政治与经济双重影响的行为,对企业、个人以及其他经济主体具有一定的干预性,并且政府管制涉及到的电力、运输、通讯等行业又是近年来人们关注的焦点,因此我们必须排除政府管制行为本身给"公允价值计量与政府管制契约"带来的影响。本书的实证检验结果正好解决了这个问题,通过本书的回归结果可以看出上市公司的公允价值计量并没有与政府管制行为存在相关性,也就是说无论是否存在政府管制行为,公允价值计量在我国上市公司中都得到了"公允"应用。

1.政府管制契约对公允价值计量的影响

(1)影响被管制对象公允价值计量的行为导向

从会计信息的特征看,会计信息具有准公共产品的特性,此排它性的非竞争产品若缺少相应的保护措施,将会造成供给不足的现象,从而导致市场反应的失灵和扭曲等后果。当市场处于失灵情况,政府则承担起协调功能,通过采取相应的法律法规及保护措施,对被管制企业行使监管职能,由此直接影响被管制企业的公允价值计量、确认与报告的实现。在政府管制契约中,契约双方拥有信息量的不同直接关系到双方的利益,为了拥有更多的信息资源,特别是财务会计信息,作为政府管制的执行者及相关监管部门总是要求企业提供可靠、可核实的会计信息并利用这些会计信息对企业采取必要的管制行为与措施;而作为被管制的企业出于"经济人"的天性,也会利用在会计信息生成、加工、处理与传递方面的绝对优势谋求自身利益最大化进而改变其对公允价值计量行为的导向。如果受管制企业采用公允价值计量来降低企业的资产规模或减少企业的利润会引起政府减少对其管制,受管制企业可能会积极采用公允价值计量,反之可能就规避采用公允价值计量。因此,为会计信息公允价值创造良好的生存环境需要政府管制契约的保护,而政府管制契约的具体职能与保护措施将直接影响被管制企业公允价值的行为导向。

（2）影响被管制企业提供财务信息的公允程度

在政府管制契约的具体执行过程中，政府往往通过政府价格管制来支持行业的发展或保护消费者的利益，但这种干预政策使得价格与实际价值相互背离，不符合市场价值规律，因此，政府价格管制成为影响公允价值计量的重要内在因素之一。政府价格管制主要包括支持价格与限制价格。政府的支持价格主要用于农业，以扶持农业的发展，而限制价格与支持价格相反，主要用于关乎国计民生的产品。政府对被管制企业实施管制价格，从某种程度上会对企业"公允"财务会计信息的生成、加工、传递与使用产生重要影响。公允价值的本质应是一种基于市场信息的评价，熟悉情况的交易双方自愿进行资产交换或负债清偿的金额计量，而政府管制契约中的价格管制违背了市场的真实信息，由此扭曲了公允价值的本质属性。对市场经济中的垄断行业而言，在政府管制较严的情况下，例如电力、石油等垄断性行业，其垄断者所制定的价格往往高于非垄断经济下商品的价格，垄断行业的利润往往就成为政府价格管制测量器，在这种政府管制契约的压力下，企业对外提供财务会计信息的公允性必然会受到政府管制契约的影响。

2.公允价值计量对政府管制契约的影响

（1）影响政府管制契约的具体制定与执行

在制定收费管制具体政策时，政府监管部门往往综合分析垄断性行业（如天然气、石油、电力等行业）的财务状况、经营收入与成本及现金流量等财务会计信息，以此作为制定具体的政府管制契约的主要依据与标准。而企业为了谋求自身利益最大化，会综合考虑并通过会计政策选择、盈利评估等手段方法，尽可能增加企业的经营成本与折旧费用，控制资产规模的大小，减少收益，以期在政府契约的签订、履行等过程中谋求自身利益最大化。因此，政府管制契约的双方都需要以财务报告的信息作为基础，根据垄断企业的财务状况与市场现状，就具体的政府行为、方式、垄断产品与服务收费标准等问题进行谈判与协商。而财务会计信息的公允与否就成为双方进行协商谈判时所关心的焦点。因为，只有公允价值计量的资产、负债等会计要素的价值才能真实反映垄断行业（企业）的财务状况、经营成本及现金流量。从而使得公允价值计量能对收费管制发挥一定的作用，政府收费管制对公允价值计量也具有一定的依赖性。

（2）影响被管制企业应对政府管制的博弈策略

公允价值计量可以使政府获得更具及时与相关的经济信息，这一会计信息在政治活动过程中发挥着重要作用，直接影响了政府管制契约的制定与执行。被管制企业作为政府管制契约中的重要参与者会根据政府管制的程度来改变公允价值计量的行为导向。政府进行政府管制行为时,很多时候是依据被管制企业的相关财务会计信息进行决策的。根据会计准则规定,公允价值计量引起的计量后果会对财务杠杆表及利润表的相关数据产生影响,从而可能暴露一些垄断性行业(如石油、天然气等行业)的高额利润。被管制企业高额利润的暴露往往会引起政府监管部门的重视并有可能对存在高额利润行业(企业)进行严格管制。面对可能的监管措施,被管制企业会对公允价值计量的应用采取谨慎的态度并可能对企业的财务状况、经营成果、现金流量等财务会计信息进行加工处理从而在政府与被管制企业之间形成一种动态的经济博弈关系。在这种博弈过程中,博弈双方都会根据对方的博弈策略而采取相应的利己策略。

（二）研究的不足

本书研究还存在一些不足,主要有:(1)变量选择方面还存在不足。因变量选择方面,本书选择"公允价值变动收益率"作为因变量,在新准则下的算法为:公允价值变动收益率＝公允价值变动净收益＋投资净收益＋汇兑净收益)/利润总额×100％。而在《企业会计准则(2006)》体系中,公允价值变动有两种处理方法:一是先计入所有者权益,等以后处置该资产再转入当期损益;二是直接计入当期损益。由于选择了公允价值计量而引起的计量后果"公允价值变动"的最终去向主要有"资本公积(其他资本公积)、其他业务收入、资产减值损失、公允价值变动收益、投资收益、主营业务成本、套期损益"等几个方面,所以公式中的分子不能全部反映上市公司的公允价值计量结果。在解释变量选择方面,我们将政府管制程度与上市公司所处行业的垄断程度直接挂钩,但是在行业分类时难免有人为主观因素的存在,这也会影响实证结果。②没有考虑上市公司的公司属性对公允价值计量及政府管制行为的影响。我国国情决定了大部分国有企业也是涉及电力、运输等垄断行业的,这说明本书在研究变量选择时忽视了公司属性这一重要的中国国情因素。国企特殊行政体制和经营模式的影响,与建立在欧美等发达经济体制上的薪酬契约有很大的差异。(3)我们知道,一个公司的规模某种程度上就是自然垄断的门槛,一个行业如果进入本行业所需资产规模越大,它就形成了一种自然垄断的准入门槛,而本书没有考虑到这个变量对相关因素的影响。

9

结论、未来研究方向与启示

第一节　主要研究结论

　　我国会计准则制定者在综合考虑国际和国内影响的情况下,结合我国目前的政治、经济、文化等各方面的国情对公允价值计量做了谨慎的选择,并把这种选择以《企业会计准则(2006)》、《企业会计准则第 39 号——公允价值计量(2014)》的形式规范起来。中国上市公司在《企业会计准则(2006)》、《企业会计准则第 39 号——公允价值计量(2014)》的框架内,结合公司内外部影响因素对公允价值计量进行了二次选择,并对资产和负债以公允价值计量的方式产生实质性结果,即公允价值变动损益。大量微观个体的公允价值计量的选择结果被反馈给会计准则制定者(财政部),会计准则制定者根据反馈情况对会计准则中涉及公允价值计量的准则进行修改或改进,并再次强制或建议会计准则执行者执行。由此可见,我国公允价值计量偏好的层次性很明显,而且大量微观个体的选择行为也会对会计准则制定者的公允价值计量偏好产生影响,体现了一个动态的过程。无论是会计准则制定者的偏好还是执行者的偏好都是相互影响相互作用的。图 9-1 描述了这样一个动态过程:会计准则制定者的公允价值计量偏好是第一位的,它决定并影响着会计准则执行者的公允价值偏好。根据前面实证结果可以看到,这种影响确实存在而且产生了很强的效果。在 2007 年 1 570 家上市公司中只有 403 家采用公允价值计量。

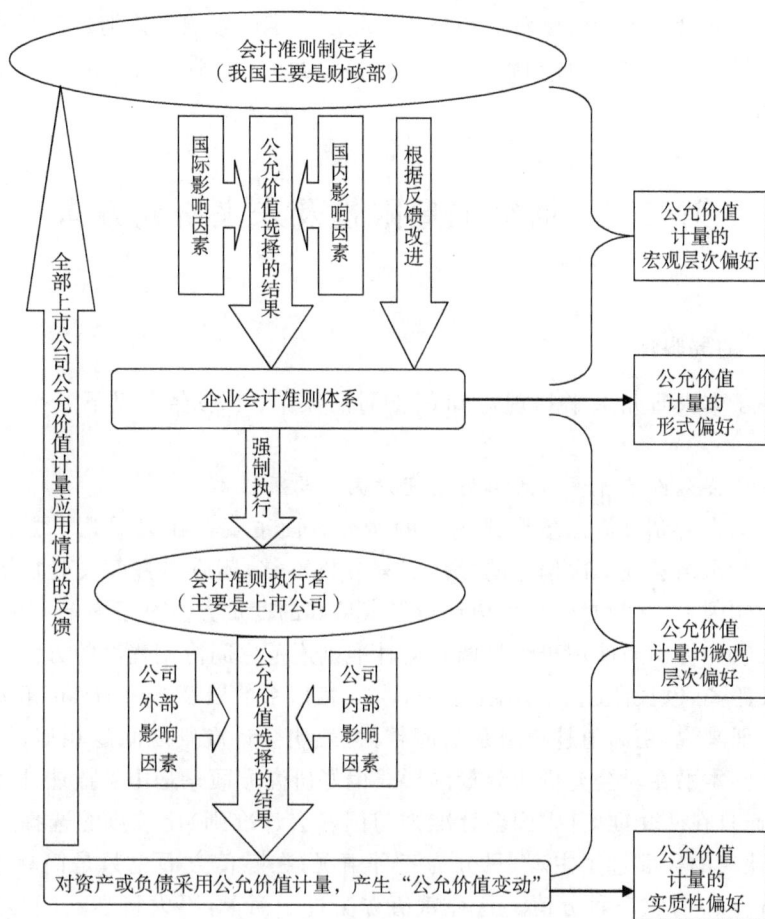

图 9-1 公允价值计量偏好传递效应的动态图

2014 年颁布了《企业会计准则第 39 号——公允价值计量》后,公允价值计量准则在我国上市公司中逐步得到规范使用,通过进一步分析可以看出,主要是经济区域、上市年限、行业特征这些公司外部影响因素影响了上市公司对公允价值计量的选择。总之,会计准则制定者对公允价值计量的谨慎态度已经完全传递给了上市公司。随着中国经济的不断发展和法律体系的日益完善,高质量的会计信息已成为契约签订和履行中不可或缺的重要信息内容。换句话说,如果在契约签订和履行过程中,会计信息的质量越高,对契约双方的影响就越大。而会计信息的相关性与可靠性一直是会计信息质量高低的争论焦点,其背后引发的历史成本与公允价值之间的争论也一直没有停止过。这就说明了公允价值的计量已对契约环境产生了一定的影响。特别是在当前市场经济环境下,契约的签订和履行对公允价值为计量基础的会计信息的需求也越来越高。

第二节　研究的局限性及未来研究方向

一、研究的局限性

由于本人研究水平和理论知识方面的缺陷,本书存在以下几个方面的不足:

(一)公允价值计量形式偏好研究方面的局限性

本书在公允价值计量形式偏好的研究方面主要存在以下几个方面的不足:(1)对影响宏观层次偏好的影响因素分析不够,还应多方面去分析更深层次的影响因素。(2)对公允价值计量形式偏好的度量方法过于简单。杨钰、曲晓辉(2008)提到当前用于测量两套会计准则规范之间协调程度的方法主要包括马氏距离、欧氏距离、平均距离、Jaccard 相似系数以及 Spearman 相关系数等。一般来说,距离值越小或系数值越大,表明会计准则之间越相似,即协调度越高。本书在对公允价值计量的形式偏好研究方面只是用了描述性统计的方法,而且在两套准则(中国会计准则与国际会计准则)比较点的选择上过于简单,比较的标准过于主观,只分为三种情况;在赋值方面也只是简单地用 1 分、0.5 分、0 分这三种分值。这种赋值方法过于简单,不太科学。(3)对公允价值计量形式偏好没能进行实证检验,其结果缺乏足够的说服力,单凭描述性统计的结果就得出一些结论,从研究方法和严谨性方面来说,都不够令人信服。

(二)公允价值计量实质性偏好研究方面的局限性

本书在公允价值计量实质性偏好的研究方面主要存在以下不足:(1)对公允价值计量实质性偏好的影响因素分析不够全面准确。利用 2007 年度的一些数据进行分析时,在公司外部影响因素分析方面,经实证检验,审计意见并不是主要影响因素,而本书将其纳入;在公司内部影响因素分析方面,经过实证检验,六个因素中只有三个因素在小样本范围内才得到实证检验,而其他几个影响因素并不对公司公允价值计量产生影响,反而是一些控制变量,如公司规模、公司的成长率对公司公允价值计量的实质性偏好产生影响,这说明本书在公允价值计量实质性偏好的影响因素分析方面存在不足。而利用 2015 年、

2016 年数据进行分析时,有些结论与 2007 年的实证结果相差较大。(2)公允价值计量实质性偏好度这个指标本身也存在许多不足。正如该指标在选择过程中所述,从理论上讲,应将公允价值变动的全部内容都纳入分子中,但是本书只是选择了"公允价值变动收益"这一个指标,显然缺乏足够的说服力;在分母方面,公允价值变动收益本身就是分母的一个组成部分并影响分母的大小,而将净利润作为分母,一定会受分子的影响,这种影响在某种程度上一定会影响实证结果的可靠性。另外,公允价值计量实质性偏好度指标的分子和分母都来自利润表,在当前由利润表观转向财务杠杆表观的大背景下,这种只注重利润表的数据而不注重财务杠杆表的相关数据,本身就是一种不足。(3)本书采用的模型都是回归模型,在理论方面还存在不足。研究模型的单一往往会对实证结果产生一定的影响,可能并没有全面反映出公允价值在中国运用的真实情况,希望后期加强与改进研究模型。

（三）公允价值计量与契约有用性研究方面的局限性

我们知道,会计信息的最高目标是决策有用性,那么公允价值信息的最高目标也应是决策有用性。这种决策有用性表现在两个方面:一是估值有用性,二是契约有用性。本书提出的公允价值与契约有用性的研究路径主要有以下几个:路径一:"财务契约→公允价值计量";路径二:"财务契约→公允价值计量→非财务契约";路径三:"公允价值计量→财务契约";路径四:"非财务契约→公允价值计量"。根据上述分析,研究内容至少包括以下几个方面:(1)实证研究财务契约(股权契约、债务契约和管理者报酬契约)对公允价值计量的影响,探析财务契约是如何影响公允价值计量的。具体来说可以从股权契约对公允价值计量的影响、债务契约对公允价值计量的影响和管理者报酬契约对公允价值计量的影响这三个方面展开实证研究。(2)实证研究非财务契约(税收契约、政府管制契约和诉讼类契约)对公允价值计量的影响,探析非财务契约是如何影响公允价值计量的。具体来说可以从税收契约对公允价值计量的影响、政府管制契约对公允价值计量的影响和诉讼类契约对公允价值计量的影响这三个方面展开实证研究,找出非财务契约中每一个契约形式对公允价值计量影响的具体内容。(3)验证公允价值计量引起的经济后果是否产生一定的契约有用性,公允价值信息要有利于投资者、经理人、债权人缔结保护各自权利的契约并根据公允价值计量提供的信息进行正确的经济决策。同时也要验证公允价值计量是否会对各种契约形式产生影响,以及是如何影响的。但受制于数据缺失或数据收集的困难,本书没有将公允价值计量与契约有用性可能的全部实证内容进行实证检验。

二、未来研究方向

基于上述研究不足,笔者结合在研究过程中的一些感悟,提出未来的研究方向为以下几个方面:

(一)公允价值计量形式偏好的实证研究

本书拟借鉴会计准则趋同研究中的一些成果与方法,来改进公允价值计量在中国会计准则和国际会计准则应用差异方面的研究,以期为我国会计准则制定者以后改进公允价值作好理论上的准备;另外我们还可以将比较对象进行拓展,可以把美国的会计准则、英国的会计准则等其他国家或地区的会计准则作为比较的对象,从而拓展研究领域。

(二)公允价值计量实质性偏好度的改进

前面分析了本书公允价值计量实质性偏好度的不足,以后的研究可以从分子、分母两个方面加以改进,以期能找到更具有代表性的度量指标来反映上市公司公允价值计量的偏好。

(三)分析和进一步研究不采用公允价值计量上市公司的情况

2007年在沪深两市披露年报的1 570家中,只有403家上市公司采用公允价值计量,虽然2014年、2015年、2016年的数据显示我国上市公司逐步开始使用公允价值计量,但呈现出来的总体现象较为特殊:制造业中普遍采用公允价值计量,而学术界较为看好的一些行业(诸如房地产行业)并没有大范围采用公允价值计量,这就需要中国会计学界去发现原因,找出答案并提供解决的方案:是什么原因致使大多数上市公司没有采用公允价值计量?房地产行业为什么并没有按人们预期的想法大规模采用公允价值计量而是持观望态度?这些都需要研究人员去寻找答案。

(四)公允价值计量基本问题的研究

我国会计准则只是将公允价值计量作为一种计量属性引用到会计准则中来,但是对公允价值具体怎么用,如何操作等相关内容都未能作出说明与指导。2014年《企业会计准则第39号——公允价值计量》准则的出台,解决了当前公允价值计量运用过程中的一些主要问题,但一些具体的问题尚没有解决,需要进一步研究与探讨。笔者认为,我们应加强对公允价值计量基本问题的研究,可以将研究集中到以下几个方面:公允价值在资产和负债项目上的应用、公允价值在初始确认与后续计量方面的应用、估价技术在中国的应用与分析、估价技术信息库的建立与可行性研究、公允价值披露的规范、现值技术的相关问题的研究。

（五）公允价值计量的进一步国际化

公允价值的应用势在必行，而目前公允价值计量的应用在中国还很谨慎，与国际会计准则中公允价值的应用程度相比还有很大的差距。但不管怎么说，中国公允价值的应用还存在进一步与国际会计准则趋同的空间，因此公允价值计量的进一步国际化、趋同化也是我们未来的研究方向。

（六）公允价值计量所提供会计信息的质量

企业通过一定程序向信息使用者提供的会计信息，应当具备一定的质量特征或质量要求，信息质量越高，会计信息的有用性也就越强。从会计计量属性对信息质量的影响来看，历史成本可靠性高，而公允价值则相关性更强，二者之间是一种相互权衡的关系。已有会计研究主要通过对比历史成本计量，观察公允价值是否有助于增加会计信息的相关性或解释力，实证证据也倾向于支持公允价值信息揭示有助于提高会计信息有用性的结论。邓传洲（2005）通过研究 B 股公司按照国际会计准则（IAS39）披露的公允价值信息对会计信息价值相关性的影响发现，公允价值信息的揭示能够增加会计盈余的价值相关性。王跃堂等（2005）以企业会计制度的出台为背景，研究了公允价值在长期资产减值中的应用与体现。他们发现，公允价值计量反映了经济实质，会计更稳健，会计信息质量也越高。于李胜（2007）同样发现采用 2006 年会计准则后，公允价值计量能够提供增量价值的相关信息。但是我们也要认识到：公允价值确实不能提供绝对可靠的会计信息，这是因为信息是有成本的，而且由于人们的认识、判断能力的不同，任何信息系统都无法提供绝对可靠、一致的信息，因此在现实情况下，人们只能通过不断地改进会计信息系统来满足外部投资者对财务信息的需求。但是，至少在反映企业真实的价值方面，公允价值反映的信息可能还是相对可靠的，当然这是相对历史成本会计而言。虽然在缺乏有效的、可靠的市场价格下，公允价值充满了估计、判断，但公允价值会计下全面收益的可靠性还是有一定保证的。公允价值计量作为未来主流的计量属性，我们应关注公允价值计量所提供会计信息的质量。另外我们还应注意研究的方向，我们不仅要研究采用公允价值计量对会计信息质量的影响，而且还要研究应采用而未采用公允价值计量对会计信息质量的影响。

（七）公允价值计量的会计信息决策有用性

随着我国资本市场的发展和上市公司规模的迅速扩张，会计信息作用也在发生相应的变迁，会计信息在促进资源优化配置、降低信息不对称的作用上逐渐变得重要，决策有用观和契约有用观也成为我国新世纪伊始会计研究的两个主要方面。会计信息决策有用性研究又主要包括会计信息的价值相关性研究和信息含量研究两个方面。对于西方高度发达的资本市场中的投资者而言，由于财富的主要表现形式体现在证券的价格上，决策有用信息的直接表现就使该信息和股票价格之间的关系更加密切。这也直接导致估值有用性成为西方会计学术界最为关注的领域之一。价值相关性研究主要是检验股票价格（或股价的变化）与特定的会计数字之间的关系。随着我国资本市场的日益发展，中国资本市场中的投资者也会像当今美国的投资者那样把大量的财富都集中到证券市场上，这样一来，中国公允价值计量的会计信息就与投资者所拥有的证券价格息息相关了，会计信息的有用性就表现得更加重要，对于我们研究的意义也就更大。

（八）公允价值计量下的会计信息契约有用性

会计信息契约有用性是指会计信息在契约签订、监督和执行过程中的作用。会计研究主要体现在高管人员报酬契约和债务契约两个方面。刘浩、孙铮（2008）指出：西方（特别是美国）的公允价值实证研究主要关注估值有用性，而从契约有用性出发对公允价值进行直接研究相对较少。本书的实证研究也表明，对于股东和董事来说，管理层对公允价值计量的偏好更相关，而且高管薪酬与公允价值计量成显著负相关，这是我们可以从会计信息契约有用性角度进一步研究的方向。

（九）公允价值变动损益对审计收费产生的影响

审计费用受被审计对象风险、复杂性、盈利能力等因素的影响，被审计单位的业务量越大，风险越大、越复杂，就伴随着更高的审计成本和更大的审计风险，因而审计收费会更高。公允价值计量使审计风险增加的原因：一方面，公允价值包含的主观性估计容易引起被审计单位的舞弊行为；另一方面，公允价值的估计有时参照假象交易，审计证据不易获取和评价。公允价值变动损益越大，说明审计师需要获取更多的审计证据，审计成本和审计风险也越大，因而公允价值变动损益会对审计收费产生影响。

（十）公允价值分层计量信息与审计收费之间的关系

随着我国 2014 年以准则的形式要求各上市公司在年度财务报表附注披露公允价值分层信息，公允价值分层计量信息的披露受到更多的关注。在公允价值分层计量的情况下，第一层次的公允价值以活跃市场的交易价格作为参考，第二层次公允价值的输入值以类似资产的交易价格作为参考，第三层次的公允价值采用估值技术确定其公允价值。审计师在审计公允价值分层信息时，所需要的审计成本相对于只是审计公允价值或者不用审计公允价值时，会高出很多，承担的审计风险也越高，因而会影响到审计收费。

（十一）上市公司公允价值信息披露质量的研究

可以立足于中国实际背景,分析现阶段我国上市公司公允价值信息披露的现状及存在的问题,构建公允价值信息披露质量评价指标体系,并从高管团队行业专业性的视角出发,研究其对公允价值信息质量的影响及制度环境对二者之间关系的影响,具有十分重要的理论意义和现实意义。上市公司信息披露是解决资本市场信息不对称的一项重要制度安排,是上市公司发展以及股票市场有效运行的重要保证,信息披露质量的高低也关系到对投资者权益的保护。然而国内对会计信息披露质量评价的研究起步较晚,研究成果还不丰富且存在不完善的地方,我国上市公司面临的经营环境、资本市场的状况、内部治理结构等特殊性决定了我国上市公司会计信息披露质量评价指标与国外存在差异,需要从理论上加以研究。自2006年我国颁布《企业会计(2006)》又开始重新使用公允价值以来,我国对上市公司在公允价值信息披露方面出台了很多政策和制度,不断规范和完善公允价值信息披露体系。但总体仍存在许多问题,包括具体信息披露不明确、不及时、不充分等问题。虽然公允价值信息披露有法可依,但对其披露质量缺乏一定的评价考核标准,这既影响了财务报告使用者做出判断和决策,又影响了市场的运行效率。因此,下一步的研究方向可以是运用相关经济理论,通过结合我国公允价值信息披露的制度背景,构建公允价值信息披露评价指标体系,为我国上市公司公允价值信息披露质量评价问题的理论研究提供一个新的思路,从而有利于公允价值的规范使用,也有助于投资者及其他信息使用者从公允价值的相关会计信息中,验证业务的真实性,检验利润是否可以实现等,做出正确的判断和决策。

第三节　启示与建议

自2006年《企业会计准则(2006)》中再次引入公允价值计量开始,公允价值计量在中国的应用已有十一年的历程了,尽管国外对公允价值计量的争论还在进行,但是对于中国会计界的学者来说,我们应清醒地认识到,在中国对于公允价值计量并不是"用不用"的问题,而是"如何用的问题"。对于中国资本市场来说,引入公允价值计量的意义重大,本书也不否认,如今公允价值计量还存在着这样那样的问题,但我们应该看到,出现这些问题的关键不在于公允价值会计本身。任何社会学科的概念与技术都是相对正确的,也是必须要不断发展的,但不能因为它们现阶段存在理论上或实践上的缺陷而不去应用,只要社会与实务界有需求,一些理论与制度就可以在一定范围内适当地采用,当然发现问题并及时进行纠正也是必需的。所以,我们要站在全社会未来发展的高度来看待公允价值问题,而不是仅仅看到其容易被操纵的局限性。公允价值确实代表了财务会计未来发展的方向,并能够不断满足外部投资者对公司价值信息的需求,我们应该在总结前期经验的基础上,加大公允价值的研究力度并促进研究成果在我国会计准则中的应用。次贷危机对公允价值计量的影响对于中国会计界来说,它是好事,我们正好利用这次机会好好地审视一下中国公允价值计量的应用。如何在 2006 年会计准则体系下有效实施公允价值,提高会计信息质量是一项系统性工程,它取决于市场的成熟状况、会计和评估人员的专业能力和独立性以及法制环境等条件,需要多方面的共同努力,它涉及我们国家的方方面面,涉及各方面的利益。为此,本书为了公允价值计量能在中国更好地得到应用,拟从政府、会计准则制定者、资本市场监管者等几个利益相关者的视角,谈一谈不同利益相关者对公允价值计量所应采取的措施,以期为公允价值计量能更好地应用提供一些建议。

一、政府的视角

(一)进一步完善相关配套的政策法规

制定和完善相关法规制度,为公允价值的获取提供便利。加速市场交易立法,建立公平、开放、自由、诚信的交易规则体系。考虑到 2006 年的会计准则对上市公司会计确认、计量和报告带来的变化,应相应地修改中国证监会发布的相关法规,使得上市公司财务指标的计算及会计信息的披露尽可能地与会计准则的要求相一致。我国《公司法》、《证券法》等法规以三年连续亏损作为上市公司暂停上市的依据之一,这些过于刚性化的标准在一定程度上导致企业为了保住上市公司资格而滥用公允价值。因此,为了配合新准则的实施,有必要对此类条款加以修改和完善,并辅以诸如企业持续盈余指标、经营性现金流量指标以及企业的生产经营状态来衡量和评价上市公司,以减少企业管理当局利用公允价值进行利润平滑的外在诱因。同时,在现行的法规中,应对如何界定虚假会计信息、如何追究披露虚假信息的会计人员的法律责任、责任人之间如何划分责任进行明确规定。同时,采用加大违法成本的办法来阻止企业的违规违法行为,即在执法程序中加大违法行为的处罚力度,使其违法所获收益难以弥补其违法所付出的惨重代价,达到禁止造假现象的发生,自觉按照公允价值确认、计量和报告企业经营和财务状况的目的。

(二)不断健全和完善市场机制,培育和完善信息市场、价格市场

《企业会计准则(2006)》、《企业会计准则第39号——公允价值计量》中都明确要求公允价值在没有具备法律约束力的销售协议时,应当按照该资产在活跃市场中的买方出价确定;在既没有法律约束的销售协议,又不存在活跃市场的情况下,应当以可获取的最佳信息为基础,或以同行业类似资产的最近交易价格或结果作为估计参考。然而我国目前资产信息、价格市场不健全,不能定期、及时地公开各种资产的最新市价,因此公允价值难以得到合理的确定,其可操作性就大打折扣。为了增强公允价值的公正性、客观性,必须要进一步完善和培育市场价格体系,使企业各项资产的市价得到公正、合理的确定和公开。国家应采取有效措施,积极培育活跃的资产二级交换市场、成熟的金融市场,建立完整的资产评估准则体系,使"公允价值"的应用有据可依,从而解决采用公允价值计量所带来的会计计量操作上的难度。由于公允价值存在多种具体表现形式,会计人员在具体操作上就存在对符合公允价值定义的具体计量属性的确认与选择问题。如果是一个活跃的市场条件,会计人员对公允价值的具体计量属性的确认与选择还比较容易把握,如果不存在一个活跃的市场条件,那就只能靠会计人员自身的职业判断去确认与选择,由此增加了会计计量操作上的难度。由于我国还处于经济转轨时期,虽然已经基本确立市场经济体制,但非市场化的因素依然存在,各种非市场化因素影响着市场的活跃度。目前还有相当一部分资产或负债缺乏完善的市场,难以通过市场取得有关公允价值的完备信息。更重要的是,我国作为活跃市场事后证据的市场价格等交易信息系统还不够完善,难以提供足够的、可以依赖的、必不可少的证据来鉴定、证明公允价值计量的会计信息的可靠性。因此,有必要建立与健全与之相适应的各种市场体制,健全与完善各种估价体系,从而在会计外部环境上创造一个有利于公允价值全面推广的外部条件。国外发达资本市场的经验表明,经济越发达、资本市场越完善,财务会计对公允价值的依赖性也就越强。要合理应用公允价值,首先,需要全面完善市场经济体制,使资源能够在市场上有效流动,提高市场的有效性,使市场能够公允地反映资产的价值。其次,需要努力培育各级市场,特别是资本市场、生产资料市场和二手交易市场,促进市场持续、健康、稳定地发展,从而为公允价值的取得提供更好的条件。另外对于现值技术的技术支持方面,由于目前我国利率和汇率还未完全市场化,应用公允价值缺乏参考标准,专业人才、信息系统以及数据欠缺使得对公允价值的取得和披露都还缺乏相应的技术支持,使得对公允价值的使用还处在探索阶段,我国应加强这方面的工作。最后,开发和利用更好的估值手段。在会

计计量过程中,可以利用评估机构的评估资料,合理确定公允价值,从而克服在公允价值形成过程中的主观盲目性。同时,一些具备良好审计资质和信誉的社会审计机构出具的审计报告也是公众使用会计信息的信息来源。另外还要逐步改善公司治理存在的缺陷。公允价值是理智的双方在一个开放的、不受干扰的市场中,在平等、互相之间没有关联的情况下,自愿进行交换的价值。但我国目前存在着公司内部与外部之间信息不对称的缺陷。公司内部人员由于掌握了外部人员所不知的内部信息而采取对自身有利的策略,甚至不惜建立在损害公司外部人利益的基础上不提供会计信息。其中,"公允价值"上市公司造假是一个很重要的手段,因此,只有培养市场环境,完善公司治理结构,公允价值在我国合理应用才会有保证。

二、会计准则制定者的视角

(一)尽快出台公允价值计量准则配套操作指南

2014 年我国为了规范公允价值计量在会计实务中的操作,财政部出台《企业会计准则第 39 号——公允价值计量》。从这个准则的内容方面讲,该准则实现了与国际会计准则及美国的财务会计准则公告第 157 号《公允价值计量》的趋同,用准则的方式来不断提高公允价值计量的可操作性。现阶段,在会计实务中公允价值计量的操作性还有待加强。为保证会计信息的可靠性,除加强相关的法律法规对操作行为的规范外,还要使其便于操作,这样才能更好地解决具体问题。这就需要在市场体制、市场资产或负债的估价系统等方面做文章,在会计准则与会计制度以及有关规章制度上给予明确的有利于具体实务操作的规范要求。目前我国之所以没有大规模地采用公允价值计量,原因在于公允价值计量各级次的信息还不充分与完备。在我国"公允价值应用的三个级次"中,第一级次和第二级次都存在活跃市场或类似活跃市场,市场的活跃程度、信息的充分与否,对公允价值计量至关重要。我国应加快建立与市场经济发展程度相适应的全国市场价格信息数据网络,大力推进信息资源公开化,形成良好的市场价格信息体系,为公允价值的应用创造良好的环境。容量大、时效性强的行业数据信息,将极大地方便企业财务人员及专业估价人员在资产定价时选取适当的参数数据。同时为了提高公允价值的可操作性,更应明确具体操作实务上的规范要求,加强会计人员操作技能的培训,提高实际技术操作水平,加强计量理论研究,引入先进电子计算机技术,有利于公允价值在操作层面的推广。如进一步加大计算机、网络技术在会计、审计工作中应用的力度,依靠计算机网络技术的科学性和运作的实时性、高效性来提高财务信息的质量,减少人为的操作失误。利用网上实时采价报价系统,可以加速传递公允价值计量所需的公共信息,实现资产信息的及时查询和资源共享,使各种资产或负债的市场价格能够很容易取得,形成及时准确的公允价值获取途径,以不断降低公允价值计量的成本,从而促进公允价值计量属性的全面推广应用。从计量方法的角度来说,应逐步完善现值计量方法来减少公允价值计量模式的主观性。确定公允价值时,在有市场价格时,其可靠性程度是最高的。在不确定时包括采用市场价格和现值计量公允价值这两种情况,市场价格由于资产由交易双方确定,并不是客观交易的价值,因此存在一定的主观性;而后者无论采用传统法还是期望现值流量法确定,都有人为的因素,因此也存在一定的主观性,而由此产生的主观性会随着现值技术的不断完善而得到解决。建议尽快出台与准则配套的实施细则,对诸如评估结构的选取标准等具体性问题作出较为详细的规定,减少违规操作的空间,以保证会计信息的相关性和可靠性。

(二)不断降低公允价值计量的成本

执行公允价值计量的成本主要有以下几个方面:第一,公允价值计量属性是动态计量属性,对全部资产和负债应用公允价值计量就意味着每一个会计期间都要对全部资产和负债进行重新计量,除了需要专门的评估计量人员从事确定资产和负债的公允价值工作外,还需会计人员对资产和负债进行全面调整账务处理,这就要增加资产评估成本和账务管理成本。第二,为了预防利用公允价值计量进行盈余管理,应用公允价值计量必须增加监管成本。第三,公允价值的应用对于大多数会计从业人员来说也是十分陌生的,要掌握有关公允价值计量的具体应用,培训费用必不可少。第四,信息获得成本。要全面推广与应用公允价值计量属性,其获得计量信息的成本应有一个合理的范围,不断加强公允价值计量的理论研究和提高其实际的技术操作水平,特别是电子计算机技术的广泛应用,使各种资产或负债的市场价格能够很容易取得,以期合理地获得成本,才能促进公允价值计量属性的全面推广应用。

(三)加强会计人员和管理层人员的培训

公允价值计量对会计从业人员的职业素质要求更高,因为在公允价值计量中,其具体的实现形式及诸如未来现金流量数额等要素的确定都取决于财务人员的职业判断,若会计人员的观念或技术没能及时适应新准则的要求,那么他所提供的信息必然有失公允。另外,财务人员的职业道德素养对公允价值的应用也至关重要。因此,在现阶段,我国应积极进行会计从业人员的职业教育,积极组织人员进行培训,促使其观念得到转变,素质得到提高。另外,目前我国会计人员的素质跟不上经济形势的发展,会计电算化水平以及相关的信息处理能力较低。另外,要将"互联网＋"与公允价值分层计量相结合。全面推广公允价值计量属性,归根到底还要取决于会计人员整体素质的提高。而我国从事会计行业人员虽多,但业务水平有待提高,这就影响到会计电算化水平和信息处理能力,这些都限制了公允价值大范围地推广与应用。公允价值的存在与发展是历史的必然,2006年会计准则允许采用公允价值计量顺应了历史发展的潮流。今后在我国会计实践中,公允价值必将成为一种应用范围越来越广的重要的计量属性,应用好公允价值计量,要靠广大的会计人员,因为他们是公允价值计量的真正执行者。

应加强会计人员的职业教育,大力提高会计人员的素质,包括业务素质和道德素质:

(1)加强会计人员业务素质的教育。由于公允价值的表现形式有多种,在会计实务中到底选择哪种表现形式,有时要依赖于会计人员的职业判断能力。为了保证会计信息的可靠性和准确性,全面提高会计人员的素质势在必行。因此,作为会计准则制定者的财政部应努力提高会计从业人员和其他相关人员的专业技能和职业素质,完善会计人员的知识结构,提高会计人员的理论素养和知识技能,为公允价值会计的应用打下坚实的基础。通过后续教育加强业务培训,帮助会计人员熟悉和掌握新的会计处理方法和程序。另外还要不断提高财务人员的评估专业胜任能力。提高财务人员的评估专业素质是获取准确公允价值的有效途径,因为从长期来看,公允价值的评估还将主要依靠专门会计人员的职业判断。在公允价值具体应用时,应帮助会计人员熟悉掌握新的会计处理方法和程序,提高其判断处理交易和事项的确认、计量、报告并做出职业判断处理的能力,减少会计信息的失真和对公允价值判断的偏差。在应用公允价值进行会计处理时,需要会计人员做出职业判断,鉴别公允价值的确认方法是否恰当,公允价值的确定是否合理,这将成为公允价值应用公允合理的关键。这就要求会计人员除了拥有丰富的会计理论知识与实务能力外,还需要了解金融、资本市场等相关信息。因此,要加强对公允价值计量属性的广泛宣传,加强对会计人员进行《企业会计准则第 39 号——公允价值计量》及公允价值计量方法的培训学习,使广大会计人员能尽快地熟知和掌握公允价值的实务应用。同时,还应尽快制定全国会计职业标准,建立会计人员考核评价体系和公共会计监管机制。通过这些制度及机制来规范和约束会计市场进入行为,使职业素质高、职业能力强的从业人员真正进入会计市场。

(2)努力提升会计人员的道德素质。公允价值计量主要依靠会计人员的职业判断,因此要加强职业道德建设,强化法制教育,要求会计人员在不违反法律法规和会计制度的基础上处理会计业务;同时,切实加强诚信建设,保持职业良知,牢固树立务实求真的职业操守,从根本上消除虚假现象的发生。

另外,我们还不能忽视对公司治理层和管理层进行公允价值相关知识的培训与教育。因为我国会计准则将与公允价值相关的确认、计量、披露及公允价值的估值技术、方法及参数的选用等方面的决策权都是交给管理层去执行的,而不是会计人员,因此对管理层的教育与培训就显得相当重要。由于公允价值的确定有一定主现性,采用公允价值计量方法比历史成本核算的透明度更高,但公允价值的确定,有赖于活跃市场上的报价或最近市场上的交易价格或预期未来净现金流量的现值,这些都需要有主观判断。既然有主观判断,必然会不同程度地受到企业管理当局和会计人员主观意志的影响,这不利于投资分析时对公司间的数据进行比较。而且,目前我国公司治理还存在许多缺陷,会计人员的道德水平和职业能力还参差不齐,一些高管人员道德观和诚信意识缺失。因此,在现实会计环境下.对企业管理人员和会计人员加强公允价值相关知识及道德的教育很重要。

(四)进一步规范公允价值计量与其他准则的磨合协调

我国《企业会计准则第 39 号——公允价值计量》主要参考了国际准则,同时也根据我国的实情进行了修改。这些引用与修改在实际操作中会不会出现一些不协调的问题,对此我们也不得不进行思考。作为一个完整的体系,各个准则间也有着密切的相关性,它们之间的细节问题不容忽视。例如,资产减值准则中规定"资产减值损失一经确认,在以后会计期间不得转回"。这条准则减少了企业操作利润的空间,但是从另外一个角度讲,它与《企业会计准则第39 号——公允价值计量》的理念又是完全相背的。在我国目前市场发育不完全的状况下这种矛盾不可避免,因此《企业会计准则第 39 号——公允价值计量》的内部也必须经过一个磨合完善的过程。此外,此次准则执行中必然会碰到一些未曾预料到的问题,不断地解决新问题是我们不得不面临的事情。总之,大量引入公允价值是我国会计发展的一个巨大进步,但它前面的路也充满了荆棘。只有不断地完善和修正才能使公允价值充分发挥其相关性的优点,将我国会计计量水平提升上一个新台阶。

(五)妥善处理公允价值计量的经济后果引起的税收法规问题

税收是国家财政收入的主要来源,我国税收法律制定机构在制定税法时强调的是收入的确定性及实施时的刚性和权威性,与此不同的是,会计强调的是客观反映经济业务的实质。这种不同导致了税收征收依据源于会计数据,又不同于会计计量的直接所得。公允价值作为一种重要的会计计量方式,其引入将会使得税法和会计在对经济业务的计量上产生更大的差异,如何协调这些差异,将是税法实施过程中无法回避的问题。《企业会计准则——基本准则(2006)》及《企业会计准则第 39 号——公允价值计量》中投资性房地产、债务重组准则、非货币性交易准则及金融工具的确认和计量准则是最直接应用公允价值的准则,但公允价值计量的应用都将导致现今企业会计收益确认与旧准则的不同。就金融工具的确认和计量准则而言,其要求确认公允价值变动损益,对此变动损益,目前税法还没有做出明确的处理规定,是否以及如何对这种变动损益做税法上的调整是一个重要的课题。就债务重组准则而言,当企业的债务重组涉及固定资产时,企业债务重组所得固定资产以公允价值计量入账,此时若企业适当估高固定资产的入账价值,则其各期折旧费用将较高,降低各期利润,达到节税、减少或延迟企业现金流出的目的。与债务重组相似,非货币性交易准则的规定也存在类似问题。因此,税务征管部门应意识到企业采用公允价值对固定资产进行初始计量从而进行税务筹划的可能性,在税务征管中给予重视,保证国家的税收。此外《企业会计准则第 39 号——公允价值计量》的执行也导致许多新的会计业务出现,在会计上确认了许多新的收入和费用项目,其中有些有可能是目前税法体系中尚需规范的内容,这也势必引发对税务征管进行完善的要求。

(六)改进并完善公允价值计量的信息披露

对于公允价值的信息披露,目前不管从我国会计准则的规范来看还是从上市公司的具体执行来看都做得不够,笔者认为应从以下几个方面改进并完善公允价值计量相关信息的披露,以提高公允价值计量的信息透明度:(1)改进现有对公允价值变动动向的处理,提高公允价值计量后果的信息透明度。前面分析过了,公允价值变动去向主要有以下几个方面:资本公积(其他资本公积)(2014 年以前)、其他综合收益(2014 年以后)、其他业务收入、资产减值损失、公允价值变动收益、投资收益、主营业务成本、套期损益。对于计入"其他综合收益",应明确要求其在会计报表中披露其具体组成部分及其来源,并对因为公允价值计量导致的经济后果单独披露。此外,要改进现有计入损益表的公允价值变动。按《企业会计准则(2006)》及《企业会计准则第 39 号——公允价值计量》的相关规定,现有的公允价值变动收益两次结转。"公允价值变动收益"属于损益类科目,期末其余额转入"本年利润"科目,结转后科目余额为零。出售交易性金融资产或处置交易性金融负债时,把以前年度产生的公允价值变动收益转入其他业务收入或投资收益中,相当于出售或处置时该项损益实现了。名义上,在出售交易性金融资产或处置交易性金融负债的当期期末一个转入"本年利润"科目的借方,一个转入"本年利润"科目的贷方,且金额相等,即该会计分录对出售或处置当期的本年利润总额不会产生影响。但是,两次结转的结果会误导会计信息使用者对利润表的解读。另外当前的做法也会造成虚增企业的未分配利润。将公允价值变动形成的利得或损失计入当期损益,对于采用固定股利支付率的企业而言,会造成其过度分配,现金流量不足,影响资金周转。因此,目前企业会计准则在"公允价值变动收益"科目的性质认定、账务处理及报表列示等方面还有待进一步完善。笔者建议,除金融企业较为特殊外,其他企业因为公允价值变动造成的利得或损失不分情况,一律统一都计入公允价值变动收益科目中,反映到利润表上。这样就将公允价值变动的动向限定到两个地方、两张报表:公允价值变动要么计入财务杠杆表的"资本公积(其他资本公积)",要么计入损益表的"公允价值变动收益"。这样对于外部会计信息使用人来说,可以很清楚也很便捷地获得公允价值计量所引起的经济后果的会计信息。(2)要完善公允价值计量的信息披露。对于在财务状况表中按照公允价值确认的资产和负债,会计准则应要求在初始确认的后续期间里,披露公允价值的信息,而不论这种公允价值计量是基于可重复的(例如,交易性证券)还是基于非可重复的(例如,减值资产)。在所有的期间内(包括中期和年度),定性披露要采用表格形式。所有的年度期间,都应该对公允价值计量采用的估价技术进行定性披露(叙述性披露)。同时,对于公允价值计量时所采用的输入参数的层次,要求进行分层详细披露。对于采用公允价值计量的资产或负债,一定要披露公允价值计量的估值层级,如采用估值技术进行公允价值计量时,一定要求其披露管理层的使用假设、具体的估计技术(市场法、成本法还是收益法)及理由、估值模型及与估值相关的参数、相关参数年获取的来源及方法等方面。笔者建议采用美国的财务会计准则公告第 157 号《公允价值计量》中有关公允价值披露的一些规范要求。

三、资本市场监管者的视角

(一)加强监管重点,防范操纵利润

根据本书前面实证分析可以看出,相关监管机构应注重监管重点,将对公允价值计量应用的监管放到上市年限较长、经济发达的地方,这些地方公允价值计量的实质性偏好度较高,应找出重点领域和地方进行监管。另外,由于按《企业会计准则(2006)》及《企业会计准则第 39 号——公允价值计量》的相关规定,在确认和计量、披露方面主观性增加,专业判断的事项增多,报表编制者

的自由裁量权大大增强,导致会计人员滥用会计准则的道德风险成倍增加。因此,如何限制和防止操纵利润,是准则制定机构和市场监管机构应当关注和解决的问题。本书认为应从以下几方面着手:一是要营造会计诚信的社会环境。国家应建立一种让败德失信者受到惩罚,诚实守信者受到鼓舞的规则,严格规范利用会计计量操纵利润行为的界定,并制定严厉的处罚措施,净化会计环境。二是要加快建立完善企业、中介机构和个人的信用档案,使有不良行为记录者付出代价,从而增强单位及个人的诚信意识。企业特别是上市公司利用会计制度的选择空间造假,提供虚假会计报告的一个重要原因,是其造假成本过低,如果在建立完善会计制度规范的同时,加大违规行为的处罚力度,增加企业会计造假成本,在一定程度上能够防范利用公允价值计量标准操控利润的行为发生。三是要加大监督力度,建立监管部门定期检查制度。对滥用公允价值计量的企业和授意者、执行者进行严格监督,给违法者以相应的处罚,在法律框架内制定和推行"失信成本"远远高于"守信成本"的惩治制度。与此同时,证监会与财政部、银监会、保监会等监管部门建立互动机制,信息共享,发挥监管合力,提高监管效能。

(二)加强证券、房地产等市场监管

应当借鉴国际经验,坚持信用监管、市场监管、操作风险防范并重,形成完整的市场化监管体系。一是加强政府相关部门对市场、企业及其报告的监管。对市场准入、市场运营和市场退出实行全过程可持续监管,加大对违规行为的处罚力度。二是加强中介机构的监管。利用中介机构例如会计师事务所提供公允信息,避免公允价值成为某些利益集团操纵利润的手段,从而减少企业或个人操纵利润的可能性。当前,为顺利实现向公允价值计量的转变,注册会计师行业应当建立健全完善的审计体系和专业的审计检查制度,树立先进的审计理念,不断提高审计人员素质,努力改进审计手段,集中力量研制开发有针对性的各类审计软件,并应用计算机技术对被审计单位总体及风险情况进行评价,努力实现由事后审计向实时监控审计的转变。三是注重股民对上市公司的监管。政府部门应根据股民提供的相关信息,及时进行调查处理。

(三)强化对中介机构鉴证业务的监督

当资产和负债的市场价格无法观察到时,企业除了可以自行估计资产和负债的公允价值外,还可以借助独立的中介机构对资产和负债进行评估。从国外的经验来看,如果评估中介机构的独立性和诚信不存在问题的话,评估价值应是比企业管理层的估计更具可靠性的公允价值表现形式。因此,以评估价值代表公允价值的可靠性和相关性主要取决于评估中介机构的独立性和诚信。目前,我国的资产评估中介机构的独立性和诚信都不理想。要改变这种情况,需要我国管理中介机构的行业协会加强对其的监管,制定更加严厉的措施对违规中介机构进行处罚。如,中国证监会与中国资产评估协会联合建立证券评估业务评价工作组,要求有关监管部门将评估机构在上市公司资产评估中的工作质量反馈给工作组,工作组以此为参考,加强对评估机构的考核,建立动态的准入和退出机制,加强对相关机构和人员的责任追究。另外,对评估结果要建立后续跟踪机制。对于评估机构的评估结果,不仅要看其评估过程是否公允,还要持续跟踪其评价结果的公允性,通过实践进行检验。如果事实证明评估结果显失公允,就应当追究有关各方当事人的责任。

(四)改革对国有企业管理人员的考核指标

当前国有企业的经理、厂长以及其他管理人员的工资、奖金的具体数据往往与企业的经营业绩挂钩,而企业经营业绩的评价考核则往往是以当前利润完成情况的财务指标为依据。由于这些指标都是反映当期的经营成果,管理人员为取得更多的奖金以提高其现值,往往会选择公允价值计量来改变利润,达到完成业绩考核指标的目的。因此从根本上要改革一些考核指标,从而防止管理层利用公允价值计量进行利润调控。

四、企业管理层的视角

(一)管理者当局应"公允"采用公允价值计量

社会环境和会计环境的变化要求企业的管理人员及会计人员探索和选择适宜的会计政策。随着现代企业制度的形成和发展,企业的经营自主权不断扩大,经营范围、业务种类趋向多样化,使企业与各方的经济关系日益复杂。这不仅拓宽了会计活动的范围,而且充实了会计业务的内容,也决定了企业必须在准则、制度允许的范围内,寻求和选择有利于具体企业会计政策,全面满足会计工作要求,且能正确处理企业与各方面经济关系的会计政策。同时,随着技术经济时代的到来,电子计算机的广泛应用,会计人员的工作效率和会计信息的生成速度极大提高,会计人员就可从原来繁重的核算中解脱出来,有更多的时间、精力去不断提高职业判断能力。因此,企业管理当局必须全面分析自身所处的环境、发展阶段、本行业的发展前景和在同业竞争中的地位,以及所拥有的优势和存在的问题,明确本企业发展的总体目标,并在这一目标指引下,寻找或创立可选方法,并对五种计量属性进行比较分析,从而"公允"选择公允价值计量方法,而不是采取"头痛医头、脚痛医脚"的选择方式。选择公允价值计量的目标要趋向为满足众多利益相关方所组成的利益集团的需要。随着企业投资主体的多元化,"公司已非简单的实物资产的集合,而是一种法律框架结构,其作用在于治理所有在企业财富创造活动中作出特殊投资的主体间的相互关系,其中包括股东,但不限于股东,债权人、供应商、顾客、雇员都作出了特殊投资(如雇员的专业化技能,供应商为满足公司需要在一个特殊的位置建立一家工厂等)"。所有在企业从事的业务活动中作出特殊投资的各方,为了尽可能维护其自身的利益并作出有关决策,都需要了解备选会计程序对其利益的影响程度。企业管理当局在选择公允价值计量时,要综合权衡各方利益需要并从中公允地作出选择。

(二)建立健全公允价值计量决策体系

公允价值计量能够成为盈余管理操控的工具,问题并不在于公允价值计量本身,而在于公司内部的结构以及决策体系是否完整。一方面,由于我国目前上市公司股权结构仍不完善,导致公司内部治理结构存在严重缺陷,上市公司的决策都被大股东或实际控制人所控制,公司的经营决策体系不能真正发挥作用。另一方面,所有者与经营者目标利益不一致,公司激励机制的不完善,也容易导致利用公允价值进行盈余管理行为的发生。所以,要健全公司内部治理结构,首先,必须督促上市公司调整不合理股权结构,减少大股东侵吞小股东利益的发生;其次,需建立完善独立董事制度,强化董事会的监督职能;再次,加强企业的内部审计监督。促进企业的抗风险能力和发展潜力,提高其经济效益;最后,建立有效的激励机制,使所有者和经营者目标趋于一致。建立相互制约、协调一致的内部管理结构,保证公允价值计量的确认和变更都严格按照程序进行决策。建立健全企业内部公允价值的估值技术方法、相关估值假设以及主要参数的选取制度。健全的内部治理机制和良好的公司治理结构,能有效防止公允价值计量的滥用。

(三)建立健全我国公司治理结构,完善企业内部控制制度

企业要想利用公允价值实现利润操纵需要同时具备三个要素:上市公司管理层蓄意造假、会计审计人员失去职业道德与证券市场监管失灵。因此,加强对企业管理层的约束,进一步建立健全公司治理结构和内部控制制度就显得尤为重要,这是公允价值能在我国合理应用的根本保证。贯彻实施《企业会计准则(2006)》体系的各个环节、各个方面,都与企业内部控制制度息息相关。无论是减值准备的提取,还是投资损失的认定;无论是公允价值的判断,还是关联方交易的披露,都需要一套科学严密、公开透明、监督有力的内部控制制度做保障。因此,企业应完善内部控制制度,以保证公允价值的有效性、相关性。

五、注册会计师等相关中介机构的视角

《企业会计准则(2006)》及《企业会计准则第 39 号——公允价值计量》的执行,增加了企业、银行等信息使用者对中介机构的依赖性。首先,《企业会计准则第 39 号——公允价值计量》引入公允价值使经理人提供的会计信息的公允性变得难以判断,信息使用者如果依靠自身,则必须花费大量的时间和资金来进行正确的判断,这时注册会计师的专业性就开始显现,他们往往能够更快、更准确地对会计信息的公允性做出判断。其次,货币具有时间价值,资产的价值也随着资产的使用而不断变化,《企业会计准则第 39 号——公允价值计量》在投资性房地产、债务重组和非货币性交易等领域中引入公允价值计量,使涉及这些业务的企业对资产评估的需求上升。中介机构是一个特殊的群体,其不同于以上的任何一个利益相关者,他们没有能力像政府一样可以通过强制性或政策性措施影响企业,也没有能力像投资者或债权人一样通过契约干预企业,更不像经理人员可以直接影响企业的经营管理。中介机构通过提供审计、评估服务,间接影响企业决策及利益相关者。中介机构的服务与会计计量密切相关:注册会计师审计的对象是会计信息;资产评估的目的多是为了准确把握资产的价值,以方便相对准确地进行计量。中介机构服务与企业会计计量的关系决定了其必然影响公允价值计量。为此,注册会计师行业及相关中介机构应做好一些应对工作。注册会计师行业应做好以下几个方面的工作:

(一)根据审计的不同阶段采取不同的公允价值计量的审计策略

1.在风险评估和控制测试时,注册会计师应采取以下审计策略

首先,注册会计师要加强对被审计单位的诚信度、能力和态度的分析。《中国注册会计师审计准则第 1322 号——公允价值计量和披露的审计》(以下简称"审计准则第 1322 号")中明确提出,注册会计师要了解被审计单位公允价值计量和披露的程序以及相关控制活动,并评估重大错报风险。因此,注册会计师在进行风险评估和控制测试时要加强对被审计单位的诚信度、能力和态度的分析。同时,注册会计师也要对被审计单位对待公允价值审计的态度进行分析。注册会计师在对以公允价值计量的资产、负债进行审计时,如果审计单位一反常态,对注册会计师所需的资料迟迟不予提供,对注册会计师的提问不予作答或含糊作答,甚至设置障碍,这时注册会计师就应保持高度警惕。

其次,注册会计师要深入了解被审计单位的经营状况和股票市场形势等相关内容。被审计单位在公允价值计量方面作假大多是为了达到利润操纵的

目的,特别是上市公司,其作假往往是为了达到再融资指标、避免退市或配合股票市场的价格预期。被审计单位应用公允价值必然有其动机,因此,深入了解被审计单位的经营状况及股票市场形势,就能使注册会计师站在更高的角度看待问题,从而更有效地发现舞弊行为。当然,操纵公允价值只是利润操纵的手段之一,被审计单位还会综合利用各种手段进行舞弊,注册会计师应多方面加以关注。

再次,注册会计师要全面了解被审计单位的内部控制情况。注册会计师在审计上市公司的财务报表时,要特别关注管理层凌驾于内部控制之上的风险实施程序,如果被审计单位出现管理层凌驾于内部控制之上的情况时,注册会计师对采用公允价值计量的资产和负债就要更加关注,必要时应进一步扩大审计程序,以收集更多适当、充分的审计证据来支持公允价值审计结论。

最后,注册会计师要注重评价公允价值计量的适当性和披露的充分性。审计准则第 1322 号明确指出:注册会计师应当评价财务报表中公允价值计量和披露是否符合适用的会计准则和相关会计制度的规定。因此,注册会计师应当通过了解适用的会计准则和相关会计制度的规定、被审计单位的业务和所处行业的情况以及实施其他审计程序的结果,评价以公允价值计量的资产和负债的会计处理是否适当、对公允价值计量和相关重大不确定事项的披露是否充分。在审计过程中,如果适用的会计准则和相关会计制度已经对具体的公允价值计量方法做出了规定,注册会计师应当考虑被审计单位采用的计量方法是否与规定一致。

2.在实质性测试时,注册会计师应采取以下审计策略

首先,注册会计师要贯彻风险导向的审计意识。由于公允价值计量可能非常简单也可能非常复杂,注册会计师实施的审计程序在性质、时间和范围上可能存在很大差异。为此,注册会计师在实施与公允价值计量和披露相关的实质性测试时要对管理层的重大假设、估值模型和基础数据进行测试;然后对公允价值进行独立估值,以印证其计量是否适当;最后,考虑期后事项对公允价值计量和披露的影响。在评价管理层确定的公允价值的可靠性时,注册会计师要考虑下列因素:管理层使用的假设是否合理;当使用模型进行公允价值计量时,模型是否适当;管理层是否使用了在当时能够合理获取的相关信息。注册会计师应对公允价值进行独立估值,估值时可以应用管理层的假设也可另作假设。在这种情况下,注册会计师仍应了解管理层的假设,据此确定另行设定的估值模型是否已考虑管理层估值模型所含的重要变量,并与管理层的公允价值计量结果进行比较及评价重大差异。在完成上述审计程序后,注册

会计师应当考虑期后事项对财务报表中公允价值计量和披露的影响。

其次，注册会计师要深入基层进行调研与审计。目前，我国注册会计师往往在工作中耗费大部分的精力与时间来检查被审计单位的账簿、凭证，而账簿、凭证可以造假，从而使注册会计师无法了解到全部的事实真相。特别是对于公允价值审计，由于公允价值本身就是一个虚拟的建立于假想的交易基础上的特殊价格，它是交易双方协商的结果，并且是以市场为主体而不是以特定企业为主体，它不是实际价格，并且在每个计量日都需要被重新估计。公允价值的这些特性决定了仅靠被审计单位会计人员提供的数据是不行的，还要了解更多与公允价值计量相关的外围数据和其他相关信息。同时，在审计过程中，注册会计师应向被审计单位的有关人员询问会计分录、相关文件的内容及采用公允价值计量的理由等特殊问题，并对被审计单位的经营情况进行更直观、更深刻的了解，这些都有助于注册会计师发现一些重要线索和潜在的舞弊行为，从而有利于对某些需要审核的情况作进一步的调查，以收集更为可靠的证据。

最后，注册会计师要根据公允价值可能应用的范围，突出审计重点。我国涉及公允价值应用的具体会计准则较多，概括起来主要有《企业会计准则第3号——投资性房地产》《企业会计准则第5号——生物资产》《企业会计准则第7号——非货币性资产交换》《企业会计准则第12号——债务重组》《企业会计准则第22号——金融工具确认和计量》《企业会计准则第23号——金融资产转移》《企业会计准则第24号——套期保值》《企业会计准则第37号——金融工具列报》《企业会计准则第39号——公允价值计量》。另外，存货准则、固定资产准则、无形资产准则、长期股权投资准则、企业年金基金准则、股份支付准则、收入准则、政府补助准则、企业合并准则等，也在某种程度上直接或间接地应用了公允价值计量属性。对于这些内容，注册会计师要突出审计重点。如果相关科目出现异常变动，注册会计师则应认真对待，考虑被审计单位是否存在利用这些科目进行利润操纵的可能性。另外，重视企业财务报表相关内容的披露，如所采用的会计政策和会计估计及重要会计政策和会计估计变更的说明、或有事项、财务杠杆表日后事项、关联方关系及其交易的说明、企业合并、企业分立的说明等，注册会计师通过对此进行分析，进一步理解财务报表，并验证财务报表的编制是否与被审计单位所采用的会计政策相符、财务报表所提供的信息是否客观。

（二）做好公允价值审计的应对工作

首先，注册会计师要不断提高自身的综合素质。审计目标的实现主要靠审计人才发挥其能力,因此注册会计师要熟悉公允价值的获得程序。为此,针对公允价值审计,注册会计师要从理论上做好充分准备,要学习并掌握《企业会计准则(2006)》及《企业会计准则第 39 号——公允价值计量》和审计准则,特别是审计准则第 1322 号,它是注册会计师进行公允价值审计的重要指南。会计师事务所也要注意建立学习机制,其主要有两种方式:一是在项目组内部建立讨论机制。项目组在整个审计过程中保持应有的职业谨慎态度,警惕在公允价值计量方面可能出现的重大错报迹象。通过项目组内部讨论,项目组成员可以交流和分享在整个审计过程中获得的信息,包括在公允价值审计过程中遇到的难题,通过讨论既可以集中众人的经验与智慧来解决难题,又可以帮助项目组成员获取公允价值审计的实践知识。二是在整个会计师事务所内部建立公允价值审计的质量监督机制与经验学习机制。建立健全公允价值审计的质量监督机制是为了防范项目审计风险,公允价值审计本身是一个新生事物,对注册会计师是一种挑战,所以在会计师事务所内部一定要建立健全质量监督机制,特别是对公允价值审计要引起重视。会计师事务所要结合审计实践中发现的新问题、新情况,不断更新培训内容,以不断提升注册会计师的职业判断能力和审计技巧。建立公允价值审计的经验学习机制的最终目的也是为了降低审计风险,通过会计师事务所内部的学习交流可以提高整个会计师事务所的审计水平,从而更好地进行公允价值审计。

其次,注册会计师要熟悉公允价值计量的确认标准。公允价值历来被认为是一把"双刃剑",主观或客观上都可能导致信息失真,而且主观导致的信息失真往往更为普遍、影响更大。针对公允价值的特点,注册会计师在审计其合规性时,首先要熟悉会计准则的相关规定,比如投资性房地产,在有确凿证据表明投资性房地产的公允价值能够持续可靠取得的情况下,可以采用公允价值模式对投资性房地产进行后续计量。

最后,注册会计师要勇于改革传统的审计模式和方法。公允价值计量模式的出现,给审计工作带来了一系列难题,传统的审计方法往往无能为力,因此必须研究符合审计的基本原则和理论的新型审计模式,对审计方法进行必要的改革,以适应公允价值审计的新要求。由于影响计量模式的选择和使用的因素比较复杂,不同的会计要素本身具有不同的特点,对计量属性也有不同的要求,注册会计师在实际审计过程中一定要注意积累经验。

(三)加强评估机构的独立性,提高相关人员素质

公允价值应用的第三个级次是采用估值技术确定公允价值,到底由谁来估算会计计量所涉及的公允价值? 在国际财务报告准则体系下,参与公允价

值估算/复核的机构和人员包括：会计师事务所内部的评估专家或外聘的评估专家和审计小组。相关评估专家首先要有专业的评估资质，而且是专业的评估人员，当然都得有评估方面的相关知识和经验。涉及以财务报告为目的的评估项目，还要熟悉会计方面的要求和审计方面的知识，并及时掌握评估领域最新动态和培养新的知识和技能。从国际会计准则的规定来看，对于公允价值的计量存在着一个如何择优选取相关数据、参数的问题。准则优先考虑活跃市场的数据，从大的方面来看这和我们通常评估的要求还是相当吻合的，但在具体操作过程中还不一定完全对应。国际审计准则、美国审计准则对公允价值的审计和使用专家工作均有明确的规定。我国的审计准则也有相关的要求。公允价值审计的整体思路及重要依据：通过确定价值类型、评估方法、评估假设和评估依据后得出评估报告，这是按照会计准则的要求，是会计计量的支持部分。从审计小组来看，这份评估报告能否作为审计的依据之一，由企业财务报表准备者决定，然后由审计师判断是否满足会计准则的要求。

还有，评估机构是加强外部监控的主要部门。通过审计和评估，能有效提高会计信息的可靠性，减少企业的盈余管理已成为《企业会计准则（2006）》及《企业会计准则第 39 号——公允价值计量》中主要的问题。在目前的市场经济环境下，公允价值的确定离不开评估机构的评估技术和评估人员的职业判断，因此，保证公允价值计量的真实性和可靠性，一方面，需要规范评估业务，提高评估质量，如改变评估机构的聘任机制，增加民事赔偿责任等；另一方面，需要加强评估人员的专业素质、法律观念和职业道德教育。

从本质上看，公允价值概念的出现反映了财务会计和财务报告今后改革与发展的方向。显然，历史成本会计主要提供公司过去的财务信息，而公允价值下的会计将更多反映公司现在和未来的信息。公允价值概念的提出反映了财务会计正从过去提倡成本计量逐步转变为经济学家所要求的价值计量。公允价值与历史成本并不矛盾，相反，两者在逻辑上是一致的，发掘并深刻领会公允价值的理论与现实意义并正视它的内在缺陷，是当前需要正确认识的问题。我们应该意识到，在悠久的经济史包括会计史的长河中，尚没有一个理论刚提出时就是完美的。"新生"事物的出现必然有它的合理性，尤其在 FASB 和 IASB 纷纷强调并采纳公允价值作为计量的基本属性的背景下，我们更应该看清财务会计发展的历史潮流，并顺势而为。财务会计没有理由不让那些为财务信息"买单"的人知道更多关于企业真实的价值信息。反映过去固然重要，但忽略使用者的需求更不可取。告诉投资者公司的真实情况以便他们做出合理的决策，这是会计的历史使命，而这一使命历史地落在了公允价值会计的身上。公允价值会计的确立与应用将连接财务会计的过去和未来,成为会计发展史上迈向新经济的重要里程碑。

参考文献

（一）中文文献

[1]FASB.在会计计量中使用现金流量信息和现值[M].北京:中国财政经济出版社,2003.

[2]鲍群,杜斌.论具有中国特色的公允价值——基于新会计准则的若干思考[J].北方经贸,2006(10):60-61.

[3]财政部.企业会计准则1999[M].北京:中国财政经济出版社,1999.

[4]财政部.企业会计准则2002[M].北京:中国财政经济出版社,2002.

[5]财政部.企业会计准则应用指南[M].北京:经济科学出版社,2006.

[6]财政部会计司.我国上市公司2007年执行新会计准则情况分析报告[M].北京:经济科学出版社,2008.

[7]财政部会计司编写组.企业会计准则讲解[M].北京:人民出版社,2007:1-10.

[8]常勋.公允价值计量研究[J].财会月刊,2004(1):3-4.

[9]陈凌.传统计量模式的发展趋势:历史成本与公允价值并行[J].广西会计,2000(10):15-16.

[10]陈美华.公允价值获取的现值法研究[J].广东经济管理学院学报,2005(3):48-52.

[11]陈美华.公允价值计量基础研究[M].北京:中国财政经济出版社,2006.

[12]陈燕.从公允价值的应用差异看会计准则的国际协调[J].经济管理,2004(5):71-72.

[13]邓勇.财务报告的公允价值计价趋势[J].四川会计,2000(8):28-30.

[14]樊园园.我国会计准则与国际会计准则公允价值应用的比较[J].价值工程,2008(5):45-46.

[15]高绍福.我国企业会计政策选择:历史、现状及趋势[J].集美大学学报(哲学社会科学版),2001(6):38-42.

[16]葛家澍,刘峰.会计理论——关于财务会计概念结构的研究[M].北京:中国财政经济出版社,2003.

[17]葛家澍,徐跃.会计计量属性的探讨——市场价格、历史成本与公允价值[J].会计研究,2006(9):7-14,95.

[18]葛家澍.关于会计计量的新属性——公允价值[J].上海会计,2001(1):3-6.

[19]葛家澍.关于在财务会计中采用公允价值的探讨[J].会计研究,2007(11):3-8.

[20]郭道扬.会计史研究(第一卷)[M].北京:中国财政经济出版社,2004:26.

[21]郭道扬.论产权会计观与产权会计变革[J].会计研究,2004(2):8-15.

[22]郭兴海.对确定投资资产公允价值有关问题的探讨[J].中国资产评估,2000(4):20-21.

[23]胡郑利.公允价值在新会计准则与国际会计准则中的应用与比较[J].当代经济,2008
(6):116-117.

[24]黄世忠.公允价值会计:面向 21 世纪的计量模式[J].会计研究,1997(12):1-4.

[25]黄维干.公允价值计量属性探讨[J].广西商业高等专科学校学报,2003(6):80-82.

[26]黄小龙.新会计准则与国际会计准则在公允价值应用上的差异分析[J].会计之友:
118-119.

[27]黄学敏.公允价值:理论内涵与准则应用[J].会计研究,2004(6):17-21.

[28]雷光勇,刘金文,柳木华.经济后果会计管制与会计寻租[J].会计研究,2001,(9):
50-53.

[29]李百兴.非现金资产债务重组时公允价值的确定[J].工作研究,1999(11):38-39.

[30]李静.公允价值的发展应用[J].商业文化,2008(1):190-191.

[31]李胜利.独立董事还是监事会——试论我国公司治理结构的改革方向[J].生产力研
究,2005(7):154-158.

[32]李延喜,包世泽,高锐,孔宪京.薪酬激励、董事会监管与上市公司盈余管理[J].南开管
理评论,2007(10):55-61.

[33]李懿.从国际会计准则趋同看公允价值计量在我国的应用[J].财经界(下半月刊),
2006(8):180-181.

[34]刘刚.公允价值计量综述[J].财会通讯(综合版),2004(3):18-24.

[35]卢永华,杨晓军.公允价值计量属性研究[J].会计研究,2000(4):12-14.

[36]陆宏春,陈建明,章琪.论新会计准则下投资性房地产会计政策的选择[J].现代商贸工
业,2008(5):217-218.

[37]秦永虎.从国际会计准则看公允价值在我国的应用[J].会计之友,2007(12 下):49-50.

[38]任世驰,陈炳辉.公允价值会计研究[J].财经理论与实践,2005(1):72-76.

[39]尚维琛.实施新会计准则对经济后果的影响及利弊分析[J].时代经贸,2006(12):
19-21.

[40]石本仁,赖红宁.公允价值会计——理论基础与现实选择[J].暨南学报,2001(4):
54-61.

[41]史小宁.产权理论的演变:一个文献述评[J].经济研究导刊,2007(7):7-9.

[42]宋增基,张宗益.中国上市公司董事会治理与公司绩效实证分析[J].重庆大学学报,
2003(12):122-125.

[43]王翠敏.从深市 07 年年报看我国公允价值的应用[J].时代经贸,2008(6):143-144.

[44]王戈.企业会计政策选择的原则及其科学性探讨[J].山西财政税务专科学校学报,2005(12):36-39.

[45]王建新.我国会计准则制定及其效果评价[M].北京:中国财政经济科学出版社,2005.

[46]王乐锦.公允价值在我国新会计准则中的应用[J].中国农业会计,2006(7):14-15.

[47]王乐锦.我国新会计准则中公允价值的应用:意义与特征[J].会计研究,2006(5):31-35.

[48]王晓虹,王凯军.公允价值在我国会计中的应用[J].北方经贸,2007(12):77-78.

[49]王晓军.国外公允价值会计应用状况研究[J].中国管理信息化,2008(2):29-31.

[50]王新颖,王建新.国际财务报告准则与中国会计准则比较[J].中国总会计师,2005(8):31-35.

[51]王治安,万继峰.会计国际协调的衡量[J].财经科学,2004(6):104-107.

[52]魏安霞,杨晓明.新会计准则下企业利润操纵行为分析[J].集团经济研究,2006(4上):226.

[53]魏明海.会计协调的测定方法[J].中国注册会计师,2003(4):20-24.

[54]吴俊峰,华金秋,黄敏.公允价值会计初探[J].财务月刊,1998(11):24.

[55]吴水澎.中国会计理论研究[M].北京:中国财政经济出版社,2000.

[56]肖妍.不完全市场条件下公允价值问题研究[J].苏南科技开发,2007(11):71-73.

[57]谢诗芬,胡振国.公允价值审计的国际研究与发展[J].中国注册会计师,2005(5):67-70.

[58]谢诗芬.公允价值:国际会计前沿问题研究[M].长沙:湖南人民出版社,2004.

[59]谢诗芬.会计计量中的现值研究[M].成都:西南财经大学出版社,2001.

[60]谢诗芬.论公允价值会计审计理论与实务中的若干重大问题[J].财经理论与实践(双月刊),2006(6):44-50.

[61]徐晓东,陈小悦.第一大股东对公司治理、企业业绩的影响分析[J].经济研究,2003(2):64-74.

[62]薛洪岩.在我国会计中应用公允价值需完善的条件[J].会计之友,2008(7上):89-90.

[63]严玉康.管理层薪酬激励与上市公司盈余管理[J].财会通讯(理财),2008(4):38-39.

[64]尹涛,夏亚非.德、日公司监事会制度比较[J].特区经济,2006(6):168-170.

[65]于朱婧.新会计准则引入公允价值计量属性所面临的挑战与对策建议[J].财经论坛,2006(8):60-62.

[66]于祝元.浅析公允价值的应用[J].经济理论研究,2007(8):71.

[67]张金若.里程碑式的进展 凸显重大变化——评新的企业会计准则体系[J].会计之友(中旬刊),2006(4):81-82.

[68]张理.论新企业会计基本准则中公允价值的应用[J].财会研究,2006(8):30-32.

[69]张瑞琛.公允价值审计初探[J].财会月刊(理论),2007(11):60-62.

[70]张为国,赵宇龙.会计计量、公允价值与现值——FASB第7辑财务会计概念公告概览

[J].会计研究,2000(5):9-15.

[71]张一贞,郭箭.经济后果观对我国会计准则制定的启示[J].上海立信会计学院学报,2005(6):27-29.

[72]张一贞,夏冰.企业会计政策选择的经济后果和成本[J].经济问题,2006(1):28-29.

[73]张铮铮.基于股权集中度的上市公司股权融资偏好研究[J].计划与市场探索,2004(Z1):119-120.

[74]赵宇龙,王志台.我国证券市场"功能锁定"现象的实证研究[J].经济研究,1999(9):56-63.

[75]郑庆华,赵耀.新旧会计准则差异比较与分析[M].北京:经济科学出版社,2006.

[76]中国注册会计师协会.2008年度注册会计师全国统一考试辅导教材会计[M].北京:中国财政经济出版社,2008.

[77]中国注册会计师协会拟定,中华人民共和国财政部发布.中国注册会计师执业准则[M].北京:经济科学出版社,2006年3月:173-181.

[78]中华人民共和国财政部.企业会计准则[M].北京:经济科学出版社,2006.

[79]周阿立,周春鲜.新会计准则实施的经济后果及对策[J].财会月刊(综合),2007(9):81-82.

[80]朱存宏.我国投资性房地产会计准则下的会计政策选择[J].财经论丛,2006(7):59-60.

[81]王玲.公允价值变动与公允价值变动损益的说明[J].财会月刊(会计),2008(8):29-30.

[82]刘浩,孙铮.公允价值的实证理论分析与中国的研究机遇[J].财经研究,2008(1):83-93.

[83]吴金龙,王玉珍.美国公允价值会计的最新发展及其影响[J].中国管理信息化,2007(12):41-43.

[84]黄世忠.次贷危机引发的公允价值论战[J].财会通讯,2008(11):20-21.

[85]葛家澍.公允价值的定义问题——基于美国财务会计准则157号《公允价值计量》[J].财务与会计导刊,2009(3):4-7.

[86]王保平.中国会计研究走向何方——基于规范研究与实证研究的思考[J].财会通讯(综合版),2006(6):21-24.

[87]孙铮,贺建刚.中国会计研究发展:基于改革开放三十年视角[J].会计研究,2008(7):7-15.

[88][美]罗斯·L.瓦茨,本罗杰德·L.齐默尔曼.实证会计理论[M].陈少华,等译.大连:东北财经大学出版社,1999.

[89]杨钰,曲晓辉.2008.中国会计准则与国际财务报告准则趋同程度——资产计价准则的经验检验[C]//.:厦门大学会计发展研究中心.第八届会计与财务问题国际研讨会——资本市场会计研究.厦门:厦门大学会计发展研究中心:2005(9):90-96.

[90]吕均刚.关于会计确认、计量、记录、报告与列报、披露的含义辨析[J].商业经济,2008(9):36-37.

[91]高鸿业.西方经济学[M].北京:中国人民大学出版社,2000:90-98.

[92]成家全,侯长林,樊黔江.基于契约理论视野的高职校企文化融合探讨[J].现代商贸工业,2011(16):141.

[93]张正国.衍生金融工具下公司财务契约创新[J].金融会计,2004(12):20-22.

[94]尚洪涛.财务契约体系研究[J].当代经济研究,2005(3):54-57.

[95]曾浩.浅析股权契约风险分担机制优越性[J].内蒙古科技与经济,2007(7):52-55.

[96]杨维芝.基于不完全契约理论视角的外包服务商的管理[J].哈尔滨商业大学学报(社科版),2011(5):15-18.

[97]田中禾,张辉.公允价值契约有用性研究[J].财会月刊,2010(7):3-5.

[98]蔡景浩.公允价值计量的契约有用性研究综述[J].山东工商学院学报,2011(8):92-95.

[99]张瑞琛.中国公允价值计量偏好性研究[D].厦门:厦门大学,2009:113.

[100]蔡昌.基于税收契约的几种税收筹划创新[J].财务与会计,2009(8):63.

[101]周晓苏,唐雪松.会计信息相关性与可靠性的分离——基于契约理论的一种解释[J].财经研究,2006(11):135-143.

[102]盛琐岩,张玉兰,权慧.公允价值计量对房地产公司盈余管理的影响[J].会计之友,2012(9):72-74.

[103]杜莉,刘昌进.会计信息政府管制:对一种制度范式的思考[J].上海立信会计学院学报,2007(1):16-21.

[104]青木昌彦,钱颖一.转轨经济中的公司治理结构:内部人控制和银行的作用[M]北京:中国经济出版社,1995:22-124

[105]吴可夫,朱娜.试论公允价值会计风险[J].经济问题,2010(5):106-110.

[106]谢会丽,蒋巍,金玉龙.公允价值对银行审计风险的影响及对策[J].金融与经济.2012(7):84-86.

[107]杨书怀.公允价值计量对审计费用、审计质量的影响——基于2003—2010年A股上市公司的实证分析[J].当代财经,2013(2):119-129.

[108]郝玉贵,赵宽宽,郝铮.公允价值计量、资产价值变动与审计收费——基于2009—2012年沪深上市公司的经验证据[J].南京审计学院学报,2014(1):97-106.

[109]马建威,周嘉曦,梁超.公允价值变动会影响审计收费吗?——基于沪市A股上市公司的经验研究[J].北京工商大学学报(社会科学版),2014(6):55-62.

[110]陈炜煜,邓云露.公允价值计量与审计费用相关性研究——基于2010—2014年沪深A股上市公司的实证分析[J].财会通讯,2016(18):11-14.

(二)外文文献

[111]ABOODY D, BARTH M E, KASZNIK R. Revaluations of Fixed Assets and Future Firm Performance: Evidence from the UK [J]. Journal of Accounting & Economics, 1999, 26 (1-3):149-178.

[112] Basic Concepts and Accounting Principles Underlying Financial Statements of Business Enterprises[J]. 1970, 10(2):113-137.

[113]DORAN B M, COLLINS D W, DAN S D. The Information of Historical Cost Earn-ings Relative to Supplemental Reserve-based Accounting Data in the Extractive Pe-troleum Industry[J]. Accounting Review, 1988, 63(3):389-413.

[114]DHARAN B G. Expectation Models and Potential Information Content of Oil and Gas Reserve Value Disclosures[J]. Accounting Review, 1984, 59(2):199-217.

[115]BARTH M E, BEAVER W H, LANDSMAN W R. Value-relevance of Banks' Fair Value Disclosures under SFAS No.107[J]. Accounting Review, 1996, 71(4): 513-537.

[116]BARTH M E. Fair Value Accounting: Evidence from Investment Securities and the Market Valuation of Banks[J]. Accounting Review, 1994, 69(1):1-25.

[117]BARTH M E. Relative Measurement Errors among Alternative Pension Asset and Liability Measures[J]. Accounting Review, 1991, 66(3):433-463.

[118]BEAVERW H, CHRISTIE A A, GRIFFIN P A.The Information Content of SEC Accounting Series Release No.190[J].Journal of Accounting & Economics, 2006, 2 (2):127-157.

[119]BEAVER W H, GRIFFIN P A, LANDSMAN W R. The Incremental Information Content of Replacement Cost Earnings[J]. Journal of Accounting & Economics, 2006, 4(1):15-39.

[120]Bublitz B, Frecka T J, Mckeown J C. Discussion of Market Association Tests and FASB Statement No.33 Disclosures: A Reexamination[J]. Journal of Accounting Research,1985,23(1):24-27.

[121]DIETRICH J R, HARRIS M S, III K A M. The Reliability of Investment Property Fair Value Estimates [J].Journal of Accounting & Economics,2000,30(2):125-158.

[122]NISSIM D. Reliability of Banks' Fair Value Disclosure for Loans[J]. Review of Quantitative Finance & Accounting,2003,20(4):355-384.

[123]ECCHER E A, RAMESH K, THIAGARAJAN S R. Fair Value Disclosures by Bank Holding Companies[J]. Journal of Accounting & Economics, 1995, 22(1): 79-117.

[124]FASB,SFAS No.157:Fair Value Measurement[EB].http://www.fasb.org,2007.2.

[125]FASB,SFAS No.157:Fair Value Measurement[OL].http://www.fasb.org,2006.9.

[126]FASB. Statement of Financial Accounting Concepts No.7:Using Cash Flow Informa-tion and Present Value in Accounting Measurements,2000.

[127]IJIRI Y. The Theory of Accounting Measurement[J].Fuzhou University Journal, 1975, 16(2):155-182.

[128]HAW I M, LUSTGARTEN S. Evidence on Income Measurement Properties of ASR No.190 and SFAS No.33 Data[J].Journal of Accounting Research, 1988, 26(2):

331-352.

[129]MAGLIOLO J. Capital Market Analysis of Reserve Recognition Accounting[J].Journal of Accounting Research,1986,24(1):69-108.

[130]BOATSMAN G J.Market Reaction to the 1976 Replacement Cost Disclosures [J]. Journal of Accounting & Economics,1980,2(2):107-125.

[131]LEANDRO CANIBANO, ARACELI MORA. Evaluating the Statistical Significance of De Facto Accounting Harmonization: A Study of European Global Players[J]. European Accounting Review, 2000, 9(3):349-369.

[132]NELSON K K. Fair Value Accounting for Commercial Banks: An Empirical Analysis of SFAS No.107[J].Accounting Review,1996, 71(2):161-182.

[133]BELL T B. Market Reaction to Reserve Recognition Accounting[J].Journal of Accounting Research, 1983, 21(2):1-17.

[134]HARRIS T S, OHLSON J A. Accounting Disclosures and the Market's Valuation of Oil and Gas Properties[J].Accounting Review, 1987, 62(4):651-670.

致谢

当本书最终定稿上交出版社时,感慨万千:

首先,感谢我的博士生导师——厦门大学管理学院陈少华教授,正是陈老师将我引入科学的殿堂。在攻读博士学位期间,导师倾注了大量的心血教导与培养我。能师从陈老师是我人生中的一大幸事。恩师高尚正直的人品、乐观豁达的人生态度、一丝不苟的治学态度、高效有序的处事风格深深地感染和鞭策着我。此外师母在生活和学习等各方面也给予我很多的帮助与关怀。

其次,我要真诚感谢福建农林大学管理学院陈秋华院长。陈院长的主要研究领域是生态与乡村旅游等方面。但他对我这个"会计人"一直关心与照顾。本人硕士研究生阶段就读于福建农林大学经济与管理学院,研究方向是林业经济管理专业,师从林和平老师。期间陈秋华教授与我们2013级林业经济管理专业的研究生有较多的交流与沟通。2009年本人博士毕业后分配到福建农林大学经济与管理学院工作至今。2013年福建农林大学管理学院组建过程中,本人所在的会计系合并到管理学院,陈院长作为学院领导对本人倾注了更多的关心与支持,经常鼓励我将博士论文提升成专著出版并给予经费资助。正是在陈院长的鼓励与支持下,本人着手撰写本专著。但由于本人原因,写作进展一直缓慢,陈院长是看在眼里,急在心里,经常鼓励与鞭策本人,催我奋进。毫不夸张地讲,如果没有陈院长的支持与鼓励,这本专著可能很难出版。在此向尊敬的陈秋华院长表示真诚的感谢!

再次,我还要感谢福建农林大学管理学院的同事们,正是有了这样一个温暖的集体,总是在我撰写遇到困难的时候给了我很大的支持与帮助。

最后,还要深深感谢一直支持我的家人们,正是他们的支持与奉献,才使得我能潜心研究,专心著作。

谨以本书献给所有关心和支持我的人们,以此表达我内心诚挚的谢意!!!

张瑞琛
2017 年 7 月 15 日于福州

图书在版编目(CIP)数据

公允价值在我国上市公司中的应用研究/张瑞琛著.—厦门:厦门大学出版社，
2017.9
ISBN 978-7-5615-6664-0

Ⅰ.①公…　Ⅱ.①张…　Ⅲ.①上市公司-企业管理-研究-中国　Ⅳ.①F279.246

中国版本图书馆 CIP 数据核字(2017)第 213163 号

出 版 人	蒋东明
责任编辑	陈丽贞
电脑制作	长　雨
技术编辑	朱　楷

出版发行	厦门大学出版社
社　　址	厦门市软件园二期望海路 39 号
邮政编码	361008
总 编 办	0592-2182177　0592-2181406(传真)
营销中心	0592-2184458　0592-2181365
网　　址	http://www.xmupress.com
邮　　箱	xmup@xmupress.com
印　　刷	厦门集大印刷厂

开本	720mm×1000mm　1/16
印张	17.75
插页	1
字数	355 千字
版次	2017 年 9 月第 1 版
印次	2017 年 9 月第 1 次印刷
定价	65.00 元

本书如有印装质量问题请直接寄承印厂调换

厦门大学出版社
微信二维码

厦门大学出版社
微博二维码